Hans Heinrich

Balladen und Gedichte

Ausgearbeitete Stundenbilder mit Texten, Arbeitsblättern und Bildmaterial

Auer Verlag

Gedruckt auf umweltbewusst gefertigtem, chlorfrei gebleichtem
und alterungsbeständigem Papier.

4. Auflage 2011
Nach den seit 2006 amtlich gültigen Regelungen der Rechtschreibung

Satz: Fotosatz H. Buck, Kumhausen
Druck und Bindung: Aubele Druck GmbH, Bobingen
ISBN 978-3-403-**04032**-3

www.auer-verlag.de

Inhalt

Vorwort

Der Literaturunterricht soll Schüler befähigen, epische, lyrische und dramatische Texte zu lesen und zu erschließen, um sie in ihrem Eigenwert als literarische Werke und als Bereicherung des persönlichen Lebens verstehen und schätzen zu können.
Ohne auf grundlegende literarische Kenntnisse zu verzichten, die sich bei der Arbeit mit Balladen und Gedichten ergeben, sollte der Lehrer die Lesefreude bei seinen Schülern wecken und fördern. Auch das flüssige und sinnerfassende Lesen sowie das freie Vortragen müssen dabei ständig gepflegt werden.

Bei der Bearbeitung der einzelnen Balladen und Gedichte können jeweils andere Schwerpunkte der Literaturarbeit verwirklicht werden.

Der vorliegende Band gibt eine Auswahl von 18 Balladen und 12 Gedichten, die so behandelt werden sollten, dass sie von Jugendlichen als Einheit betrachtet und erlebt werden können. Gerade auf die musikalische Umsetzung einiger Balladen durch berühmte Musiker sollte auch im Deutschunterricht eingegangen werden. Ohne die lyrischen Texte zu zerreden, sollten die bei ihrer Erschließung zu gewinnenden Einsichten mithilfe von Leitfragen möglichst durch die Schüler selbst gefunden werden. In die Arbeit an den Balladen und Gedichten werden nahezu immer Lebensbeschreibungen der Autoren sowie Informationen über Entstehungsbedingungen und Zeithintergründe mit einbezogen, die das Verständnis unterstützen.

Die didaktische Aufbereitung umfasst sämtliche Elemente eines schülerorientierten Literaturunterrichts, der sowohl dem fachlichen wie dem methodischen Anspruch gerecht wird. Die hier vorliegenden 31 Stundenmodelle weisen einen motivierenden Einstieg, eine strukturierte Erarbeitung von Inhalt und Gehalt der Ballade bzw. des Gedichts und eine angemessene Wertungsphase auf. Zu jeder Unterrichtseinheit gehört ein optisch ansprechendes Arbeitsblatt, das die wichtigsten Ergebnisse des Unterrichts zusammenfasst und Raum zum Transfer gibt. Das Tafelbild ist in der Unterrichtsskizze festgelegt, kann aber vom Lehrer selbstverständlich modifiziert werden.

Die klaren Unterrichtsstrukturen können leicht ausdifferenziert und an die individuellen Klassensituationen angepasst werden.

Über die Ballade

Die Ballade (ital. ballata) war ursprünglich in den romanischen Ländern ein Tanzlied mit kurzen Strophen und einem Kehrreim. Doch schon bald wurde sie von den mittelalterlichen französischen Dichtern, den „Troubadours", weiterentwickelt und war im 14./15. Jahrhundert eine weit verbreitete, formal sehr strenge lyrische Form. Diese französische Ballade wurde in England von Poeten wie Geoffrey Chaucer (1340-1400) oder John Gower (1330-1408) nachgeahmt.
Im deutschen Sprachraum gilt die Zeit zwischen dem 13. und 16. Jahrhundert als die Blütezeit der sogenannten Volksballade. Als „Erzähllieder" wurden sie meist gesungen vorgetragen. Durch ihre Volkstümlichkeit und den anschaulichen Vortrag spannender „unerhörter" Begebenheiten genossen sie beim Publikum hohe Popularität. Diese Volksballaden waren gereimt und in mehrere Strophen und einen Refrain, der die einzelnen Aussagen zusammenfasste, gegliedert. Häufig befassten sie sich mit sozialen oder religiösen Themen. Der oft moralisierende Unterton der Volksballade erinnert auch an die verwandten Formen Bänkellied und Moritat. Im Verlauf des 18. Jahrhunderts veränderten sich diese weg vom sachlichen zum sentimentalen oder schaurigen Bänkellied, wurden illustriert und entsprachen wahren Inhalts, waren aber nicht mehr aktuell. Als Podium diente dem Sänger eine Bank (Bänkel), um sein Publikum auf Jahrmärkten zu unterhalten. Das war die „Illustrierte" der damaligen Zeit.
Die Verfasser der Volksballaden sind zumeist unbekannt. Die Balladen wurden mündlich überliefert und im Laufe der Zeit immer mehr zersungen, sodass heute nur noch Handlungsrelikte übrig sind, wie z. B. von der bekannten Ballade „Es waren zwei Königskinder".
Im letzten Drittel des 18. Jahrhunderts bekamen die Volksballaden Konkurrenz. Systematische Sammlungen alter Volksballaden, wie z. B. in England Th. Percys „Reliquies of ancient English poetry", regten Schriftsteller zu eigenen Balladen an. Es entwickelte sich die Kunstballade. Federführend zeigte sich hier vor allem Gottfried August Bürger (1747-1794) mit seiner Ballade „Lenore". Die frühen Kunstballaden nahmen die wichtigsten Elemente der Volksballadentradition auf, doch sie verselbstständigten sich bald, wurden kunstfertiger gestaltet und durch den symbolhaften Inhalt immer komplizierter. Vielfach stellte man Geschehnisse aus der unmittelbaren Vergangenheit dar und hob einzelne Individuen hervor. Der junge Goethe (1749-1832) verfasste zahlreiche Balladen mit Themen aus Natur und Magie. Erst später schuf er philosophische Ideenballaden, wie sie auch Friedrich von Schiller (1759-1805) schrieb. Hier steht der von Idealen geprägte Mensch im Mittelpunkt, der sich in Gefahren bewährt.
Formal gilt die Ballade als Grenzgänger zwischen den drei literarischen Gattungen Lyrik, Dramatik und Epik. Episch ist, dass ein Geschehen, eine fortlaufende Handlung erzählt wird. Dramatisch ist der dialogische Charakter, wie z. B. in Goethes „Erlkönig". Als lyrisch bezeichnet man die formal strenge Form. Die Kunstballaden sind weiterhin in Strophen gegliedert und meistens gereimt, aber sie enthalten nur noch manchmal refrainartige Bestandteile. Da diese Kunstballaden nicht mehr zum Singen geschrieben wurden, findet man vor allem in neuerer Zeit häufig auch den Begriff Erzählgedicht, der allerdings weiter gefasst, also nicht auf die Ballade beschränkt ist.
Im Gegensatz zur klassischen Kunstballade hebt die romantische Kunstballade, vertreten durch Autoren wie Joseph Freiherr von Eichendorff (1788-1857) und Clemens Brentano (1778-1842), wieder stärker den liedhaft rhythmischen Charakter der Ballade hervor. Auch die naturmagische Ballade fand wieder regen Zuspruch. Eduard Mörike (1804-1875), Ludwig Uhland (1787-1862) und Annette von Droste-Hülshoff (1797-1848) beschäftigten sich wieder mehr mit Naturmächten, Märchenhaftem und auch Historischem.
Die Zeit der Industrialisierung brachte die soziale Ballade, verbunden mit dem Namen Heinrich Heine (1797-1856). Heine bot aber darüber hinaus ein umfangreiches Typenspektrum mit „Belsazar" als Schicksalsballade, die biblischen Ursprung hat. Naturmagisches in der technisierten Welt war das Thema der späten Balladen von Theodor Fontane (1819-1898) ebenso wie die Absage an das kämpfende klassische Heldentum, denn „John Maynard" oder „Herr von Ribbeck" sind keine glänzenden Helden.

Zu Beginn des 20. Jahrhunderts ließ der Erste Weltkrieg den Helden und damit viele Balladen fraglich werden. Bertolt Brecht (1898-1956) schrieb sozialkritische Balladen. Er beschäftigte sich mit Themen wie Gesellschaft, Staat und Politik. Die Ballade wurde so zum Instrument offener Zeitkritik.
Erst der Rückgriff auf Vorlagen wie Bänkelsang unter neuen Vorzeichen verschaffte dem Balladentext wieder den Durchbruch. Zu Beginn Arno Holz (1863-1929), Christian Morgenstern (1871-1914) u. a., später Erich Kästner (1899-1974), Kurt Tucholsky (1890-1935) und Joachim Ringelnatz (1883-1934). Sie stellen Missstände, überkommene Ordnungen in Welt und Gesellschaft in ihren Balladen in Frage. Die Einflüsse des epischen Theaters machten sich nicht nur in Brechts eigenen Balladen bemerkbar, sie färbten auch von der Grundidee her auf Günter Grass (*1927) und Günter Kunert (*1929) ab.
In den 60er- und 70er-Jahren entstanden den Intellekt ansprechende und zum Nachdenken anregende Balladen und Protestlieder mit sozialkritischem und politischem Hintergrund. Ihre Kommerzialisierung trug stark zu ihrer neuen Popularität bei. Dabei wurde der Balladenbegriff erweitert in Richtung Groteskpoesie, Bänkelsang, Zeitungslied, politisches Chanson, Couplet und Protestsong.
Die Vielfältigkeit der Balladentypen ließ zeitweilig den Begriff „Erzählgedicht“ für die modernen Balladen aufkommen. Die Balladendichter der Moderne ließen diesen Begriff bald wieder untertauchen, indem sie ihre Texte mit „Ballade von“ oder „Ballade über“ betitelten. Einer der bekanntesten modernen Balladendichter dürfte aber Wolf Biermann (*1936) sein, der seine Erzähllieder auch selbst musikalisch vorträgt. Weitere Vertreter sind Franz-Josef Degenhart, Reinhard Mey, Peter Hacks, Christa Reinig u. a.

Die Ideenballade

Sie gilt als Sonderform der neuzeitlichen deutschen Kunstballade. Sie steht formal und inhaltlich im äußersten Gegensatz zur Volksballade und wurde von Goethe und Schiller im „Balladenjahr“ 1797 entwickelt. Die Ideenballade folgt der Intention der klassischen Ästhetik, das Individuelle unter die Herrschaft einer Idee zu stellen. Goethes Ideenballaden („Der Schatzgräber“, „Legende“, „Die Braut von Korinth“, „Der Zauberlehrling“, „Der Gott und die Bajadere“) stellen den Menschen in naturmagische Bezüge. In der Gegenständlichkeit, virtuosen Einfachheit und Hintergründigkeit und der distanziert ironischen Sprachgeste zeigen sich bereits Eigentümlichkeiten seines Altersstils. Schillers Ideenballaden („Der Ring des Polykrates“, „Der Handschuh“, „Der Taucher“, „Die Kraniche des Ibykus“, „Die Bürgschaft“) verkörpern den Typus in reiner Form: Die Idee triumphiert über das irrational Schicksalhafte, der aktiv handelnde Held über den passiv leidenden; das Ideal siegt im Widerstreit von ewiger und irdischer Gerechtigkeit über die Realität. Die rationale Klarheit im Aufbau, der Schwung der Sprache sowie das ausgeprägt Dramatische und Theatralische der Handlung sprengen die herkömmliche Form der Ballade, in der Lyrisches, Episches und Dramatisches vereinigt sein sollen. Die Stoffe der Ideenballaden stammen meist aus der Mythologie oder aus der Geschichte.

Ballade: Erlkönig (Johann Wolfgang von Goethe)

Lernziele

- Erfassen des dramatischen Aufbaus und der Rollenstruktur der Ballade von Goethe
- Wissen um die Bedeutung der Gegensätze Mensch und Natur
- Erfassen der kunstvollen Form (Reim, Rhythmus, Klang)
- Nachdenken über den tieferen Sinn der Ballade (Verlockung und Gefahr, symbolisiert in der Person des Erlkönigs)

Arbeitsmittel / Medien / Literaturhinweise

- Arbeitsblatt mit Lösung
- Folie (Balladentext)
- Bildmaterial

Tafelbild/Folien

Entstehungsgeschichte

Die Anregung für die 1782 entstandene Ballade „Erlkönig" erhielt Johann Wolfgang von Goethe von Johann Gottfried von Herder (1744-1803). Dieser übersetzte eine dänische Volksballade mit „Erlkönigs Tochter", wobei er das dänische „ellerkonge", was „Elfenkönig" heißt, mit dem Wort „Eller", das „Erle" bedeutet, falsch kombinierte. Goethes Ballade hat gar nichts mit Erlen zu tun. Sie ist als naturmagische Ballade eine originäre Schöpfung Goethes.

Johann Wolfgang von Goethe

Goethe wurde in Frankfurt a. M. am 28. August 1749 als Sohn des kaiserlichen Rates Johann Caspar Goethe und der Katharina Elisabeth Goethe, geb. Textor („Frau Rat"), geboren und starb in Weimar am 22. März 1832. Goethe studierte im eleganten Leipzig der Rokokozeit (1765-68) und in Straßburg (1770/71), wo ihm Herder den Blick für Shakespeare, Homer und die Volksdichtung öffnete. Die Liebe zu Friederike Brion war das stärkste Erlebnis seiner Jugend (Liebesgedichte). 1771 ließ er sich in Frankfurt als Anwalt nieder (1. Fassung des „Götz von Berlichingen"; große Hymnen: „Wanderers Sturmlied", „Prometheus", „Ganymed"). Als Praktikant am Reichskammergericht in Wetzlar (Mai bis September 1772) begegnete er Charlotte Buff, dem Urbild der Lotte in dem Briefroman „Die Leiden des jungen Werthers" (1774), der ihn weltberühmt machte. Im Herbst 1775 folgte er der Einladung des jungen Herzogs Karl August nach Weimar. Hier wuchs er als Freund des Fürsten in hohe Staatsämter hinein (1779 Geheimer Rat). Goethe wurde 1782 geadelt. Unter dem Einfluss von Charlotte von Stein kehrte er sich vom Sturm und Drang seiner Jugendzeit ab. Die italische Reise (1786-88) brachte in Goethe den Willen zur klassischen Form zur vollen Reife. Nach seiner Rückkehr entsagte er den meisten Amtsgeschäften. Ab 1788 war er mit Christiane Vulpius befreundet, die ihm 1789 einen Sohn mit Namen August gebar und die er 1806 heiratete. 1791 bis 1817 leitete er das Weimarer Hoftheater. 1792 begleitete er den Herzog bei der Campagne in Frankreich, 1793 bei der Belagerung von Mainz. Die seit 1794 bestehende Freundschaft mit Schiller regte ihn zu neuem fruchtbarem Schaffen an: „Xenien", Balladen, Fertigstellung des Bildungsromans „Wilhelm Meisters Lehrjahre" (1795/96), Epos „Hermann und Dorothea" (1797), Wiederaufnahme des Faust-Stoffes („Faust" 1. Teil, gedruckt 1808). Goethes Dichtung weitet sich im Alter zu weisheitsvoller Lebens- und Weltbetrachtung. Auch seine Altersdichtung ist bereichert durch seine Liebeserlebnisse (mit Minna Herzlieb 1807/08, Marianne v. Willemer 1814/15, Ulrike v. Levetzow 1822). In seinen Greisenjahren galt Goethes Anteilnahme wieder in starkem Maße der Naturwissenschaft, die ihn schon früher viel beschäftigt hatte („Metamorphose der Pflanzen", 1790; „Farbenlehre", 1810; seine Studien hatten auch Einwirkung auf den Roman „Die Wahlverwandtschaften", 1809). Sein dichterisches Vermächtnis sind der Roman „Wilhelm Meisters Wanderjahre" (1821, umgearbeitet 1829) und der 2. Teil des „Faust" (postum 1832). In den letzten Lebensjahren (seit 1826) fand Goethe in Eckermann einen Helfer („Gespräche mit Goethe").

Stundenbild: (1 UE)

I. Hinführung

Stummer Impuls	TA: Elfen
Aussprache	SS: Naturgeister
Stummer Impuls: Bild	TA: „Erlkönig“ (Holzschnitt von Hermann Plüddemann)
Aussprache	
Bild	TA: Johann Wolfgang von Goethe (1749-1832)
Kurze L.info	Goethes Leben
Impuls	L: Dieses Bild „Erlkönig“ geht auf einen Text von Goethe zurück.
L.info	Entstehungsgeschichte
Folie	Johann Gottfried von Herder (1744-1803)
Zielangabe	*Kennenlernen des „Erlkönig“*

II. Textbegegnung

L.vortrag bei aufgelegter Folie	„Erlkönig“
Spontanäußerungen	

III. Arbeit am Text

1. Teilziel:	**Inhaltliche Klärung**
Fragen zur Gruppenarbeit	❶ Welche Personen erzählen bzw. sprechen? Stimmung? Ändert sich die Sprechweise der Personen? ❷ Kannst du Ort und Zeit herausfinden? ❸ Handlung?
Aussprache	zu ❶ Personen (Vater, Kind, Erlkönig, Erzähler) zu ❷ Ort/Zeit (Flussnähe mit Weiden; stürmische Nacht) zu ❸ Ein Vater versucht sein krankes Kind, auf einem Pferd reitend, nach Hause zu bringen, doch das Kind stirbt.
2. Teilziel:	**Klärung des Gehaltes**
Leitfragen durch den Lehrer	❶ Warum kann der Vater sein Kind nicht verstehen? ❷ Woran stirbt das Kind? zu ❶ Realistische Erkenntnishaltung des Erwachsenen zu ❷ Das Fantastisch-Unbewusste und die Gefühlstiefe der kindlichen Seele bewirken in ihrer destruktiven Wirkung den Tod.

IV. Wertung

	L: Dieser Text von Goethe ist eine Ballade. Was ist das?
Schülervermutungen	
L.info	Ballade als Erzählgedicht, das Elemente der Epik, Lyrik und Dramatik in sich vereint.
Impuls	L: In dieser Ballade spielen Gegensätze eine wichtige Rolle.
Aussprache mit Ergebnis	TA: • Fantasie (Kind) ⇔ Verstand (Vater = „Aufklärer“) • Mensch (Vater/Sohn) ⇔ Natur („Erlkönig“) • Magie ⇔ empirische Realität L: Auch heute ist man oft von Grausigem fasziniert. Wo? Wie?
Aussprache	Lust nach „Horror“ und „Verbrechen“ in Filmen und Geschichten, bedrängende psychische Erfahrungen in der Pubertät, auch erotischer Natur („Erlkönigs Töchter im nächtlichen Elfenreigen“)

V. Sicherung

Arbeitsblatt	Ballade: „Erlkönig“ (J. W. v. Goethe)
Zsf. Aussprache mit Kontrolle Folie	
Singgestaltender Vortrag/Rollenlesen	

Arbeitsblatt: „Erlkönig“
(Johann Wolfgang von Goethe)

„Erlkönig“ (Johann Wolfgang von Goethe)

Wer reitet so spät durch Nacht und Wind?
Es ist der Vater mit seinem Kind;
Er hat den Knaben wohl in dem Arm,
Er fasst ihn sicher, er hält ihn warm.

»Mein Sohn, was birgst du so bang dein Gesicht?« –
»Siehst, Vater, du den Erlkönig nicht?
Den Erlenkönig mit Kron und Schweif.« –
»Mein Sohn, es ist ein Nebelstreif.«

»Du liebes Kind, komm, geh mit mir!
Gar schöne Spiele spiel ich mit dir;
Manch bunte Blumen sind an dem Strand,
Meine Mutter hat manch gülden Gewand.«

»Mein Vater, mein Vater, und hörest du nicht,
Was Erlenkönig mir leise verspricht?« –
»Sei ruhig, bleibe ruhig, mein Kind:
In dürren Blättern säuselt der Wind.«

»Willst, feiner Knabe, du mit mir gehn?
Meine Töchter sollen dich warten schön;
Meine Töchter führen den nächtlichen Reihn
Und wiegen und tanzen und singen dich ein.«

»Mein Vater, mein Vater, und siehst du nicht dort
Erlkönigs Töchter am düstern Ort?« –
»Mein Sohn, mein Sohn, ich seh es genau:
Es scheinen die alten Weiden so grau.«

»Ich liebe dich, mich reizt deine schöne Gestalt;
Und bist du nicht willig, so brauch ich Gewalt.«
»Mein Vater, mein Vater, jetzt fasst er mich an!
Erlkönig hat mir ein Leids getan!«

Dem Vater grauset's, er reitet geschwind,
Er hält in Armen das ächzende Kind,
Erreicht den Hof mit Mühe und Not:
In seinen Armen das Kind war tot.

❶ Wie ist die Ballade aufgebaut?

____

____

____

❷ Charakterisiere die Personen und ihre Beziehungen zueinander.

Vater

____

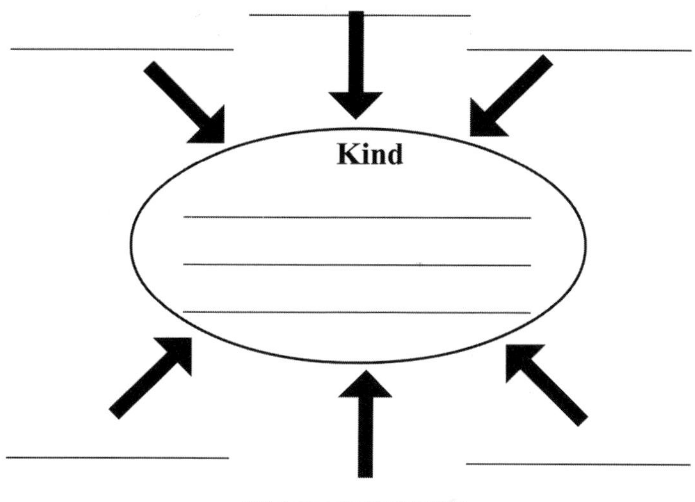

Erlkönig

____

❸ Womit lockt der Erlkönig das Kind?

____

____

❹ In der Figurenkonstellation spiegelt sich die doppelte Gegensätzlichkeit der Ballade. Begründe.

____

❺ Warum kann der Vater sein Kind nicht verstehen?

____

____

❻ Woran stirbt das Kind?

____

____

❼ Was fällt dir bei der Klanggestalt der Ballade auf?

____

____

Lösungsblatt: „Erlkönig“ (Johann Wolfgang von Goethe)

„Erlkönig“ (Johann Wolfgang von Goethe)

Wer reitet so spät durch Nacht und Wind?
Es ist der Vater mit seinem Kind;
Er hat den Knaben wohl in dem Arm,
Er fasst ihn sicher, er hält ihn warm.

»Mein Sohn, was birgst du so bang dein Gesicht?« –
»Siehst, Vater, du den Erlkönig nicht?
Den Erlenkönig mit Kron und Schweif.« –
»Mein Sohn, es ist ein Nebelstreif.«

»Du liebes Kind, komm, geh mit mir!
Gar schöne Spiele spiel ich mit dir;
Manch bunte Blumen sind an dem Strand,
Meine Mutter hat manch gülden Gewand.«

»Mein Vater, mein Vater, und hörest du nicht,
Was Erlenkönig mir leise verspricht?« –
»Sei ruhig, bleibe ruhig, mein Kind:
In dürren Blättern säuselt der Wind.«

»Willst, feiner Knabe, du mit mir gehn?
Meine Töchter sollen dich warten schön;
Meine Töchter führen den nächtlichen Reihn
Und wiegen und tanzen und singen dich ein.«

»Mein Vater, mein Vater, und siehst du nicht dort
Erlkönigs Töchter am düstern Ort?« –
»Mein Sohn, mein Sohn, ich seh es genau:
Es scheinen die alten Weiden so grau.«

»Ich liebe dich, mich reizt deine schöne Gestalt;
Und bist du nicht willig, so brauch ich Gewalt.«
»Mein Vater, mein Vater, jetzt fasst er mich an!
Erlkönig hat mir ein Leids getan!«

Dem Vater grauset's, er reitet geschwind,
Er hält in Armen das ächzende Kind,
Erreicht den Hof mit Mühe und Not:
In seinen Armen das Kind war tot.

❶ Wie ist die Ballade aufgebaut?

VIII Strophen; Erzähler (Str. I + VIII) als epischer Rahmen; Kind / Vater / Erlkönig in Dialogen (Str. II bis VII)

❷ Charakterisiere die Personen und ihre Beziehungen zueinander.

Vater
ruhig, beruhigend, gelassen

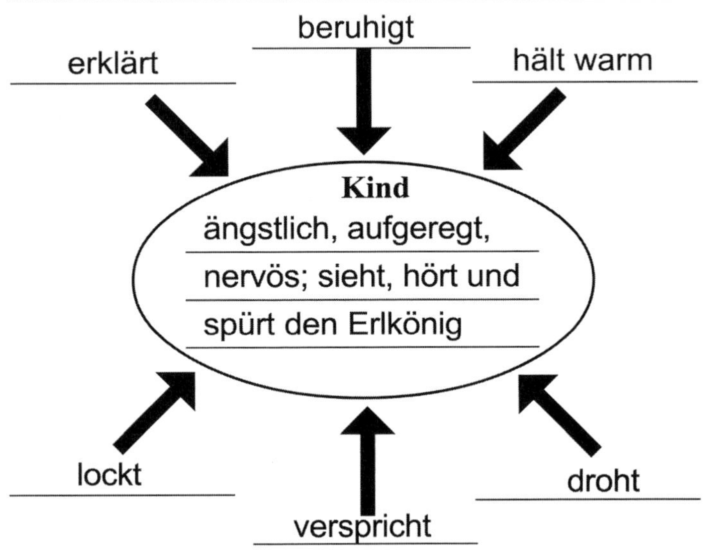

Erlkönig
lockend, schmeichelnd, unheimlich, bedrohend

❸ Womit lockt der Erlkönig das Kind?

Schöne Spiele, bunte Blumen, kostbare Gewänder, Tanz, Gesang

❹ In der Figurenkonstellation spiegelt sich die doppelte Gegensätzlichkeit der Ballade. Begründe.

Vater ⇔ Sohn (unterschiedliches Naturerleben); Natur ⇔ Mensch

❺ Warum kann der Vater sein Kind nicht verstehen?

Der Vater als Verstandesmensch führt alle Wahrnehmungen des Kindes auf Naturgegebenheiten wie Nebel, Blätterrascheln und graue Weiden zurück.

❻ Woran stirbt das Kind?

Das Kind spürt die Angst, die Lockung und gibt sich selbst preis. Es erliegt der dämonisch verführerischen Natur und erlebt dieses Verfallensein der Seele als brutalen, tödlichen Zugriff.

❼ Was fällt dir bei der Klanggestalt der Ballade auf?

Wechselnder Rhythmus, wechselnde Dialogstruktur (schnell-langsam; hoch-tief), Sprechpausen (letzte Str.), klangmalerische Dominanz einzelner Vokale (I./II. Str.: „i“, VII./VIII. Str.: „a“ und „u“)

Ballade: „Erlkönig“ (Johann Wolfgang von Goethe/Franz Schubert)

Lernziele

- Kennenlernen der Vertonung von Franz Schubert
- Entstehungsgeschichte der Ballade kennenlernen
- Herausfinden der verschiedenen Motive
- Wissen um die Schwierigkeit der Ballade für den Sänger und den Pianisten
- Fähigkeit zum Mitlesen des Notentextes

Arbeitsmittel / Medien / Literaturhinweise

- Notentext
- Bildmaterial, Folien
- Arbeitsblatt
- CD: Schubert Lieder, Bostridge/Drake (EMI Classics; 7243 **5 56347 2** 6)

Tafelbild/Folien

Franz Schubert (1797-1828)

J. W. v. Goethe (1749-1832)

Erlkönig

16. 11. 1828

Singstimme und Klavier

D 328 d - op. 1

Erzähler

I/VIII berichtend, neutral (Moll)

II/IV/VI/VII hoch, aufgeregt, gehetzt (Moll)

II/IV/VI tief, beruhigend (Moll)

III/V/VII sehr leise, verlockend (Dur)

Erlkönig (Ernst Barlach)

Ein Schubert-Abend bei Joseph von Spaun in einer Sepiazeichnung von Moritz von Schwind (1868, Historisches Museum Wien)

Stundenbild: (1 UE)

I. Hinführung	
Stummer Impuls: Bild	TA: Schubert
Aussprache	
Stummer Impuls: Bild	TA: Goethe
Aussprache	
	L: Beziehung zwischen beiden?
Aussprache	
Stummer Impuls: Wortkarte	TA: Erlkönig
Aussprache	
L.info	Ballade von Goethe, Vertonung von Schubert
Zielangabe	*Kennenlernen dieser Vertonung*
II. Erarbeitung	
1. Teilziel:	**Literarische Vorlage**
Folie	Text: Erlkönig
Lehrervortrag	
Stummer Impuls: Bild	TA: Ernst Barlach: Erlkönig
Kurze inhaltliche Klärung	
L.info	Begriff „Erlkönig“
	L: Personen?
Aussprache mit Wortkarten	TA: Erzähler / Sohn / Vater / Erlkönig
	L: Verteilung auf welche Strophen?
Aussprache	
2. Teilziel:	**Vertonung**
L.vortrag	Entstehungsgeschichte des „Erlkönig“
Wortkarten	TA: 16. 11. 1815 - D 328 d - op. 1
Folie	Ein Schubert-Abend bei Joseph v. Spaun (M. v. Schwind)
Wortkarte	TA: Singstimme und Klavier
	L: Wie könnte Schubert diese Ballade vertont haben?
Vermutungen	
1. Hören: CD	Höraufgaben:
mit Folie Text	① Welche Stimmung erzeugt Schubert? Wodurch?
	② Wie werden die Personen musikalisch dargestellt?
Aussprache mit	TA: Text
(L demonstriert evtl. am Klavier)	Thema des Erzählers - Galoppieren des Pferdes etc.
2. Hören: CD	Höraufgaben:
mit Partitur auf Folien	① Warum klingen die Stellen des Sohnes so dramatisch?
	② Wo liegt der Höhepunkt der Ballade?
	③ Was fällt dir am Schluss der Ballade auf?
Aussprache (evtl. mit Klavierdemonstration)	
III. Wertung	
Impuls	L: Diese Ballade ist für Pianisten ein Horrortrip!
Aussprache	... rasend schnelle Triolenbewegung in Oktaven ...
(L demonstriert evtl. am Klavier)	
SSS versuchen	
Impuls	L: Diese Ballade ist auch bei Sängern gefürchtet!
Aussprache	... Darstellung der verschiedenen Personen, Lautstärken von ff bis ppp ... Dramatik darstellen ...
IV. Abrundung	
3. Hören: CD	
Untermalung durch Folie	Hermann Plüddemann: Erlkönig (Holzschnitt)

Arbeitsblatt: „Erlkönig“ (Johann Wolfgang von Goethe/Franz Schubert)

„Erlkönig“
Vertonung von Franz Schubert (D 328 d / op. 1)

Johann Wolfgang v. Goethe
(1749 - 1832)

Franz Schubert
(1797 - 1828)

Wer reitet so spät durch Nacht und Wind?
Es ist der Vater mit seinem Kind;
Er hat den Knaben wohl in dem Arm,
Er fasst ihn sicher, er hält ihn warm.

»Mein Sohn, was birgst du so bang dein Gesicht?« –
»Siehst, Vater, du den Erlkönig nicht?
Den Erlenkönig mit Kron und Schweif.« –
»Mein Sohn, es ist ein Nebelstreif.«

»Du liebes Kind, komm, geh mit mir!
Gar schöne Spiele spiel ich mit dir;
Manch bunte Blumen sind an dem Strand,
Meine Mutter hat manch gülden Gewand.«

»Mein Vater, mein Vater, und hörest du nicht,
Was Erlenkönig mir leise verspricht?« –
»Sei ruhig, bleibe ruhig, mein Kind:
In dürren Blättern säuselt der Wind.«

»Willst, feiner Knabe, du mit mir gehn?
Meine Töchter sollen dich warten schön;
Meine Töchter führen den nächtlichen Reihn
Und wiegen und tanzen und singen dich ein.«

»Mein Vater, mein Vater, und siehst du nicht dort
Erlkönigs Töchter am düstern Ort?« –
»Mein Sohn, mein Sohn, ich seh es genau:
Es scheinen die alten Weiden so grau.«

»Ich liebe dich, mich reizt deine schöne Gestalt;
Und bist du nicht willig, so brauch ich Gewalt.«
»Mein Vater, mein Vater, jetzt fasst er mich an!
Erlkönig hat mir ein Leids getan!«

Dem Vater grauset's, er reitet geschwind,
Er hält in Armen das ächzende Kind,
Erreicht den Hof mit Mühe und Not:
In seinen Armen das Kind war tot.

❶ Erzähler

Moll
berichtend
neutral

❷ Vater

Moll
tief
beruhigend

❸ Sohn

Moll
hoch
aufgeregt
gehetzt

❹ Erlkönig

Dur
sehr leise
verlockend

„Erlkönig“

Text: Johann Wolfgang von Goethe
Vertonung: Franz Schubert

Ballade

Der Begriff „Ballade“ kommt aus dem Italienischen und wurde ursprünglich für ein Tanzlied (ballare = tanzen; ballo = Tanz) gebraucht. Erst im 18. Jahrhundert entwickelte sich die Ballade zu einem Erzählgedicht. In ihr sind immer die drei Elemente aller Dichtungsarten vereint: **epische** Erzählung, **lyrische** Stimmung und **dramatische** Spannung. Im Mittelpunkt steht eigentlich nicht der Mensch, sondern das Schicksal, mit dem er konfrontiert wird. Er ist der Begegnung mit Mächten, mit Unheimlichem oder Unverständlichem ausgesetzt. Er wird bedroht, erschüttert, erschreckt und aufgerüttelt. Oft enden diese Konflikte tragisch. Der Mensch erliegt der Bedrohung; er ist von sich aus unfähig, etwas dagegen zu tun, er geht an dem Erlebten zugrunde. Nur selten kann sich der Mensch an einem Geschehen bewähren, es überstehen und siegreich daraus hervorgehen. Immer jedoch muss diese Erschütterung der menschlichen Existenz im Zentrum der Aussage stehen.

Inhalt

Ein Vater versucht, sein krankes Kind auf dem Rücken eines Pferdes schnell nach Hause zu bringen. In seinen Fieberfantasien erscheinen dem Kind Natur und Naturvorgänge in der Person des „Erlkönigs“, verlockend und gefährlich zugleich. Der Vater sieht nur die Realität der Natur. Kurz vor dem Ziel stirbt das Kind in den Armen des Vaters.

Musikalische Aussage

① Welche Instrumente setzt Schubert im „Erlkönig“ ein?

Gesangsstimme, zumeist hohe Männerstimme (= Tenor) und Klavier

Andere Stimmlagen sind: tiefe Männerstimme (= Bass), hohe Frauenstimme (= Sopran), tiefe Frauenstimme (= Alt), mittlere Frauenstimme (= Mezzosopran) und mittlere Männerstimme (= Bariton).

② Wie versucht Schubert, die Hauptpersonen musikalisch zu kennzeichnen?

- *Erzähler (mit Einleitungsmotiv): neutral (Moll)*
- *Vater: tief ⇨ beruhigend (Moll)*
- *Sohn: hoch ⇨ aufgeregt (Moll); Dissonanz (Tonreibung, unterstreicht die Dramatik) bei „Mein Vater, mein Vater…“*
- *Erlkönig: sehr leise ⇨ verlockend (Dur)*

③ Welche schwere Aufgabe hat der Sänger?

Der Sänger muss vier Personen (Erzähler, Vater, Sohn, Erlkönig) überzeugend darstellen. Das verlangt eine schnelle Umstellung (sehr laut – äußerst leise; hoch – tief; dramatisch – lyrisch) und sängerische Ausdruckskunst.

④ Welche unangenehme Aufgabe hat der Pianist?

Die rasende Triolenbewegung (drei Noten auf eine Taktzählzeit) in Oktavspannung soll die Dramatik und den jagenden Galopp darstellen und muss das ganze Stück mit Ausnahme der letzten Takte durchgehalten werden.

Zeichnung: Ernst Barlach

❶

Schubert bezeichnete den Erlkönig selbst als sein Opus 1, während der Schubertforscher Otto Erich Deutsch dieses Werk vom Chronologischen her unter der Nummer D 328 d einordnete.

Erlkönig

Goethe

Op. 1

❷

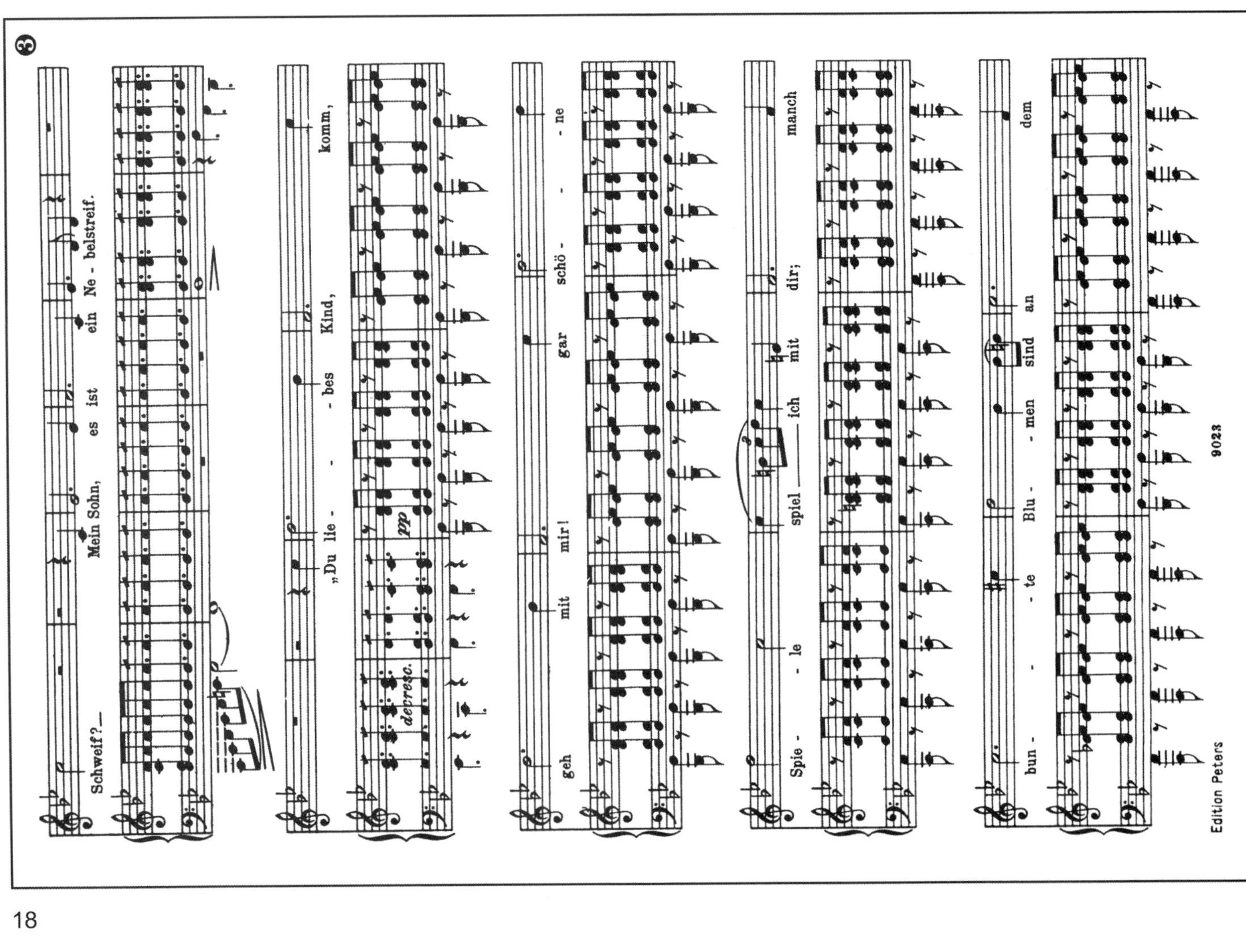
3
Schweif?_ Mein Sohn, es ist ein Ne - belstreif.
„Du lie - - bes Kind, komm,
decresc.
pp
geh mit mir! gar schö - - ne
Spie - le spiel ich mit dir; manch
bun - - te Blu - men sind an dem
Edition Peters
9023

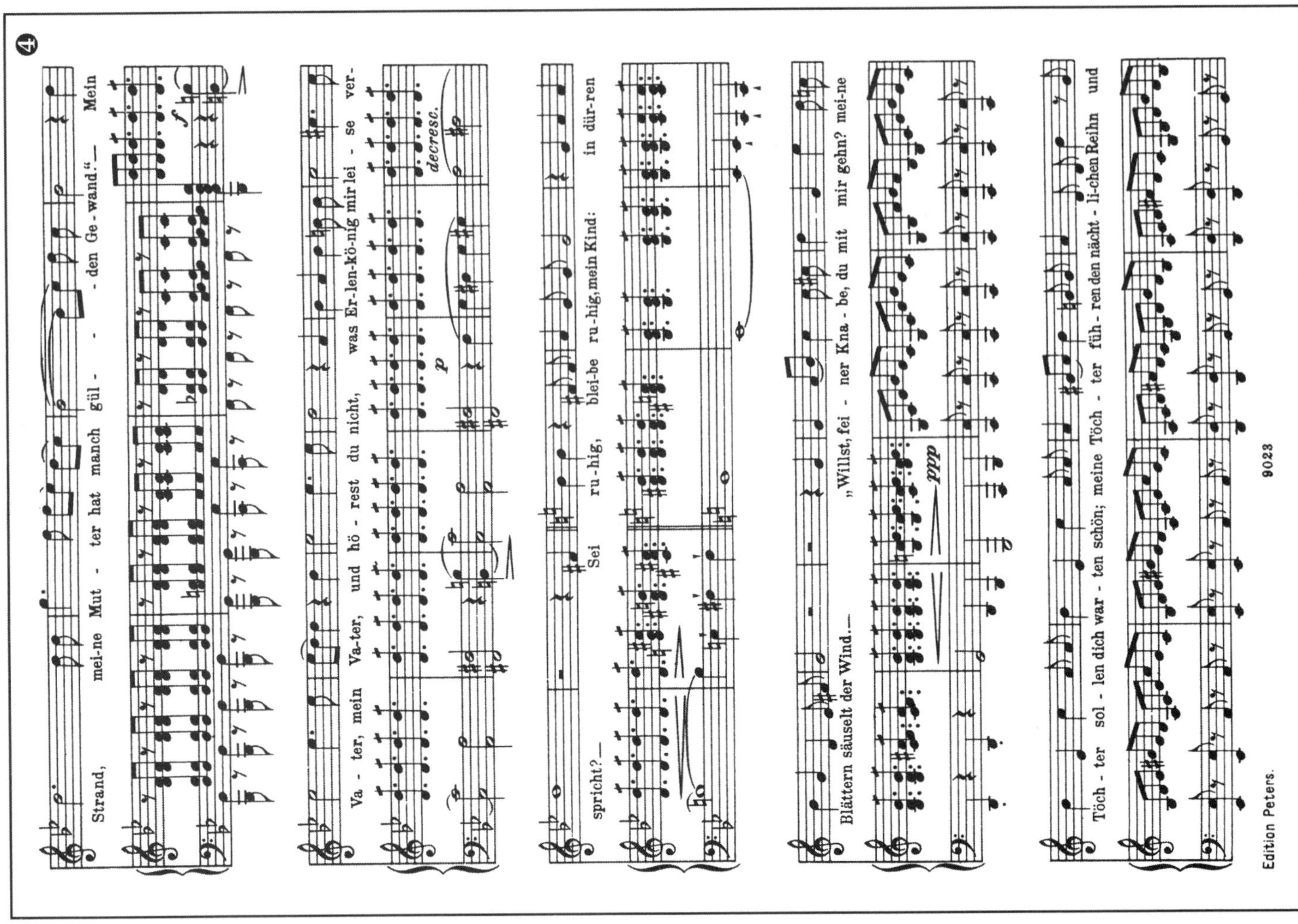
4
Strand, mei-ne Mut - ter hat manch gül - - - den Ge - wand.“_ Mein
f
Va - ter, mein Va-ter, und hö - rest du nicht, was Er-len-kö-nig mir lei - se ver-
p
decresc.
spricht?_ Sei ru-hig, blei-be ru-hig, mein Kind: in dür-ren
Blättern säuselt der Wind._ „Willst, fei - ner Kna - be, du mit mir gehn? mei-ne
ppp
Töch - ter sol - len dich war - ten schön; meine Töch - ter füh - ren den nächt - li-chen Reihn und
Edition Peters
9023

5
wie - gen und tan - zen und sin - gen dich ein, sie wie - gen und tan - zen und sin - gen dich ein."
Mein Va - ter, mein Va - ter, und siehst du nicht dort Erl -
kö - nigs Töch - ter am dü - stern Ort? Mein Sohn, mein
decresc.
Sohn, ich seh es ge - nau, es schei - nen die al - ten Wei - den so
cresc.
grau. „Ich
lie - be dich, mich reizt dei - ne schö - ne Ge - stalt, und bist du nicht
Edition Peters
9023

6
wil - lig, so brauch ich Ge - walt." „Mein Va - ter, mein Va - ter, jetzt
faßt er mich an! Erl - kö - nig hat mir ein Leids ge -
accelerando
tan!" Dem Va - ter grau - set's, er rei - tet ge -
cresc.
schwind, er hält in Ar - men das äch - zen - de
Kind, er - reicht den Hof mit Müh und
Recit.
Not; in sei - nen Ar - men das Kind war tot.
Andante.
Edition Peters
9023

Holzschnitt: Hermann Plüddemann

Ballade: „Der Totentanz“ (Johann Wolfgang von Goethe)

Lernziele

- Kennenlernen des Inhalts und der sagenhaften Motive der Ballade
- Nachdenken über die unheimlichen und komischen Elemente der Ballade
- Herausfinden, warum Goethe das Unheimliche und Komische zusammenspielen lässt
- Wissen um die kunstvolle Form der Ballade (Aufbau, Reim und Klang)
- Arbeiten an der Ballade in einer „Balladen-Werkstatt“

Arbeitsmittel / Medien / Literaturhinweise

- Arbeitsblatt 1 (Balladentext)
- Arbeitsblatt 2 mit Lösung (Inhalt/Gehalt)
- Arbeitsblatt 3 (Cluster); Folien, Infotext
- Materialien zur „Balladen-Werkstatt“ (Orff-Instrumente; Utensilien für ein Puppen- oder Schattenspiel; Fotoapparat; Videokamera; Papier; Transparentfolien; Linoleum; Tonband etc.)

Tafelbild/Folien

H. Schedel: Totentanz. Aus: Weltchronik (1493)

Mögliche Clusterlösungen für die „Balladen-Werkstatt“:

- Zeichnen der Ballade als Bildergeschichte auf Papier, Folie oder Dias
- Untermalung der Ballade mit Musik / Geräuschen (Orff-Instrumente) ⇨ Tonbandaufnahme
- Pantomimische Darstellung der Ballade ⇨ Foto ⇨ Videofilm
- Aufführung der Ballade als Puppen- oder Schattenspiel (notwendige Requisiten herstellen)
- Herstellung eines Linolschnittes oder Bildes mit dem Balladentext ⇨ großes Plakat
- Kreatives Schreiben (Finden eines anderen Schlusses; Weiterführung der Ballade; Tagebuch des Türmers; Schreiben eines Drehbuches für eine Aufführung; Schreiben eines Zeitungsberichtes u. a.)
- Umsetzen der Ballade als Lied für eine Singstimme und Klavier oder Gitarre ⇨ Komposition
- Gestalten eines Posters über J. W. v. Goethe

Stundenbild: (2 UE)

I. Hinführung	
Stummer Impuls: Folie	Totentanz (Holzschnitt von H. Schedel)
Aussprache	SS: ...Totengerippe tanzen ...
Zielangabe	*Kennenlernen einer Ballade von J. W. v. Goethe, die das zum Inhalt hat*
	TA: „Der Totentanz“ (J. W. v. Goethe)
II. Textbegegnung	
Lehrervortrag bei aufgelegtem Folienbild	Gerippe steigt am Kirchturm hoch (Holzschnitt von A. Ehrhardt)
Spontanäußerungen	
Lehrerinformation	Entstehung der Ballade im April 1813; Quelle Goethes; hat Ballade zum Vergnügen für seinen Sohn geschrieben
III. Arbeit am Text	
1. Teilziel:	**Inhaltliche Klärung**
Textblatt	„Der Totentanz“ (J. W. v. Goethe)
Lesen der Ballade	
Klärung schwieriger Begriffe	
Aussprache mit Zusammenfassung Folie	L: Gib kurz den Inhalt dieser Ballade wieder!
Schüler fassen Inhalt zusammen	
2. Teilziel:	**Klärung des Gehaltes**
Impuls	L: Goethe verwendet in dieser Ballade bekannte Motive des Volksaberglaubens.
Aussprache mit Ergebnis	TA: Totentanz, Bedeutung des Sterbelakens, Macht des Kreuzes und der geweihten Kichentüre, Geisterstunde
Arbeitsaufträge zur Gruppenarbeit	① Suche in dieser Ballade die komischen und unheimlichen Elemente heraus und stelle sie gegenüber. ② Finde die Absicht Goethes heraus, diese Ballade auch komisch zu gestalten. ③ Welche magische Zahl verwendet Goethe in dieser Ballade?
Gruppenarbeit	
Zsf. Gruppenberichte mit Aussprache	
Notizen auf dem Block	
3. Teilziel:	**Klärung der Form der Ballade**
Lehrerfrage	L: Was fällt dir bei der Form der Ballade auf? Betrachte Reim, Rhythmus und Klangspiel der Worte.
Aussprache mit Ergebnis	
Notizen auf dem Block	
IV. Sicherung	
Lesen der Ballade	Sinngestaltendes Lesen, Balladenvortrag
Arbeitsblatt (als Hausaufgabe)	„Der Totentanz“ (J. W. v. Goethe)
Kontrolle Folie (Lösung Arbeitsblatt)	
V. Ausweitung	
Gestaltung einer Ballade (exemplarisch)	„Balladen-Werkstatt“
Arbeitsblatt (mit Cluster)	L: Welche Möglichkeiten gibt es, diese Ballade gestalterisch umzusetzen?
Gruppenarbeit	Mögliche Clusterlösungen
Zsf. Gruppenarbeit	
Auswählen einer (mehrerer) Möglichkeit(en) zur Realisierung	

„Der Totentanz“ (Johann Wolfgang von Goethe)

Der Türmer, der schaut zu Mitten der Nacht
Hinab auf die Gräber in Lage;
Der Mond, der hat alles ins Helle gebracht;
Der Kirchhof, er liegt wie am Tage.
Da regt sich ein Grab und ein anderes dann:
Sie kommen hervor, ein Weib da, ein Mann,
In weißen und schleppenden Hemden.

Das reckt nun, es will sich ergetzen sogleich,
Die Knöchel zur Runde, zum Kranze,
So arm und so jung, und so alt und so reich;
Da hindern die Schleppen am Tanze.
Und weil hier der Scham nun nicht weiter gebeut,
Sie schütteln sich alle, da liegen zerstreut
Die Hemdelein über den Hügeln.

Nun hebt sich der Schenkel, nun wackelt das Bein,
Gebärden da gibt es vertrackte;
Dann klippert's und klappert's mitunter hinein,
Als schlüg' man die Hölzlein zum Takte.
Das kommt nun dem Türmer so lächerlich vor;
Da raunt ihm der Schalk, der Versucher, ins Ohr:
Geh! hole dir einen der Laken.

Getan wie gedacht! und er flüchtet sich schnell
Nun hinter geheiligte Türen.
Der Mond, und noch immer er scheinet so hell
Zum Tanze, den sie schauerlich führen.
Doch endlich verlieret sich dieser und der,
Schleicht eins nach dem andern gekleidet einher,
Und, husch, ist es unter dem Rasen.

Nur einer, der trippelt und stolpert zuletzt,
Und tappert und grapst an den Grüften;
Doch hat kein Geselle so schwer ihn verletzt,
Er wittert das Tuch in den Lüften.
Er rüttelt die Turmtür, sie schlägt ihn zurück,
Geziert und gesegnet, dem Türmer zum Glück
Sie blinkt von metallenen Kreuzen.

Das Hemd muss er haben, da rastet er nicht,
Da gilt auch kein langes Besinnen,
Den gotischen Zierrat ergreift nun der Wicht
Und klettert von Zinne zu Zinnen.
Nun ist's um den armen, den Türmer getan!
Es ruckt sich von Schnörkel zu Schnörkel hinan,
Langbeinigen Spinnen vergleichbar.

Der Türmer erbleichet, der Türmer erbebt,
Gern gäb er ihn wieder, den Laken.
Da häkelt – jetzt hat er am längsten gelebt –
den Zipfel ein eiserner Zacken.
Schon trübet der Mond sich verschwindenden Scheins,
Die Glocke, sie donnert ein mächtiges Eins,
Und unten zerschellt das Gerippe.

Diese Ballade ist im April 1813 auf einer Reise Goethes nach Dresden und Teplitz entstanden. Die Niederschrift widmete er dem Erbprinzen Bernhard von Weimar. In einem Brief erwähnt Goethe als Quelle eine Totentanzlegende, wahrscheinlich eine böhmische Sage, die ihm von seinem Sohn August erzählt worden ist. Daraufhin hat Goethe das Ganze in „passlichen Reimen“ aufgeschrieben – zum Vergnügen für seinen Sohn.

Holzschnitt: Adolf Ehrhardt

Schwierige Begriffe:

① *Türmer: Wächter auf einem Glockenturm*
② *Gräber in Lage: nebeneinanderliegende Gräber*
③ *ergetzen: ergötzen, sich vergnügen*
④ *Scham nicht gebeut: sich nicht schämen müssen*
⑤ *Schalk: Übermut*
⑥ *Zierrat: Gesteinsverzierungen am Turm*

„Der Totentanz“ (Johann Wolfgang von Goethe)

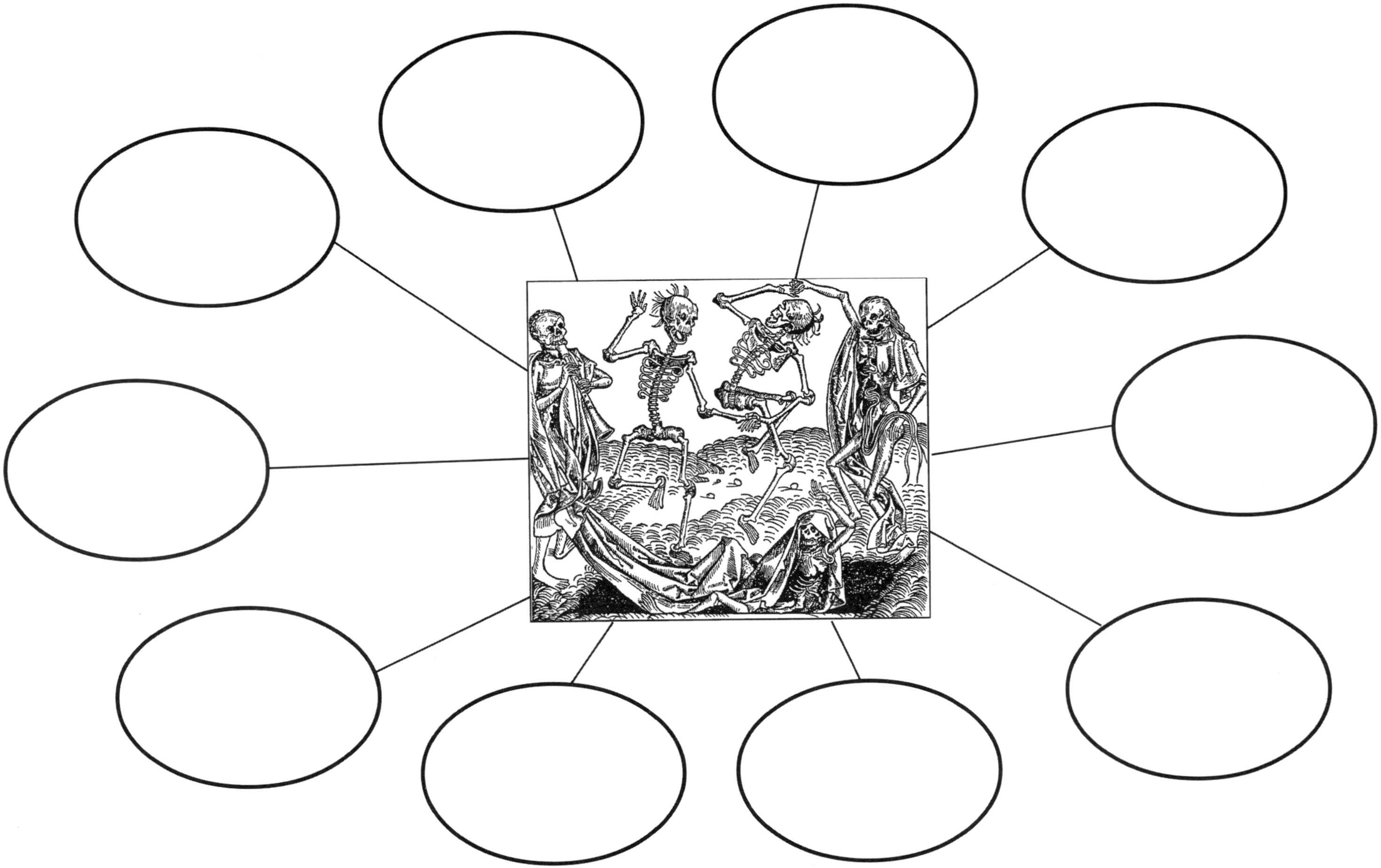

Arbeitsblatt: „Der Totentanz“ (Johann Wolfgang von Goethe)

„Der Totentanz“ (Johann Wolfgang von Goethe)

❶ Gib kurz den Inhalt der Ballade wieder.

❷ Goethe verwendet in seiner Ballade bekannte Motive des Volksaberglaubens. Welche?

❸ Die Ballade ist zugleich unheimlich und komisch. Zeige das an einigen Beispielen auf.

❹ Welche Absicht verfolgte Goethe, den unheimlichen Sagenstoff auch komisch zu gestalten?

❺ Finde heraus, welche magische Zahl Goethe in seiner Ballade verwendet.

❻ Die kunstvolle Form der Ballade kommt im Reim und im Rhythmus zum Ausdruck. Erkläre.

❼ Was fällt dir beim Klangspiel der Worte auf?

❽ Was ereignet sich in natur- und totenmagischen Balladen ganz allgemein?

Lösungsblatt: „Der Totentanz“ (Johann Wolfgang von Goethe)

„Der Totentanz“ (Johann Wolfgang von Goethe)

❶ Gib kurz den Inhalt der Ballade wieder.

Zu mitternächtlicher Stunde steigen die Toten aus ihren Gräbern und beginnen einen gespentischen, grotesken Reigen. Ein Türmer beobachtet alles und raubt das Laken eines Toten. Als der Spuk zu verschwinden scheint, wird das kleiderlose Skelett zur tödlichen Bedrohung für den Türmer, denn es kann ohne Laken nicht in sein Grab zurück. Das Gerippe klettert den Kirchturm hoch. Der Türmer scheint schon verloren zu sein, da rettet ihn im letzten Moment der Glockenschlag, der die Geisterstunde beendet. Das Skelett stürzt hinunter und zerschellt auf dem Kirchhof.

❷ Goethe verwendet in seiner Ballade bekannte Motive des Volksaberglaubens. Welche?

Tanz der aus den Gräbern auferstandenen Toten; Wegnehmen des Sterbelakens, um die Macht des Todes zu bannen; magische Bedeutung des Sterbelakens; Schutz durch die geweihte Kirchentüre; Macht des Kreuzes; die Geisterstunde und das Ende ihrer Wirkung

❸ Die Ballade ist zugleich unheimlich und komisch. Zeige das an einigen Beispielen auf.

Tote kommen aus ihren Gräbern hervor ⇔ führen einen grotesken, durch vertrackte Gebärden lächerlich wirkenden Tanz auf; übermächtig kriecht das Skelett zum Türmer hin ⇔ ein erbärmlicher, kleiderloser Wicht; Todesangst des Türmers ⇔ Zerschellen des Gerippes auf dem Kirchhof

❹ Welche Absicht verfolgte Goethe, den unheimlichen Sagenstoff auch komisch zu gestalten?

Für seinen Sohn zum Vergnügen geschrieben, will Goethe in seinem „Spiel mit dem Schrecken der Geisterwelt“ die als bedrohlich erfahrene Welt des Dämonischen, Überwirklichen bannen. Durch die Komik gelingt es leichter, sich vom Gruseligen zu distanzieren.

❺ Finde heraus, welche magische Zahl Goethe in seiner Ballade verwendet.

Es ist die magische Zahl „sieben“ (Schöpfungsgeschichte; Todsünden). Die Ballade hat sieben Strophen, jede Strophe hat sieben Verse.

❻ Die kunstvolle Form der Ballade kommt im Reim und im Rhythmus zum Ausdruck. Erkläre.

Die ersten vier Verse einer jeden Strophe stehen im Kreuzreim in vier- und dreihebigem Wechsel. Es folgen zwei Verse in viertaktigem Paarreim. Der letzte Vers ist reimlos und irritiert etwas. Dieser aufgelockerte Strophenbau hebt den tänzerisch bewegten Rhythmus noch hervor.

❼ Was fällt dir beim Klangspiel der Worte auf?

Lautmalerische Verben (klippert, klappert, tappet, grapst); semantische Verschiebung (Mann/Weib ⇨ das/es ⇨ Schenkel/Bein); Voranstellungen („der Türmer, der...“); Vergleiche

❽ Was ereignet sich in natur- und totenmagischen Balladen ganz allgemein?

Der Mensch begegnet dem Dämonischen, dem „Draußen“, das er als feindlich, bedrohlich und schicksalhaft erfährt. Zumeist ist diese Begegnung mit einem Scheitern des Menschen, mit seinem Tod verbunden.

Hymne: „Prometheus“ (Johann Wolfgang von Goethe)

Lernziele

- Kennenlernen des Inhaltes der Hymne mit Prometheus als Gestalt der griechischen Mythologie
- Herausarbeiten der Gegensätze in den Figuren des Prometheus und des Zeus
- Erkenntnis, dass in der Figur und im Handeln des´ Prometheus Parallelen zu Goethe zu finden sind
- Erkenntnis, dass der Preis für Prometheus´ Selbstfindung der Weg in die Isoliertheit ist
- Herausfinden von Parallelen in Goethes Werken zur Figur des Prometheus

Arbeitsmittel / Medien / Literaturhinweise

- Arbeitsblatt: Hymne
- Textblätter (2): Sage um Prometheus
- Folie (Bild: Prometheus)
- Folien (Entstehungsgeschichte des „Prometheus“; Gehalt; Vertonung durch Franz Schubert)
- CD: Schubert Lieder, Fischer-Dieskau / Demus / Moore (DGG 9648973 - JPC)

Tafelbild/Folien

„Prometheus“ (Johann Wolfgang von Goethe)

„Prometheus“ gehört zur Gruppe der Jugend-Hymnen, zu deren bekanntesten auch noch „Mahomets Gesang“, „Ganymed“ und „An Schwager Kronos“ zählen. Sie sind alle Ende 1772, Anfang 1773 und Herbst 1774 entstanden. Goethe konzipierte „Prometheus“ zuerst als Teil eines gleichnamigen Dramas, von dem jedoch nur die beiden ersten Akte als Fragment vorliegen. Erst 1785 erfolgte – allerdings ohne Wissen des Verfassers – der Erstdruck des „Prometheus“.
Prometheus, eine Gestalt der griechischen Mythologie, brachte den Menschen gegen den Willen von Zeus das Feuer. Einer anderen Überlieferung zufolge hat Prometheus auch die Menschen geschaffen, worauf die Schluss-Strophe der Hymne hindeutet.

Stundenbild: (2 UE)

I. Hinführung	
Stummer Impuls Folie	Bild: Prometheus
Aussprache	
Zielangabe	*Kennenlernen eines Textes von J. W. v. Goethe mit dieser Thematik*
II. Textbegegnung	
1. Teilziel:	**Sage um Prometheus**
	L: Erlesen der Sage um Prometheus zum inhaltlichen Verständnis
Textblätter (2)	„Prometheus" (Gustav Schwab)
Stilles Erlesen	
Aussprache mit Zusammenfassung des Inhaltes	
2. Teilziel:	**Hymne von Goethe**
Arbeitsblatt: Textblatt	„Prometheus" (J. W. v. Goethe)
Lehrer gibt kurze Information zur Entstehungsgeschichte der Hymne	
Lehrervortrag	
Spontanäußerungen	
III. Arbeit am Text	
Lesen der Hymne	
1. Teilziel:	**Inhaltliche Klärung**
	L: Wer ist der Ich-Sprecher? Wer ist der Angesprochene?
Aussprache	
Wortkarten TA	Prometheus Zeus
	L: Verhältnis zwischen den beiden?
Aussprache	
Wortkarte TA	⇨ Auflehnung ⇨
Lehrerfrage	L: Welche Eigenschaften haben Prometheus und Zeus?
Aussprache TA	Prometheus: schöpferisch, mutig, furchtlos, selbstständig, genial Zeus: autoritär, unflexibel, neidisch, ohnmächtig
2. Teilziel:	**Klärung des Gehalts**
Leitfragen durch den Lehrer	① Welche Folgen bringt die Auflehnung gegen Zeus für Prometheus? Denke nicht nur an die Bestrafung durch Zeus! ② Prometheus ist Symbolfigur für den Sturm und Drang. Suche dafür Belege aus der Hymne. ③ Warum ist Zeus Symbolfigur der Aufklärung? ④ Diese Hymne weist biografische Züge auf? Inwiefern? ⑤ Was fällt dir an der Form der Hymne auf?
Aussprache	
Ergebnis Folie	
Zsf. Eintrag Heft/Block	Gehalt der Hymne
IV. Ausweitung	
Hören der Hymne	CD: „Prometheus" (Vertonung: Franz Schubert)
Partitur (Folien)	
Aussprache	
Sinngestaltendes Lesen	

„Prometheus“ (Johann Wolfgang von Goethe)

Bedecke deinen Himmel, Zeus,
Mit Wolkendunst!
Und übe, Knaben gleich,
Der Disteln köpft,
An Eichen dich und Bergeshöhn!
Musst mir meine Erde
Doch lassen stehn,
Und meine Hütte,
Die du nicht gebaut,
Und meinen Herd,
Um dessen Glut
Du mich beneidest.

Ich kenne nichts Ärmeres
Unter der Sonn als euch Götter.
Ihr nähret kümmerlich
Von Opfersteuern
Und Gebetshauch
Eure Majestät
Und darbtet, wären
Nicht Kinder und Bettler
Hoffnungsvolle Toren.

Da ich ein Kind war,
Nicht wusste, wo aus, wo ein,
Kehrte mein verirrtes Aug
Zur Sonne, als wenn drüber wär
Ein Ohr zu hören meine Klage,
Ein Herz wie meins,
Sich des Bedrängten zu erbarmen.

Wer half mir wider
Der Titanen Übermut?
Wer rettete vom Tode mich,
Von Sklaverei?
Hast du's nicht alles selbst vollendet,
Heilig glühend Herz?
Und glühtest, jung und gut,
Betrogen, Rettungsdank
Dem Schlafenden da droben?

Ich dich ehren? Wofür?
Hast du die Schmerzen gelindert
Je des Beladenen?
Hast du die Tränen gestillet
Je des Geängsteten?

Hat nicht mich zum Manne geschmiedet
Die allmächtige Zeit
Und das ewige Schicksal,
Meine Herren und deine?

Wähntest du etwa,
Ich sollte das Leben hassen,
In Wüsten fliehn,
Weil nicht alle Knabenmorgen-
Blütenträume reiften?

Hier sitz ich, forme Menschen
Nach meinem Bilde,
Ein Geschlecht, das mir gleich sei,
Zu leiden, weinen,
Genießen und zu freuen sich,
Und dein nicht zu achten,
Wie ich.

Prometheus

Himmel und Erde waren geschaffen, das Meer wogte in seinen Ufern, und die Fische spielten darin; in den Lüften sangen beflügelt die Vögel; der Erdboden wimmelte von Tieren. Aber noch fehlte es an dem Geschöpf, dessen Leib so beschaffen war, dass der Geist in ihm Wohnung nehmen und von ihm aus die Erdenwelt beherrschen konnte. Da betrat Prometheus die Erde, ein Sprössling des alten Göttergeschlechtes, das Zeus entthront hatte, ein Sohn des erdgeborenen Uranussohnes Iapetos, kluger Erfindung voll. Dieser wusste wohl, dass im Erdboden der Same des Himmels schlummerte; darum nahm er vom Tone, befeuchtete ihn mit dem Wasser des Flusses, knetete ihn und formte daraus ein Gebilde nach dem Ebenbilde der Götter, der Herren der Welt. Diesen seinen Erdkloß zu beleben, entlehnte er von den Tierseelen gute und böse Eigenschaften und schloss sie in die Brut des Menschen ein. Unter den Himmlischen hatte er eine Freundin, Athene, die Göttin der Weisheit. Diese bewunderte die Schöpfung des Titanensohnes und blies dem halb beseelten Bilde den Geist, den göttlichen Atem ein. So entstanden die ersten Menschen und füllten bald vervielfältigt die Erde. Lange aber wussten sie nicht, wie sie sich ihrer edlen Glieder und des empfangenen Götterfunkens bedienen sollten. Sehend sahen sie nichts, hörten hörend nichts, wie Traumgestalten liefen sie umher und wussten sich der Schöpfung nicht zu bedienen. Unbekannt war ihnen die Kunst, Steine auszugraben und zu behauen, aus Lehm Ziegel zu brennen, Balken aus dem gefällten Holze des Waldes zu zimmern und mit allem diesen sich die Häuser zu erbauen. In sonnenlosen Höhlen wimmelte es von ihnen wie von beweglichen Ameisen; nicht den Winter, nicht den blütenvollen Frühling, nicht den früchtereichen Sommer kannten sie an sicheren Zeichen; planlos war alles, was sie verrichteten. Da nahm sich Prometheus seiner Geschöpfe an: Er lehrte sie den Auf- und Niedergang der Gestirne beobachten, erfand ihnen die Kunst zu zählen, die Buchstabenschrift, lehrte sie Tiere ans Joch spannen und als Genossen ihrer Arbeit verwenden, gewöhnte die Rosse an Zügel und Wagen, erfand Nachen und Segel für die Schiffahrt. Auch für alle übrigen Fälle des Lebens belehrte er den Menschen. In früheren Zeiten wusste man kein Heilmittel anzuwenden, wenn jemand krank wurde, kannte weder Salben zur Linderung noch zuträgliche Kost; aus Mangel an Arznei starben die Kranken elendiglich dahin. Darum zeigte ihnen Prometheus die Mischung milder Heilmittel, um die Krankheiten damit zu bekämpfen. Dann lehrte er sie die Wahrsagekunst, deutete ihnen Vorzeichen und Träume, Vogelflug und Opferschau. Er lenkte ihren Blick unter die Erde und ließ sie hier Erz, das Eisen, das Silber und das Gold entdecken; in alle Bequemlichkeiten und Künste des Lebens führte er sie ein.

Im Himmel herrschte seit Kurzem Zeus mit seinen Kindern, der seinen Vater Kronos entthront und das alte Göttergeschlecht gestürzt hatte, von dem auch Prometheus abstammte. Jetzt wurden die neuen Götter aufmerksam auf das eben entstandene Menschenvolk. Sie verlangten Verehrung von ihm und versprachen dafür ihren Schutz. Zu Mekone in Griechenland trafen sich Sterbliche und Unsterbliche, und Rechte und Pflichten der Menschen wurden bestimmt. Bei dieser Versammlung erschien Prometheus als Anwalt seiner Menschen, um dafür zu sorgen, dass die Götter für den versprochenen Schutz den Sterblichen nicht allzu schwere Bedingungen stellten. Da verführte den Titanensohn seine Klugheit, die Götter zu betrügen. Er schlachtete im Namen seiner Geschöpfe einen großen Stier, und die Himmlischen sollten nun wählen, was sie gerne für sich verlangten. Er hatte aber aus den Stücken des Opfertieres zwei Haufen gemacht; auf die eine Seite legte er das Fleisch, die Eingeweide und den Speck in die Haut des Stieres zusammengefasst, und deckte den Magen darauf, auf die andere die nackten Knochen, künstlich in den Talg des Schlachtopfers eingehüllt. Und dieser Haufen war der größere. Zeus, der allwissende Göttervater, durchschaute aber seinen Betrug und sprach: „Sohn des Iapetos, erlauchter König, guter Freund, wie ungleich hast du das Opfer geteilt!“ Prometheus glaubte jetzt erst recht, dass er ihn betrogen, lächelte bei sich selbst und sprach: „Erlauchter Zeus, größter der ewigen Götter, wähle den Teil, zu dem dein Herz dir rät!“ Zeus ergrimmte im Herzen, aber absichtlich griff er mit beiden Händen in den weißen Talg. Als bloß die Knochen zu Tage traten, stellte er sich, als entdecke er jetzt erst den Betrug, und zornig sprach er: „Ich sehe wohl, Freund Iapetionide, dass du die Kunst des Truges noch nicht verlernt hast!“

Zeus beschloss, sich an Prometheus für diesen Betrug zu rächen, und versagte den Sterblichen die letzte Gabe, die sie zur Erhaltung ihres Lebens brauchten, das Feuer. Doch auch da wusste der schlaue Sohn des Iapetos Rat. Er nahm den langen Stängel des markigen Riesenfenchels, näherte sich mit ihm dem vorüberfahrenden Sonnenwagen und setzte so den Stängel in glosenden Brand. Mit dem glimmenden Zunder kam er auf die Erde, und bald loderte der erste Holzstoß gen Himmel. In innerster Seele schmerzte Zeus, als er den leuchtenden Glanz des Feuers unter den Menschen emporsteigen sah. Sofort ersann er, da das Feuer den Sterblichen nicht mehr zu nehmen war, ein neues Unheil für sie. Der seiner Kunst wegen berühmte Feuergott Hephaistos musste ihm das Steinbild einer schönen Jungfrau fertigen; Athene selbst, die auf Prometheus eifersüchtig geworden war, warf der Gestalt ein weißes schimmerndes Gewand über, ließ ihr einen Schleier über das Gesicht wallen, bekränzte ihr Haupt mit frischen Blumen und umschlang es mit einer goldenen Binde, die Hephaistos seinem Vater zulieb kunstreich mit bunten Tiergestalten verziert hatte. Hermes, der Götterbote, musste dem holden Gebilde Sprache verleihen, und Aphrodite schenkte ihm allen Liebreiz. So hatte Zeus in der Gestalt des Guten ein blendendes Übel geschaffen und nannte sie die Pandora, das heißt die Allbeschenkte; denn jeder der Unsterblichen hatte dem Mägdlein irgendein Unheil bringendes Geschenk für die Menschen mitgegeben. Darauf führte er die Jungfrau hernieder auf die Erde, wo Götter und Sterbliche lustwandelten. Alle bewunderten die unvergleichliche Gestalt. Sie aber schritt zu Epimetheus, dem arglosen Bruder des Prometheus, ihm das Geschenk des Zeus zu bringen. Vergebens hatte Prometheus ihn gewarnt, niemals ein Geschenk vom olympischen Zeus anzunehmen, sondern es sofort zurückzusenden. Epimetheus dachte nicht mehr an dieses Wort, nahm die schöne Jungfrau mit Freuden auf und empfand das Übel erst, als er es hatte. Denn bisher lebten die Geschlechter der Menschen, von seinem Bruder beraten, frei vom Übel, ohne beschwerliche Arbeit, ohne quälende Krankheit. Das Mädchen aber trug in den Händen ihr Geschenk, ein großes verschlossenes Gefäß. Vor Epimetheus schlug sie den Deckel zurück, und aus dem Gefäß stieg das Unheil wie eine schwarze Schar und verbreitete sich mit Blitzesschnelle über die Erde. Eine einzige gute Gabe war zuunterst in dem Gefäß verborgen, die Hoffnung; aber auf den Rat des Göttervaters warf Pandora den Deckel wieder zu, ehe sie herausflattern konnte, und verschloss sie für immer in dem Gefäß. Das Elend erfüllte inzwischen in allen Gestalten Erde, Luft und Meer. Die Krankheiten irrten bei Tag und Nacht unter den Menschen umher, unheimlich und schweigend, denn Zeus hatte ihnen keine Stimme gegeben; eine Schar von Fiebern hielt die Erde belagert, und der Tod beflügelte seinen Schritt.

Darauf wandte Zeus seine Rache gegen Prometheus selbst. Er übergab den Verbrecher dem Hephaistos und seinen Dienern Kratos und Bia (dem Zwang und der Gewalt). Diese mussten ihn in die szythischen Einöden schleppen und hier, über einem schauderhaften Abgrund, an eine Felswand des Berges Kaukasus schmieden mit Ketten, die sich nie mehr lösen ließen. Ungern vollzog Hephaistos den Auftrag seines Vaters, er liebte in dem Titanensohn den verwandten Abkömmling seines Urgroßvaters Uranus, den ebenbürtigen Göttersprössling. Die rohen Knechte, die er dies grausame Werk vollbringen ließ, schalten ihn wegen seiner mitleidsvollen Worte. So musste nun Prometheus an der trostlosen Klippe hängen, aufrecht, schlaflos, niemals imstande, das müde Knie zu beugen. „Deine Klagen und Seutzer werden vergeblich sein“, sagte Hephaistos zu ihm, denn Zeus' Sinn ist unerbittlich. Alle, die erst seit Kurzem die Herrschergewalt an sich gerissen, sind hartherzig.“ Wirklich sollte auch die Qual des Gefangenen ewig oder doch dreißigtausend Jahre dauern. Obwohl er laut rief und Winde, Ströme, Quellen und Meereswellen, die Allmutter Erde und den Allschauenden Sonnenkreis zu Zeugen seiner Pein aufrief, blieb er doch ungebeugten Sinnes. „Was das Schicksal beschlossen hat“, sprach er, „muss derjenige tragen, der die unbezwingliche Gewalt der Notwendigkeit einsehen gelernt hat.“ Auch ließ er sich durch keine Drohung des Zeus bewegen, die dunkle Weissagung, dass dem Götterherrscher durch einen neuen Ehebund Verderben und Untergang bevorstehe, näher auszudeuten. Zeus hielt Wort; er sandte dem Gefesselten einen Adler, der als täglicher Gast an seiner Leber zehren durfte, die sich immer wieder erneuerte. Die Qual sollte nicht eher aufhören, bis ein Mann kommen würde, der an seiner Stelle freiwillig den Tod auf sich nehmen wollte.

Endlich kam auch für diesen Unglücklichen der Tag der Erlösung. Nach vielen Jahren, die er unter furchtbaren Leiden an dem Felsen gehangen, kam Herakles des Weges, auf der Fahrt nach den Hesperiden und ihren Äpfeln begriffen. Als er sah, wie ein Adler an der Leber des Unglückseligen fraß, legte er Keule und Löwenhaut hinter sich, spannte den Bogen, entsandte den Pfeil und schoss den grausamen Vogel von der Leber des Gequälten weg. Hierauf löste er seine Fesseln und führte den Befreiten mit sich davon. Damit aber des Götterkönigs Bedingungen erfüllt würde, stellte er ihm als Ersatzmann den Zentauren Chiron, der an seiner statt bereit war zu sterben; denn vorher war er unsterblich. Damit jedoch Zeus' Urteil trotzdem vollzogen werde, musste Prometheus einen eisernen Ring tragen, an welchem sich ein Steinchen von jenem Kaukasusfelsen befand. So konnte sich Zeus rühmen, dass sein Feind noch immer an den Kaukasus geschmiedet sei.

Gustav Schwab: Die schönsten Sagen des klassischen Altertums. Tosa Verlag, o. J.

Gehalt der Hymne

Prometheus → **Auflehnung** → **Zeus**

Prometheus
(Goethe)

Eigenschaften:
- genial
- schöpferisch ohne Hilfe der Götter
- selbstständig, autark
- mutig, furchtlos
- respektlos

Symbolfigur für den Sturm und Drang:
- schöpferische Kraft des Individuums
- Bewusstsein der eigenen Schöpferkraft
- Befreiung des Individuums von der Ratio
- Genie trägt alle Regeln in sich selbst
- Betonung des Gefühls und der Spontaneität

Auflehnung

Folgen:
- Vereinsamung
- Rückzug in das eigene Ich
- Selbstbewusstsein behauptet sich als innere Kraft
- Selbstfindung in gesellschaftlicher Abgeschiedenheit und Isolation

Zeus
(Goethes Vater)

Eigenschaften:
- autoritär
- unflexibel
- ohnmächtig
- neidisch

Symbolfigur der Aufklärung:
- Regelgläubigkeit
- Glaube an Verstand (rational) und Sinneserfahrung (empirisch)
- verflachtes Menschenbild
- erstarrte Konventionen
- Standesschranken
- unnatürliche Gesellschaftsordnung mit ihrer lebensfeindlichen Moral

❶

2
und meinen Herd, um dessen Gluth du mich be - nei - dest.
Ich ken - ne nichts Är - me - res un - ter der Sonn' als euch, Göt - ter!
Etwas langsamer.
Ihr nährt küm - mer - lich vom Opfer - steuern und Gebets - hauch eure Ma - je -
stät, und darb - tet, wä - ren nicht Kinder und Bettler hoff - nungsvol - le
Tho - ren. Da ich ein Kind war, nicht wusste, wo aus noch ein, kehrt' ich
Edition Peters.
8394

3
mein ver - irr - tes Au - ge zur Son - ne, als wenn drüber wär' ein Ohr, zu hö - ren mei - ne
Kla - ge, ein Herz wie mein's, sich des Be - dräng - ten zu er - bar - men.
Recit.
Wer half mir wider der Ti - ta - nen Übermuth? wer ret - te - te vom To - de
mich, von Sclaverei? Hast du nicht alles selbst vollendet, heilig glühend Herz? Und
glüh - test jung und gut, be - trogen, Ret - tungs - dank dem Schla - fen - den da
Edition Peters.
8394

4
Geschwinder.
droben?
Ich dich ehren? Wo -
für?
Hast du die Schmerzen ge - lin-dert je des Be - la-denen?
Ich dich ehren? Wo - für?
Hast du die Thränen ge - stil - let je des Ge -
äng-steten?
Hat nicht mich zum Man-ne ge - schmiedet die allmäch-ti-ge
Zeit und das e - wi - ge Schicksal, mei - ne Herrn und dei - ne?
8394

5
Etwas langsam.
Wähntest du et-wa, ich soll-te das Le-ben hassen, in Wü - sten fliehen, weil nicht
al - le Blüthen-träume reiften?
Kräftig.
Hier sitz' ich, forme Menschen nach meinem Bil-de, ein Ge-schlecht, das mir
gleich sei, zu lei - den, zu wei - nen, zu ge - nie - ssen und zu freuen sich, und dein nicht zu
achten, wie ich, dein nicht zu achten, wie ich!
8394

Ballade: „Der Handschuh“ (Friedrich von Schiller)

Lernziele

- Kennenlernen des Inhaltes der Ballade
- Wissen um die mittelalterliche Institution des „Frauendienstes“
- Erkenntnis, dass das Ende einer Liebe durch äußere Vorgänge dargestellt wird
- Kennenlernen der Vertonung der Ballade durch Robert Schumann
- Erarbeitung eines sinngestaltenden Vortrages

Arbeitsmittel / Medien / Literaturhinweise

- Arbeitsblatt: Ballade
- Arbeitsblatt mit Lösung
- Folien (Leben Schillers; Vertonung durch Robert Schumann; Rittertum; Bild Ritterturnier)
- 6 CD: R. Schumann: Lieder, Fischer-Dieskau / Eschenbach (DGG 7154595 - JPC)

Tafelbild/Folien

Friedrich von Schiller

Er wurde am 10. November 1759 in Marbach (Württemberg) als Sohn des Militärwundarztes Johann Caspar Schiller (1723-1796) geboren und starb am 9. Mai 1805 in Weimar. Auf Befehl des Herzogs Karl Eugen besuchte er die Militärakademie (Karlsschule), studierte die Rechte, seit 1775 Medizin und wurde 1780 Regimentsmedikus in Stuttgart. 1782 wurde sein Schauspiel „Die Räuber“ in Mannheim mit überwältigendem Erfolg aufgeführt. Im selben Jahr floh Schiller mit dem Musiker Andreas Streicher aus Stuttgart, hielt sich in Oggersheim, wo er das Trauerspiel „Die Verschwörung des Fiesko zu Genua“ vollendete, und auf dem Wolzogenschen Gut in Bauerbach bei Meiningen auf. Hier arbeitete er an dem bürgerlichen Trauerspiel „Kabale und Liebe“ (1784). 1783/84 war er Theaterdichter am Mannheimer Theater. Vergeblich suchte er durch Gründung einer Zeitschrift seine wirtschaftliche Lage zu bessern. Im April 1785 kam er auf Einladung von Christian G. Körner und anderen sächsischen Freunden nach Leipzig. Er folgte Körner noch im gleichen Jahr nach Dresden. Im Drama „Don Carlos“ (1787) spiegelt sich der Übergang von Schillers Sturm- und Drangzeit zur klassischen Schaffensperiode. 1787 übersiedelte er nach Weimar. Mit der „Geschichte des Abfalls der Vereinigten Niederlande“ (1788) und der „Geschichte des Dreißigjährigen Krieges“ (1791-1793) trat er als Geschichtsschreiber hervor. 1789 war er zum unbesoldeten Professor der Geschichte und Philosophie in Jena ernannt worden. 1790 heiratete er Charlotte von Lengefeld (1766-1826). 1791 ermöglichte ein dänisches Stipendium philosophische Arbeiten. Im Juli 1794 führte eine Diskussion über die „Urpflanze“ zur Annäherung zwischen Goethe und Schiller. Ein intensiver geistiger Austausch war die Folge (Briefwechsel zwischen ihm und Goethe). 1795-1797 gab Schiller die „Horen“ heraus, die bedeutendste Zeitschrift der Klassikerzeit. Nachdem er in ästhetischen Schriften Wesen und Wirkung des Schönen und seinen Zusammenhang mit dem Guten ergründet hatte, wandte er sich über philosophische Gedichte („Das Ideal und das Leben“, „Der Spaziergang“) wieder der Dichtung zu. Mit Goethe schrieb er die „Xenien“. Die Gemeinsamkeit des Schaffens setzte sich im „Balladenjahr“ 1797 fort (1797: „Der Taucher“, „Die Kraniche des Ibykus“; 1798: „Der Kampf mit dem Drachen“, „Die Bürgschaft“; 1799: „Das Lied von der Glocke“). Seit seiner schweren Erkrankung, 1791, hatte Schiller sein Lehramt aufgegeben. 1799 siedelte er nach Weimar über. Im Jahre 1802 wurde er geadelt. Nach dem Abschluss seiner vieljährigen Arbeit am Wallensteinstoff (dramatische Trilogie, 1799) vollendete er nahezu Jahr für Jahr ein neues Drama: „Maria Stuart“ (1800), „Die Jungfrau von Orleans“ (1801), „Die Braut von Messina“ (1803), „Wilhelm Tell“ (1804). Daneben übersetzte er Shakespeares „Macbeth“ (1800), Racines „Phädra“ (1805) und viele andere. Unvollendet blieb sein „Demetrius“. Schillers Ideendramen der klassischen Zeit suchen nach einer zeitlosen Form des Schönen und verherrlichen die sittliche Freiheit, die den Menschen, der an ihr festhält, noch im Untergang siegen lässt. Im 19. Jahrhundert galt Schiller als der eigentliche deutsche Nationaldichter. Es folgte eine Zeit, in der Schillers rhetorisch-pathetische Kunst zum Teil scharf kritisiert wurde. Erst in neuester Zeit wird die Bedeutung Schillers wieder gerechter gewürdigt.

Stundenbild: (2 UE)

I. Hinführung

Stummer Impuls Folie	Bild: Zweikampf (Ritterturnier)
Aussprache	
Folie	Text: Das Rittertum
Lesen des Textes mit Aussprache	
Überleitung	L: Friedrich von Schiller (1759-1805) schrieb eine Ballade, die in der ritterlichen Welt des Mittelalters spielt.
Zielangabe	*Kennenlernen dieser Ballade*
TA	„Der Handschuh" (Friedrich von Schiller)

II. Textbegegnung

Lehrervortrag
Spontanäußerungen

III. Arbeit am Text

Textblatt	
Lesen der Ballade	
1. Teilziel:	**Klärung des Inhaltes**
Klärung schwieriger Begriffe TA	• König Franz I. von Frankreich (1515-1547) • Löwengarten: Löwenzwinger • Leu: Löwe • des Altans Rand: der Rand der Galerie
Stummer Impuls Folie	Bild: Ritter bückt sich nach dem Handschuh L: Gebt den Inhalt der Ballade wieder!
Aussprache	
	L: Wie ist die Ballade gegliedert?
Aussprache TA	Fünf Teile: Str. I / Str. II-IV / Str. V / Str. VI-VII / Str. VIII
2. Teilziel:	**Klärung des Gehaltes**
Leitfragen zur Gruppenarbeit	① Beurteile den Charakter von Delorges und Kunigunde! ② Warum setzt Delorges sein Leben aufs Spiel? Warum bleibt ihm keine andere Wahl? ③ Beurteile die Reaktion von Delorges am Ende der Ballade!
Gruppenarbeit	
Zsf. Gr.berichte	
Lehrerinformation	Schillers zweite Fassung des Schlusswortes von Delorges
Aussprache	
Leitfrage	L: Wodurch erzeugt Schiller eine so dichte Atmosphäre?
Aussprache TA	• Häufige Verkürzung von Verszeilen • Zäsuren • Lautmalerei
Zsf. Arbeitsblatt	„Der Handschuh" (F. v. Schiller)
Kontrolle Folie (Lösung Arbeitsblatt)	

IV. Ausweitung

Hören der Ballade	CD: „Der Handschuh" (Vertonung von Robert Schumann)
Partitur (Folien)	
Aussprache	
Folie	Lebenslauf Friedrich von Schillers
Erlesen mit Aussprache	

„Der Handschuh“ (Friedrich von Schiller)

Diese Ballade entstand im berühmten Balladenjahr 1797, und zwar am 18. und 19. Juni. Nach einer kleinen Textänderung erschien „Der Handschuh“ am 2. Oktober 1797 im „Musenalmanach für das Jahr 1798“, dem sogenannten „Balladenalmanach“.

Vor seinem Löwengarten,
Das Kampfspiel zu erwarten,
Saß König Franz,
Und um ihn die Großen der Krone
Und rings auf hohem Balkone
Die Damen in schönem Kranz.

Und wie er winkt mit dem Finger,
Auf tut sich der weite Zwinger,
Und hinein mit bedächtigem Schritt
Ein Löwe tritt
Und sieht sich stumm
Rings um,
Mit langem Gähnen,
Und schüttelt die Mähnen
Und streckt die Glieder
Und legt sich nieder.

Und der König winkt wieder,
Da öffnet sich behend
Ein zweites Tor,
Daraus rennt
Mit wildem Sprunge
Ein Tiger hervor.
Wie der den Löwen erschaut,
Brüllt er laut,
Schlägt mit dem Schweif
Einen furchtbaren Reif
Und recket die Zunge,
Und im Kreise scheu
Umgeht er den Leu,
Grimmig schnurrend,
Darauf streckt er sich murrend
Zur Seite nieder.

Und der König winkt wieder,
Da speit das doppelt geöffnete Haus
Zwei Leoparden auf einmal aus,
Die stürzen mit mutiger Kampfbegier
Auf das Tigertier;
Das packt sie mit seinen grimmigen Tatzen,
Und der Leu mit Gebrüll
Richtet sich auf – da wird‘s still,
Und herum im Kreis,
Von Mordsucht heiß,
Lagern sich die greulichen Katzen.

Da fällt von des Altans Rand
Ein Handschuh von schöner Hand
Zwischen den Tiger und den Leun
Mitten hinein.

Und zu Ritter Delorges spottender Weis’
Wendet sich Fräulein Kunigund:
„Herr Ritter, ist Eure Liebe so heiß
Wie Ihr mir schwört zu jeder Stund,
Ei, so hebt mir den Handschuh auf.“

Und der Ritter, in schnellem Lauf
Steigt hinab in den furchtbarn Zwinger
Mit festem Schritte,
Und aus der Ungeheuer Mitte
Nimmt er den Handschuh mit keckem Finger.

Und mit Erstaunen und mit Grauen
Sehen‘s die Ritter und Edelfrauen,
Und gelassen bringt er den Handschuh zurück.
Da schallt ihm sein Lob aus jedem Munde;
Aber mit zärtlichem Liebesblick –
Er verheißt ihm sein nahes Glück –
Empfängt ihn Fräulein Kunigunde.
Und er wirft ihr den Handschuh ins Gesicht:
„Den Dank, Dame, begehr ich nicht!“
Und verlässt sie zur selben Stunde.

Das Rittertum

Entstehung des Ritterstandes

Die Reiter, die sich einst zur Verteidigung des Landes aus dem Stande der Bauern geschieden hatten, waren nun selbst ein geschlossener Stand geworden, der Ritterstand. Aus dem rauen Krieger wurde ein Mann, der sich in Sitten und Bräuchen bald deutlich vom Bauern abhob und für Jahrhunderte zum Mannesideal des Abendlandes wurde. Er hatte in allen Ländern des christlichen Europas, zuerst in Frankreich, die gleichen Anschauungen über Standesehre, Erziehung, Lebensaufgaben. Aus den gleichen Idealen ergab sich von selbst auch die gleiche Lebensweise, kamen dieselben Standessitten. Dieses Gemeinsame des Ritterstandes wurde während der Kreuzzüge noch mehr herausgebildet und vertieft.

Erziehung zum Ritter

Schon im Kindesalter hielt man den Adeligen zu feinem Benehmen und zu ritterlicher Haltung an. Er kam als Page an den Hof eines befreundeten Ritters zur Ausbildung. Dort wurde er in allen Waffenübungen, im Reiten, Schwimmen und in höfischen Tänzen geschult. Feine Rede, gutes Benehmen, Liebe zur Kunst des Lautenspiels und der Dichtung zeichneten ihn aus. Als Knappe folgte er den Erwachsenen in den Krieg, auf die Jagd und zu den Turnieren.

Mit einundzwanzig Jahren kam für den Junker der große Tag der Schwertleite. Er erhielt den Ritterschlag, gelobte Kaiser, Reich und Kirche treu zu dienen; er versprach auch, Witwen, Waisen und Wehrlose zu schützen, und war damit in die Gemeinschaft der Ritter aufgenommen. Zu den Idealen des Ritterstandes gehörten:

- **êre** als das oberste Ideal. Sie verlangte Einsatz der ganzen Kraft, ja des Lebens, für Gott, den Lehensherrn und die Gattin des Herrn.
- **saelde** heißt so viel wie Seligkeit. Diese war das letzte, überirdische Ziel, das der Ritter ersehnte.
- **vrouwe** steht für die hohe, tugendhafte Frau, der sich ein Ritter in förmlichem Dienst verpflichtete.
- **minne** bedeutete Frauenverehrung. Ihr Ursprung war die Marienverehrung des frühen Mittelalters. Dann galt die Verehrung allgemein der Frau, besonders der Gattin des Herrn. Die Verehrte war der Inbegriff alles Guten und Schönen.
- **maze** bedeutete Mäßigung.
- **zuht** meinte Selbstbeherrschung.
- **staete** verkörperte die Tugend der Beständigkeit, die Beharrlichkeit zum Erreichen eines Zieles.
- **triuwe** hieß Treue, Zuverlässigkeit.
- **milte** stand für Freigebigkeit, Gastfreundschaft.
- **hôher muot** war eine innere Freude, eine seelische Hochstimmung, mit der alle Widerwärtigkeiten des Alltags überwunden werden konnten.

Oberster Lehensherr der Ritter war Gott. Deshalb waren sie in allem Streben, diese Ideale zu verwirklichen, in erster Linie Christen. Die großen Leistungen des Rittertums können wir nur aus dieser religiösen Haltung heraus verstehen.

Das Leben auf der Burg

Die festen Häuser der Ritter wurden meist auf geschützte Höhen oder unzugängliche Felsen gebaut, sogenannten Höhenburgen. In der Ebene waren die Burgen von breiten Wassergräben umgeben, deshalb Wasserburgen. Eine Zugbrücke führte zum äußeren Tor im starken Mauerring. Um die Burgmauer lief ein Wehrgang. Durch die Schießscharten und Schüttlöcher wehrte man die Feinde ab. Der Platz zwischen Außenmauer und innerem Tor hieß Zwinger, weil hier der Feind bezwungen werden musste. Der Zwinger wurde auch für Vorführungen und Kampfspiele genutzt. Den Innenhof säumten der Palas, die Wirtschaftsgebäude, Ställe und Waffenkammern. Dort befanden sich auch die Burgkapelle und der Brunnen. Der Rittersaal diente zu Versammlungen und Festlichkeiten. Meist hielt man sich in den Kemenaten auf, die mit Feuern in offenen Kaminen geheizt wurden. Ein wuchtiger Bergfried überragte die ganze Anlage. In ihm hauste der Türmer. In seiner Tiefe waren die Verliese. Im Winter froren die Bewohner der Burg in den zugigen Räumen. Die Fenster waren meist nur mit Fellen oder Brettern verschlossen.

**Arbeitsblatt: „Der Handschuh“
(Friedrich von Schiller)**

„Der Handschuh“ (Friedrich von Schiller)

Schiller wurde zu seiner am 18. und 19. Juni 1797 entstandenen Ballade durch eine französische Anekdote in den *„Essays historiques sur Paris de Monsieur de Saint Foix“* angeregt.

❶ Inhalt der Ballade:

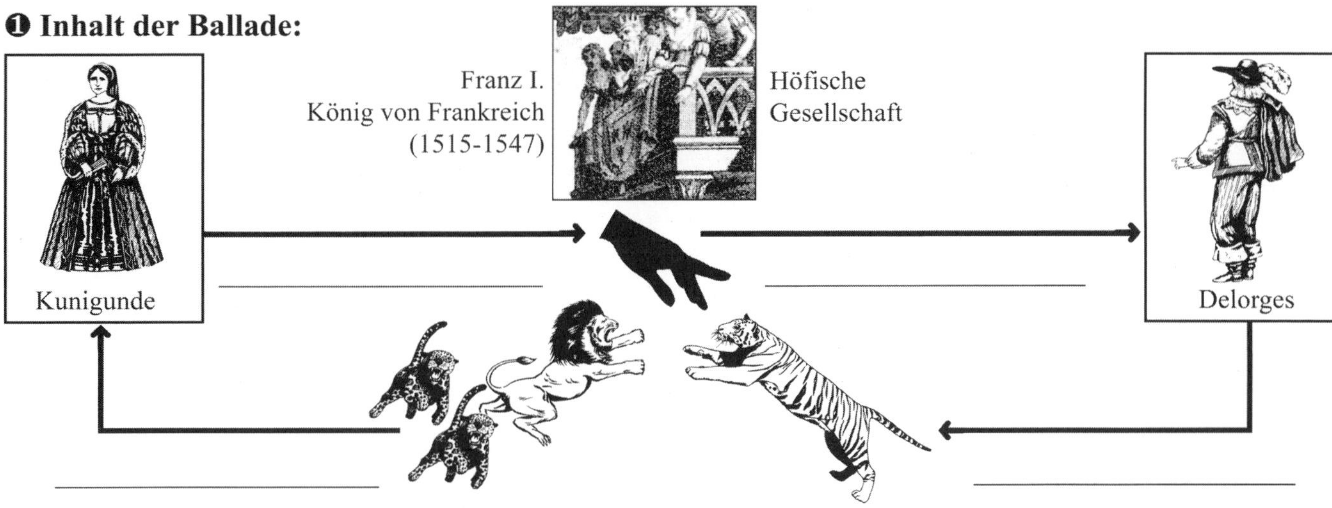

❷ Die Ballade gliedert sich in fünf Teile:

- Strophe I ____________________
- Strophe II-IV ____________________
- Strophe V ____________________
- Strophe VI-VII ____________________
- Strophe VIII ____________________

❸ Charakterisiere Delorges und Kunigunde! Benutze dabei Adjektive!

____

____

____

❹ Drei Höhepunkte sind in dieser Ballade auszumachen. Finde sie heraus!

____

❺ Warum setzt Delorges sein Leben aufs Spiel?

____

❻ Was macht Delorges mit seiner Reaktion deutlich?

____

____

❼ Warum änderte Schiller seine ursprüngliche Version *„Und er wirft ihr den Handschuh ins Gesicht“* am 17. Juli 1797 in *„Und der Ritter, sich tief verbeugend, spricht“* um?

____

____

❽ Wodurch erzeugt Schiller eine so dichte Atmosphäre?

____

____

„Der Handschuh“ (Friedrich von Schiller)

Schiller wurde zu seiner am 18. und 19. Juni 1797 entstandenen Ballade durch eine französische Anekdote in den *„Essays historiques sur Paris de Monsieur de Saint Foix“* angeregt.

❶ Inhalt der Ballade:

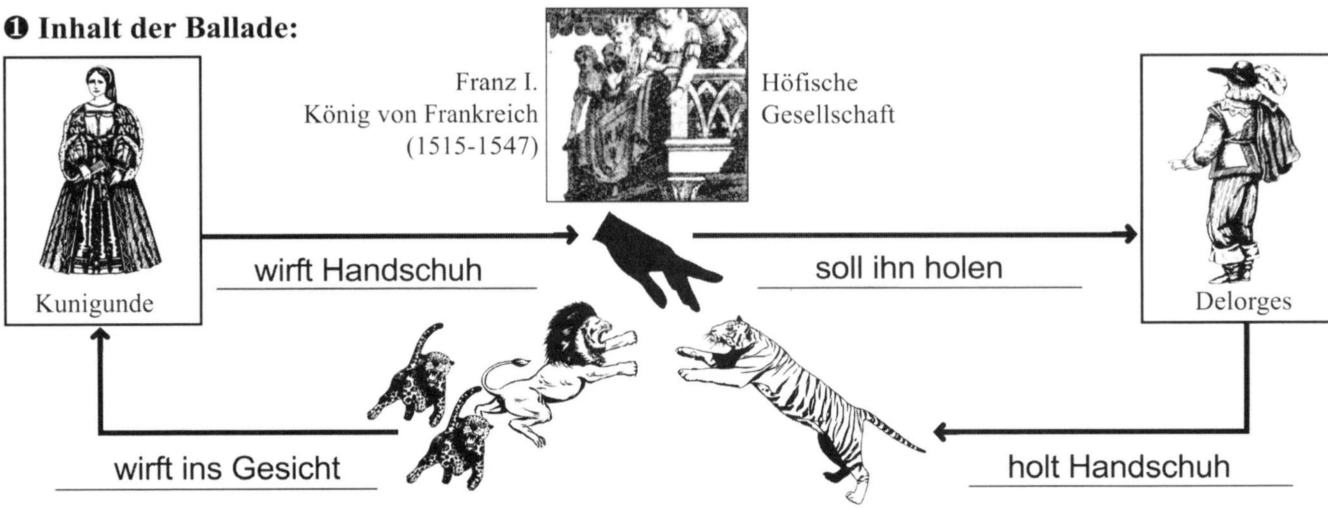

❷ Die Ballade gliedert sich in fünf Teile:

- Strophe I — Exposition: Ort, Situation, Personen mit historischem Hintergrund
- Strophe II-IV — Beschreibung der Raubtiere mit ihrer Kraft, Wildheit und Grausamkeit
- Strophe V — Handschuh fällt zwischen die Tiere
- Strophe VI-VII — Verspottung durch Kunigunde und Bestehen der Mutprobe
- Strophe VIII — Aufkündigung des Minnedienstes

❸ Charakterisiere Delorges und Kunigunde! Benutze dabei Adjektive!

Kunigunde: schön, begehrt, leichtfertig, frivol, zynisch, spöttisch, überheblich, kaltherzig mit dem Leben von Delorges spielend

Delorges: furchtlos, mutig, entschlossen, ruhig, aus Minne wird Verachtung

❹ Drei Höhepunkte sind in dieser Ballade auszumachen. Finde sie heraus!

① Aufforderung Kunigundes ② mutige Tat von Delorges ③ Werfen des Handschuhs

❺ Warum setzt Delorges sein Leben aufs Spiel?

Er hat nur die Wahl zwischen Demütigung oder Bewunderung (höfischer Ehrenkodex).

❻ Was macht Delorges mit seiner Reaktion deutlich?

Er beschämt Kunigunde, die seiner Minne unwürdig ist. Auch die höfische Gesellschaft missbraucht Sinn und Wert der Ritterideale, indem sie die unmenschliche Forderung akzeptiert.

❼ Warum änderte Schiller seine ursprüngliche Version *„Und er wirft ihr den Handschuh ins Gesicht“* am 17. Juli 1797 in *„Und der Ritter, sich tief verbeugend, spricht“* um?

Die heftige, unkonventionelle Reaktion von Ritter Delorges erregte in Weimar argen Anstoß. Eine Bemerkung Charlotte von Steins veranlasste Schiller zur Änderung.

❽ Wodurch erzeugt Schiller eine so dichte Atmosphäre?

Häufige Verkürzung von Verszeilen, Zäsuren und Lautmalerei („a“-Laute; Schweif/Reif; Tatzen/Katzen; Kreis/heiß) ⇨ Atmosphäre der sinnlichen Gegenständlichkeit

Der Handschuh

(Schiller)

3
Wie der den Lö - wen er - schaut, brüllt er laut, schlägt mit dem
Schweif ei - nen furcht - ba - ren Reif und re - cket die Zun - ge, und im
Krei - se scheu um - geht er den Leu, grim - mig schnurrend;
drauf streckt er sich mur - rend zur Sei - te nie - der.
Und der Kö - nig winkt wie - der_ da speit das dop - pelt ge -
Edition Peters
10020

4
öff - ne - te Haus_ zwei Le - o - par - den auf ein - mal aus; die
stür - zen mit mu - ti - ger Kampf - be - gier auf das Ti - ger - tier; das
packt sie mit sei - nen grim - mi - gen Tat - zen, und der Leu_ mit Ge -
brüll_ rich - tet sich auf, da wirds still;_ und her - um im Kreis, von
Mord - sucht heiß, la - gern sich die gräu - li - chen Kat - zen! Da
Edition Peters
10020

5
fällt von des Al - tans Rand ein Hand - schuh von schö - - - ner
Hand, zwi-schen den Ti - ger und den Leuh_ mit - ten hin-ein. Und zu
Rit - ter De - lor - ges, spot - ten-der Weis wen - det sich Fräu - lein
Ku - ni-gund: „Herr Rit - ter, ist Eu - re Lieb_ so_ heiß, wie Ihr mir
schwört zu je - der Stund,_ ei, so hebt mir den Hand-schuh auf!“ Und der
Edition Peters
10020

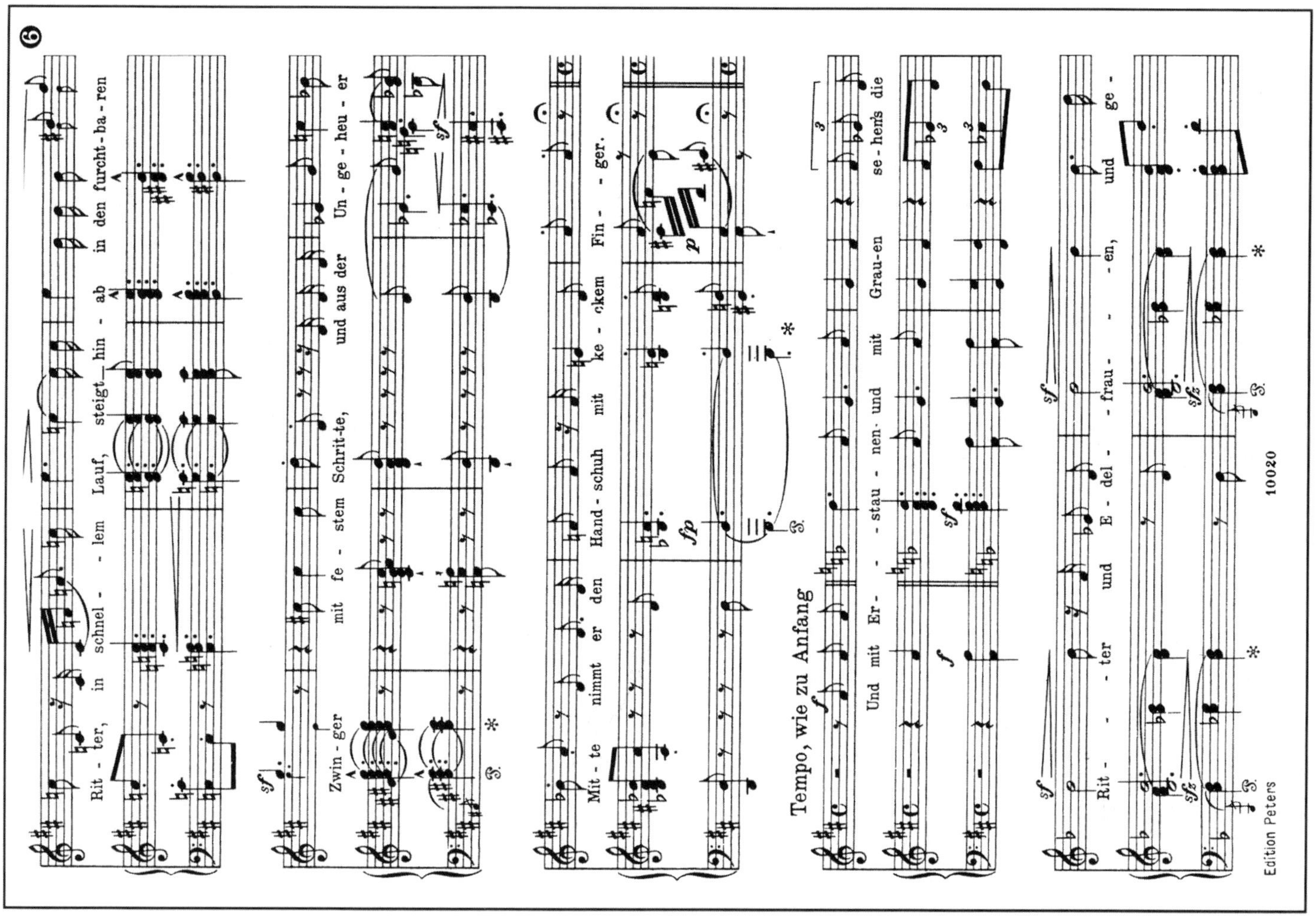
6
Rit - ter, in schnel - - lem Lauf, steigt_ hin - ab in den furcht-ba - ren
Zwin - ger mit fe - stem Schrit-te, und aus der Un - ge - heu - er
Mit - te nimmt er den Hand - schuh mit ke - ckem Fin - - ger.
Tempo, wie zu Anfang
Und mit Er - - stau - nen und mit Grau-en se - hen's die
Rit - - - ter und E - del - - frau - - - en, und ge -
Edition Peters
10020

7
las - sen bringt er den Hand-schuh zu-rück. Da schallt ihm sein Lob__ aus je - dem
Mun - de, a - ber mit zärt - - li-chem Lie - - bes - - blick,__ er ver-
heißt ihm sein na - hes Glück, empfängt ihn Fräu - - - lein Ku - ni-
gun - de. Und er wirft ihr den Handschuh ins Ge - sicht! „Den Dank,
Da - me, be - gehr ich nicht!“ und ver - läßt sie zur sel - ben Stun - - de!
Edition Peters
10020

Ballade: „Die Bürgschaft“ (Friedrich von Schiller)

Lernziele

- Kennenlernen des Inhaltes der Ballade
- Charakterisierung der handelnden Personen
- Wissen um die Gründe ihres Verhaltens
- Herausarbeiten des Gehaltes der Ballade mit ihrer zeitlosen Botschaft
- Erarbeitung eines sinngestaltenden Vortrages mit Hilfe einer Vertonung von Franz Schubert

Arbeitsmittel / Medien / Literaturhinweise

- Arbeitsblätter (2): Ballade
- Arbeitsblatt mit Lösung
- Folien
- CD Vol. I (9 CD): F. Schubert: Lieder, Fischer-Dieskau / Moore (DGG 6525811 - JPC)

Tafelbild/Folien

Historischer Hintergrund der Ballade

Dionys der Ältere (430 - 367 v. Chr.) war ein kluger und zugleich gewalttätiger Fürst, der Kunst und Wissenschaft förderte. Im Jahre 405 v. Chr. machte er sich zum Alleinherrscher von Syrakus, später von ganz Sizilien. Die beiden Freunde Damon und Phintias waren Anhänger der Schule des Pythagoras, in der konservative Adelige verkehrten.

Schillers Quelle

Sie wurde von dem römischen Dichter Hygin, einem gelehrten Freigelassenen des Kaisers Augustus, verfasst. In einer seiner Fabeln erzählt er:

Als in Sizilien der höchst grausame Tyrann Dionysius herrschte und seine Bürger qualvoll hinrichtete, wollte Möros den Tyrannen töten. Die Trabanten ergriffen ihn und führten den Bewaffneten zum König. Im Verhör antwortete er, er habe den König töten wollen. Dieser befahl, ihn ans Kreuz zu schlagen. Möros bat um einen dreitägigen Urlaub zur Verheiratung seiner Schwester; er wollte dem Tyrannen seinen Freund und Genossen Selinuntius überliefern, der dafür bürgen werde, dass er am dritten Tage zurückkehre. Der König gewährte ihm den Urlaub zur Verheiratung der Schwester und erklärte dem Selinuntius, wenn Möros nicht an dem Tage sich einstellte, so müsse er die Strafe erleiden; doch Möros wäre dann frei. Als dieser nun die Schwester verehelicht hatte und auf dem Rückwege war, schwoll plötzlich der Strom durch Sturm und Regen so an, dass man weder zu Fuß noch schwimmend hinüberkonnte. Möros setzte sich ans Ufer und begann zu weinen, dass sein Freund für ihn sterben solle. Der Tyrann aber befahl, den Selinuntius ans Kreuz zu schlagen, weil schon sechs Stunden des dritten Tages vorüber waren und Möros nicht erschien. Selinuntius entgegnete, der Tag sei noch nicht vorbei. Als nun schon neun Stunden verflossen waren, befahl der König, den Selinuntius zum Kreuz zu führen. Während er hingeführt wurde, erst da holte Möros den Henker ein, nachdem er glücklich über den Fluss gekommen war, und rief aus der Ferne: „Halt, Henker, da bin ich, für den er gebürget!“ Die Begebenheit wurde dem König gemeldet. Dieser ließ die beiden vor sich führen, bat sie um Aufnahme in ihre Freundschaft und schenkte Möros das Leben.

Schwierige Begriffe:

• Tyrann	Gewaltherrscher	• gebeut	gebietet	• Syrakus	sizilianische Stadt
• Häscher	Soldaten	• frevelnd	unerlaubt	• Wundermär	wunderbare Geschichte
• Nachen	Boot, Kahn	• gefreit	verheiratet	• Rotte	Gruppe

Stundenbild: (2 UE)

I. Hinführung

Stummer Impuls	TA: Bürgschaft
Aussprache	... für jemanden bürgen, z. B. in Geldgeschäften ...
Zielangabe	*Kennenlernen einer Ballade mit dem gleichnamigen Titel von Friedrich von Schiller. Auch hier geht es um eine Bürgschaft.*

II. Textbegegnung

Lehrerinformation Folie	Historischer Hintergrund der Ballade
Lehrervortrag Ballade	
Spontanäußerungen	

III. Arbeit am Text

Textblätter (2)	SS: Lesen der Ballade
1. Teilziel:	**Klärung des Inhaltes**
Klärung der schwierigen Begriffe TA	Tyrann/Häscher/Nachen/gebeut/frevelnd/gefreit/Syrakus/Wundermär/Rotte
Impuls	L: Gib mit eigenen Worten den Inhalt der Ballade wieder.
Schüler berichten	
Bild (erstes Textblatt)	L: Welche Episoden der Ballade sind auf dem Bild dargestellt?
Aussprache	
Zsf. Folie (siehe Arbeitsblatt)	Darstellung der elf Stationen der Ballade
Folie	Schillers Quelle
Aussprache	
Arbeitsblatt (S. 51)	„Die Bürgschaft“ als verwürfelte Ballade
Partnerarbeit	L: Ordne die 20 Strophen in der richtigen Reihenfolge.
Aussprache mit Kontrolle Folie (S. 52)	
2. Teilziel:	**Klärung des Gehaltes**
Leitfragen	① Charakterisiere die Hauptpersonen der Ballade. ② Wer ist mehr zu bewundern - Damon oder sein Freund? ③ Hätte Damon auch anders handeln können? ④ Warum nimmt Dionys überhaupt einen Bürgen an? ⑤ Welche Botschaft will Schiller uns mitteilen?
Aussprache	
Zsf. Arbeitsblatt	
Kontrolle Folie (Lösung Arbeitsblatt)	

IV. Vertiefung

Hören der Ballade	CD: „Die Bürgschaft“ (Vertonung von Franz Schubert)
Aussprache	
Lesen der Ballade	Sinngestaltendes Lesen

V. Ausweitung

❶ Kunst/Musik	Projekt „Balladenwerkstatt“
Zeichnerisches Gestalten der elf Stationen auf Bildern für die Tafel oder auf Folien für den OHP	
❷ Deutsch: Schriftsprachliches Gestalten	L: Schreibe eine Geschichte, die über eine tiefe Freundschaft berichtet. Dabei sollte die Freundschaft auf die Probe gestellt werden.
Stillarbeit	

„Die Bürgschaft“ (Friedrich von Schiller)

Holzschnitt: Hermann Plüddemann

Zu Dionys, dem Tyrannen, schlich
Möros, den Dolch im Gewande;
Ihn schlugen die Häscher in Bande.
„Was wolltest du mit dem Dolche? Sprich!“
Entgegnet ihm finster der Wüterich.
„Die Stadt vom Tyrannen befreien!“
„Das sollst du am Kreuze bereuen!“

„Ich bin“, spricht jener, „zu sterben bereit
Und bitte nicht um mein Leben;
Doch willst du Gnade mir geben.
Ich flehe dich um drei Tage Zeit,
Bis ich die Schwester dem Gatten gefreit
Ich lasse den Freund dir als Bürgen,
Ihn magst du, entrinn'ich, erwürgen.“

Da lächelt der König mit arger List
Und spricht nach kurzem Bedenken:
„Drei Tage will ich dir schenken;
Doch wisse, wenn sie verstrichen, die Frist,
Eh'du zurück mir gegeben bist,
So muss er statt deiner erblassen,
Doch dir ist die Strafe erlassen!“

Und er kommt zum Freunde: „Der König gebeut,
Dass ich am Kreuz mit dem Leben
Bezahle das frevelnde Streben;
Doch will er mir gönnen drei Tage Zeit,
Bis ich die Schwester dem Gatten gefreit;
So bleib' du dem König zum Pfande,
Bis ich komme zu lösen die Bande!“

Und schweigend umarmt ihn der treue Freund
Und liefert sich aus dem Tyrannen;
Der andere ziehet von dannen.
Und ehe das dritte Morgenrot scheint,
Hat er schnell mit dem Gatten die Schwester vereint,
Eilt heim mit sorgender Seele,
Damit er die Frist nicht verfehle.

Da gießt unendlicher Regen herab,
Von den Bergen stürzen die Quellen
Und die Bäche, die Ströme schwellen.
Und er kommt ans Ufer mit wanderndem Stab,
Da reißt die Brücke der Strudel hinab
Und donnernd sprengen die Wogen
Des Gewölbes krachenden Bogen.

Und trostlos irrt er an Ufers Rand;
Wie weit er auch spähet und blicket
Und die Stimme, die rufende, schicket,
Da stößet kein Nachen vom sichern Strand,
Der ihn setzte an das gewünschte Land;
Kein Schiffer lenket die Fähre,
Und der wilde Strom wird zum Meere.

Da sinkt er ans Ufer und weint und fleht,
Die Hände zum Zeus erhoben:
„Oh, hemme des Stromes Toben!
Es eilen die Stunden, im Mittag steht
Die Sonne, und wenn sie niedergeht
Und ich kann die Stadt nicht erreichen,
So muss der Freund mir erbleichen!“

Doch wachsend erneut sich des Stromes Wut
Und Welle auf Welle zerrinnet
Und Stunde auf Stunde entrinnet.
Da treibet die Angst ihn, da fasst er sich Mut
Und wirft sich hinein in die brausende Flut
Und teilt mit gewaltigen Armen
Den Strom – und ein Gott hat Erbarmen.

Und gewinnt das Ufer und eilet fort
Und danket dem rettenden Gotte.
Da stürzet die raubende Rotte
Hervor aus des Waldes nächtlichem Ort,
Den Pfad ihm sperrend und schnaubet Mord
Und hemmet des Wanderers Eile
Mit drohend geschwungener Keule.

„Was wollt ihr?“ ruft er, vor Schrecken bleich,
Ich habe nichts als mein Leben,
Das muss ich dem Könige geben!“
Und entreißet die Keule dem Nächsten gleich:
„Um des Freundes willen erbarmet euch!“
Und drei mit gewaltigen Streichen
Erlegt er, die andern entweichen.

Und die Sonne versendet glühenden Brand
Und von der unendlichen Mühe
Ermattet, sinken die Kniee.
„Oh, hast du mich gnädig aus Räubershand,
Aus dem Strom mich gerettet ins heilige Land
Und soll hier verschmachtend verderben
Und der Freund mir, der liebende, sterben?“

Und horch! Da strudelt es silberhell
Ganz nahe wie rieselndes Rauschen
Und stille hält er, zu lauschen;
Und sieh', aus dem Felsen, geschwätzig, schnell,
Springt murmelnd hervor ein lebendiger Quell,
Und freudig bückt er sich nieder
Und erfrischet die brennenden Glieder.

Und die Sonne blickt durch der Zweige Grün
Und malt auf den glänzenden Matten
Der Bäume gigantische Schatten;
Und zwei Wanderer sieht er die Straße zieh'n,
Will eilenden Laufes vorüberflieh'n,
Da hört er die Worte sie sagen:
Jetzt wird er ans Kreuz geschlagen.“

Und die Angst beflügelt den eilenden Fuß,
Ihn jagen der Sorgen Qualen.
Da schimmern in Abendrots Strahlen
Von ferne die Zinnen von Syrakus
Und entgegen kommt ihm Philostratus,
Des Hauses redlicher Hüter,
Der erkennet entsetzt den Gebieter.

„Zurück! Du rettest den Freund nicht mehr,
So rette das eigene Leben!
Den Tod erleidet er eben.
Von Stunde zu Stunde gewartet' er
Mit hoffender Seele der Wiederkehr,
Ihm konnte den mutigen Glauben
Der Hohn des Tyrannen nicht rauben.“

„Und ist es zu spät und kann ich ihm nicht,
Ein Retter, willkommen erscheinen,
So soll mich der Tod ihm vereinen.
Des rühme der blut'ge Tyrann sich nicht,
Dass der Freund dem Freunde gebrochen die Pflicht;
Er schlachte der Opfer zweie
Und glaube an Liebe und Treue!“

Und die Sonne geht unter, da steht er am Tor
Und sieht das Kreuz schon erhöhet,
Das die Menge gaffend umstehet.
An dem Seile schon zieht man den Freund empor,
Da zertrennt er gewaltig den dichten Chor.
„Mich, Henker!“, ruft er, „erwürget!
Da bin ich, für den er gebürget!“

Und Erstaunen ergreifet das Volk umher,
In den Armen liegen sich beide
Und weinen vor Schmerzen und Freude.
Da sieht man kein Auge tränenleer
Und zum König bringt man die Wundermär.
Der fühlt ein menschliches Rühren,
Lässt schnell vor den Thron sie führen.

Und blicket sie lange verwundert an.
Drauf spricht er: „Es ist euch gelungen,
Ihr habt das Herz mir bezwungen
Und die Treue, sie ist doch kein leerer Wahn,
So nehmet auch mich zum Genossen an!
Ich sei, gewährt mir die Bitte,
In eurem Bunde der dritte!“

„Die Bürgschaft“ (Friedrich von Schiller)

Schillers Quelle zu dieser Ballade geht auf Fabeln des römischen Dichters Hygin zurück. Die Umarbeitung des Stoffes zu einer Ballade mit 20 Strophen erfolgte in der Zeit vom 27. bis 30. August 1797.

❶ Charakterisiere die Hauptpersonen der Ballade!

① ____________________:

② ____________________:

③ ____________________:

❷ Der dramatische Aufbau ist unten grafisch dargestellt. Schreibe zu den elf Punkten die passenden Ereignisse! Benütze auch die Rückseite des Arbeitsblattes!

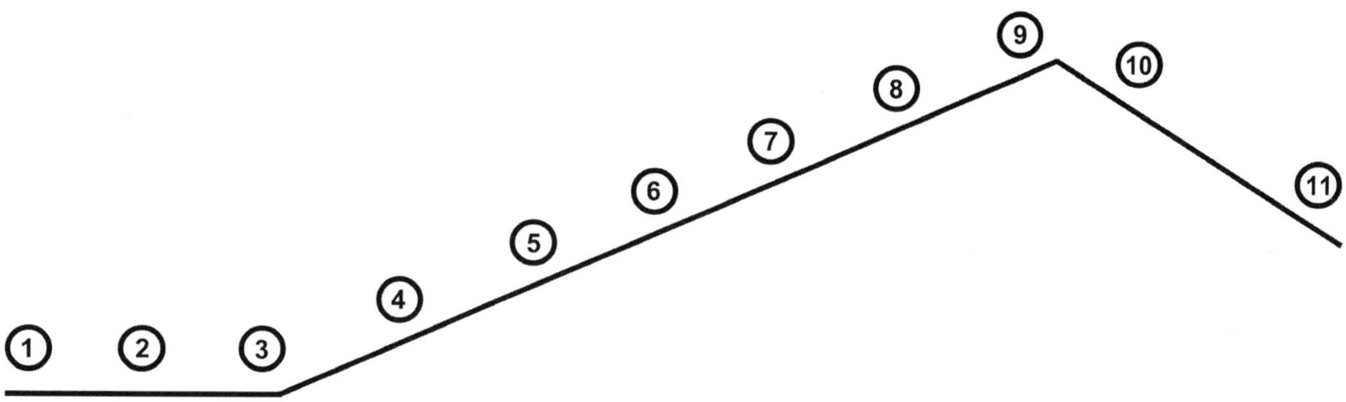

❸ Warum geht Dionys auf die Bürgschaft überhaupt ein?

❹ Inwiefern ist Damons Verhalten heldenhaft? Was bestimmt sein Handeln?

❺ Beurteile den Schluss der Ballade. Was will Schiller damit aussagen?

❻ In dieser Ballade offenbart sich Schillers Menschenbild. Begründe!

Lösungsblatt: „Die Bürgschaft“ (Friedrich von Schiller)

„Die Bürgschaft“ (Friedrich von Schiller)

Schillers Quelle zu dieser Ballade geht auf Fabeln des römischen Dichters Hygin zurück. Die Umarbeitung des Stoffes zu einer Ballade mit 20 Strophen erfolgte in der Zeit vom 27. bis 30. August 1797.

❶ Charakterisiere die Hauptpersonen der Ballade!

① Damon (Möros):
bereit zu sterben, aufrichtig, gefasst, stolz, mutig, glaubt an Ideale, edle Gesinnung, zuversichtlich

② Dionys (Tyrann):
grausam, hartherzig, arglistig, menschenverachtend, zynisch

③ Freund Damons:
liefert sich wortlos dem Tyrannen aus, ist als Bürge bereit für Damon zu sterben

❷ Der dramatische Aufbau ist unten grafisch dargestellt. Schreibe zu den elf Punkten die passenden Ereignisse! Benütze auch die Rückseite des Arbeitsblattes!

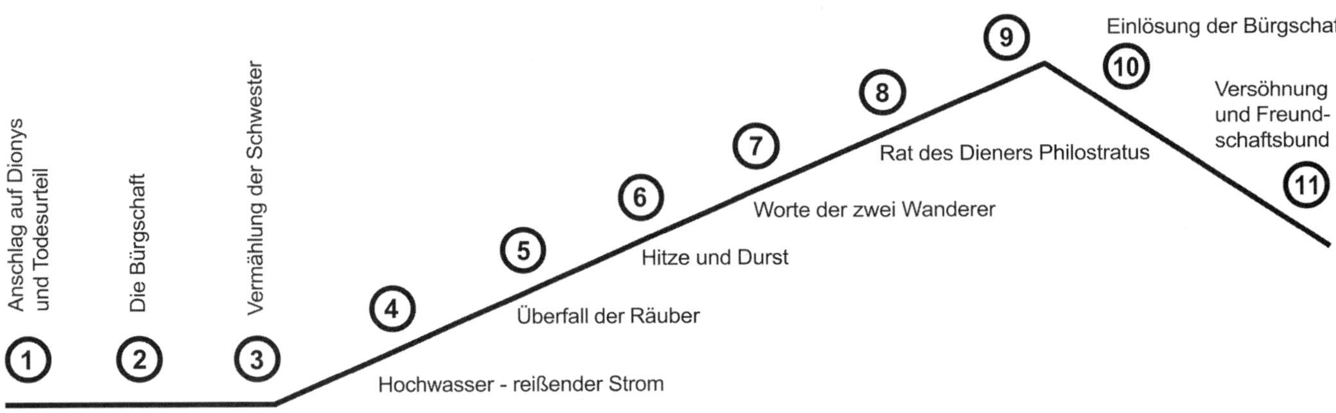

❸ Warum geht Dionys auf die Bürgschaft überhaupt ein?
Er stellt die Freundschaft arglistig auf die Probe und glaubt nicht an Damons Willen zur Einlösung der Bürgschaft.

❹ Inwiefern ist Damons Verhalten heldenhaft? Was bestimmt sein Handeln?
Damon ist fest entschlossen, sein Leben zu opfern, denn er muss annehmen, zu spät zu kommen. Das Ideal der Treue ist für Damon wichtiger als sein eigenes Leben.

❺ Beurteile den Schluss der Ballade. Was will Schiller damit aussagen?
Damon gelingt der Durchbruch in das verhärtete Herz des menschen- und werteverachtenden Tyrannen. Es ist ein Sieg des hohen sittlichen Geistes über die alle höheren Werte verneinende, unmenschliche Macht.

❻ In dieser Ballade offenbart sich Schillers Menschenbild. Begründe!
Der Mensch kann bewusst seine Taten bestimmen. Aus dem Widerspruch zwischen triebhafter Natur und dem Vermögen zu absoluter Freiheit ergibt sich für Schiller die sittliche Aufgabe zur Selbstverwirklichung des Menschen.

Und die Sonne blickt durch der Zweige Grün
Und malt auf den glänzenden Matten
Der Bäume gigantische Schatten;
Und zwei Wanderer sieht er die Straße zieh'n,
Will eilenden Laufes vorüberflieh'n,
Da hört er die Worte sie sagen:
Jetzt wird er ans Kreuz geschlagen."

Und schweigend umarmt ihn der treue Freund
Und liefert sich aus dem Tyrannen;
Der andere ziehet von dannen.
Und ehe das dritte Morgenrot scheint,
Hat er schnell mit dem Gatten die Schwester vereint,
Eilt heim mit sorgender Seele,
Damit er die Frist nicht verfehle.

Und die Sonne geht unter, da steht er am Tor
Und sieht das Kreuz schon erhöhet,
Das die Menge gaffend umstehet.
An dem Seile schon zieht man den Freund empor,
Da zertrennt er gewaltig den dichten Chor.
„Mich, Henker!", ruft er, „erwürget!
Da bin ich, für den er gebürget!"

Und trostlos irrt er an Ufers Rand;
Wie weit er auch spähet und blicket
Und die Stimme, die rufende, schicket,
Da stößet kein Nachen vom sichern Strand,
Der ihn setzte an das gewünschte Land;
Kein Schiffer lenket die Fähre,
Und der wilde Strom wird zum Meere.

„Zurück! Du rettest den Freund nicht mehr,
So rette das eigene Leben!
Den Tod erleidet er eben.
Von Stunde zu Stunde gewartet' er
Mit hoffender Seele der Wiederkehr,
Ihm konnte den mutigen Glauben
Der Hohn des Tyrannen nicht rauben."

Und blicket sie lange verwundert an.
Drauf spricht er: „Es ist euch gelungen,
Ihr habt das Herz mir bezwungen
Und die Treue, sie ist doch kein leerer Wahn,
So nehmet auch mich zum Genossen an!
Ich sei, gewährt mir die Bitte,
In eurem Bunde der dritte!"

Und die Angst beflügelt den eilenden Fuß,
Ihn jagen der Sorgen Qualen.
Da schimmern in Abendrots Strahlen
Von ferne die Zinnen von Syrakus
Und entgegen kommt ihm Philostratus,
Des Hauses redlicher Hüter,
Der erkennet entsetzt den Gebieter.

Doch wachsend erneut sich des Stromes Wut
Und Welle auf Welle zerrinnet
Und Stunde auf Stunde entrinnet.
Da treibet die Angst ihn, da fasst er sich Mut
Und wirft sich hinein in die brausende Flut
Und teilt mit gewaltigen Armen
Den Strom – und ein Gott hat Erbarmen.

Und horch! Da strudelt es silberhell
Ganz nahe wie rieselndes Rauschen
Und stille hält er, zu lauschen;
Und sieh', aus dem Felsen, geschwätzig, schnell,
Springt murmelnd hervor ein lebendiger Quell,
Und freudig bückt er sich nieder
Und erfrischet die brennenden Glieder.

„Ich bin", spricht jener, „zu sterben bereit
Und bitte nicht um mein Leben;
Doch willst du Gnade mir geben.
Ich flehe dich um drei Tage Zeit,
Bis ich die Schwester dem Gatten gefreit.
Ich lasse den Freund dir als Bürgen,
Ihn magst du, entrinn'ich, erwürgen."

„Und ist es zu spät und kann ich ihm nicht,
Ein Retter, willkommen erscheinen,
So soll mich der Tod ihm vereinen.
Des rühme der blut'ge Tyrann sich nicht,
Dass der Freund dem Freunde gebrochen die Pflicht;
Er schlachte der Opfer zweie
Und glaube an Liebe und Treue!"

Zu Dionys, dem Tyrannen, schlich
Möros, den Dolch im Gewande;
Ihn schlugen die Häscher in Bande.
„Was wolltest du mit dem Dolche? Sprich!"
Entgegnet ihm finster der Wüterich.
„Die Stadt vom Tyrannen befreien!"
„Das sollst du am Kreuze bereuen!"

„Was wollt ihr?" ruft er, vor Schrecken bleich,
Ich habe nichts als mein Leben,
Das muss ich dem Könige geben!"
Und entreißet die Keule dem Nächsten gleich:
„Um des Freundes willen erbarmet euch!"
Und drei mit gewaltigen Streichen
Erlegt er, die andern entweichen.

Und Erstaunen ergreifet das Volk umher,
In den Armen liegen sich beide
Und weinen vor Schmerzen und Freude.
Da sieht man kein Auge tränenleer
Und zum König bringt man die Wundermär.
Der fühlt ein menschliches Rühren,
Lässt schnell vor den Thron sie führen.

Da gießt unendlicher Regen herab,
Von den Bergen stürzen die Quellen
Und die Bäche, die Ströme schwellen.
Und er kommt ans Ufer mit wanderndem Stab,
Da reißt die Brücke der Strudel hinab
Und donnernd sprengen die Wogen
Des Gewölbes krachenden Bogen.

Und er kommt zum Freunde: „Der König gebeut,
Dass ich am Kreuz mit dem Leben
Bezahle das frevelnde Streben;
Doch will er mir gönnen drei Tage Zeit,
Bis ich die Schwester dem Gatten gefreit;
So bleib' du dem König zum Pfande,
Bis ich komme zu lösen die Bande!"

Und die Sonne versendet glühenden Brand
Und von der unendlichen Mühe
Ermattet, sinken die Kniee.
„Oh, hast du mich gnädig aus Räubershand,
Aus dem Strom mich gerettet ins heilige Land
Und soll hier verschmachtend verderben
Und der Freund mir, der liebende, sterben?"

Da lächelt der König mit arger List
Und spricht nach kurzem Bedenken:
„Drei Tage will ich dir schenken;
Doch wisse, wenn sie verstrichen, die Frist,
Eh'du zurück mir gegeben bist,
So muss er statt deiner erblassen,
Doch dir ist die Strafe erlassen!"

Da sinkt er ans Ufer und weint und fleht,
Die Hände zum Zeus erhoben:
„Oh, hemme des Stromes Toben!
Es eilen die Stunden, im Mittag steht
Die Sonne, und wenn sie niedergeht
Und ich kann die Stadt nicht erreichen,
So muss der Freund mir erbleichen!"

Und gewinnt das Ufer und eilet fort
Und danket dem rettenden Gotte.
Da stürzet die raubende Rotte
Hervor aus des Waldes nächtlichem Ort,
Den Pfad ihm sperrend und schnaubet Mord
Und hemmet des Wanderers Eile
Mit drohend geschwungener Keule.

Zu Dionys, dem Tyrannen, schlich
Möros, den Dolch im Gewande;
Ihn schlugen die Häscher in Bande.
„Was wolltest du mit dem Dolche? Sprich!“
Entgegnet ihm finster der Wüterich.
„Die Stadt vom Tyrannen befreien!“
„Das sollst du am Kreuze bereuen!“

„Ich bin“, spricht jener, „zu sterben bereit
Und bitte nicht um mein Leben;
Doch willst du Gnade mir geben.
Ich flehe dich um drei Tage Zeit,
Bis ich die Schwester dem Gatten gefreit.
Ich lasse den Freund dir als Bürgen,
Ihn magst du, entrinn'ich, erwürgen.“

Da lächelt der König mit arger List
Und spricht nach kurzem Bedenken:
„Drei Tage will ich dir schenken;
Doch wisse, wenn sie verstrichen, die Frist,
Eh'du zurück mir gegeben bist,
So muss er statt deiner erblassen,
Doch dir ist die Strafe erlassen!“

Und er kommt zum Freunde: „Der König gebeut,
Dass ich am Kreuz mit dem Leben
Bezahle das frevelnde Streben;
Doch will er mir gönnen drei Tage Zeit,
Bis ich die Schwester dem Gatten gefreit;
So bleib' du dem König zum Pfande,
Bis ich komme zu lösen die Bande!“

Und schweigend umarmt ihn der treue Freund
Und liefert sich aus dem Tyrannen;
Der andere ziehet von dannen.
Und ehe das dritte Morgenrot scheint,
Hat er schnell mit dem Gatten die Schwester vereint,
Eilt heim mit sorgender Seele,
Damit er die Frist nicht verfehle.

Da gießt unendlicher Regen herab,
Von den Bergen stürzen die Quellen
Und die Bäche, die Ströme schwellen.
Und er kommt ans Ufer mit wanderndem Stab,
Da reißt die Brücke der Strudel hinab
Und donnernd sprengen die Wogen
Des Gewölbes krachenden Bogen.

Und trostlos irrt er an Ufers Rand;
Wie weit er auch spähet und blicket
Und die Stimme, die rufende, schicket,
Da stößet kein Nachen vom sichern Strand,
Der ihn setzte an das gewünschte Land;
Kein Schiffer lenket die Fähre,
Und der wilde Strom wird zum Meere.

Da sinkt er ans Ufer und weint und fleht,
Die Hände zum Zeus erhoben:
„Oh, hemme des Stromes Toben!
Es eilen die Stunden, im Mittag steht
Die Sonne, und wenn sie niedergeht
Und ich kann die Stadt nicht erreichen,
So muss der Freund mir erbleichen!“

Doch wachsend erneut sich des Stromes Wut
Und Welle auf Welle zerrinnet
Und Stunde auf Stunde entrinnet.
Da treibet die Angst ihn, da fasst er sich Mut
Und wirft sich hinein in die brausende Flut
Und teilt mit gewaltigen Armen
Den Strom – und ein Gott hat Erbarmen.

Und gewinnt das Ufer und eilet fort
Und danket dem rettenden Gotte.
Da stürzet die raubende Rotte
Hervor aus des Waldes nächtlichem Ort,
Den Pfad ihm sperrend und schnaubet Mord
Und hemmet des Wanderers Eile
Mit drohend geschwungener Keule.

„Was wollt ihr?“ ruft er, vor Schrecken bleich,
Ich habe nichts als mein Leben,
Das muss ich dem Könige geben!“
Und entreißet die Keule dem Nächsten gleich:
„Um des Freundes willen erbarmet euch!“
Und drei mit gewaltigen Streichen
Erlegt er, die andern entweichen.

Und die Sonne versendet glühenden Brand
Und von der unendlichen Mühe
Ermattet, sinken die Kniee.
„Oh, hast du mich gnädig aus Räubershand,
Aus dem Strom mich gerettet ins heilige Land
Und soll hier verschmachtend verderben
Und der Freund mir, der liebende, sterben?“

Und horch! Da strudelt es silberhell
Ganz nahe wie rieselndes Rauschen
Und stille hält er, zu lauschen;
Und sieh', aus dem Felsen, geschwätzig, schnell,
Springt murmelnd hervor ein lebendiger Quell,
Und freudig bückt er sich nieder
Und erfrischet die brennenden Glieder.

Und die Sonne blickt durch der Zweige Grün
Und malt auf den glänzenden Matten
Der Bäume gigantische Schatten;
Und zwei Wanderer sieht er die Straße zieh'n,
Will eilenden Laufes vorüberflieh'n,
Da hört er die Worte sie sagen:
Jetzt wird er ans Kreuz geschlagen.“

Und die Angst beflügelt den eilenden Fuß,
Ihn jagen der Sorgen Qualen.
Da schimmern in Abendrots Strahlen
Von ferne die Zinnen von Syrakus
Und entgegen kommt ihm Philostratus,
Des Hauses redlicher Hüter,
Der erkennet entsetzt den Gebieter.

„Zurück! Du rettest den Freund nicht mehr,
So rette das eigene Leben!
Den Tod erleidet er eben.
Von Stunde zu Stunde gewartet' er
Mit hoffender Seele der Wiederkehr,
Ihm konnte den mutigen Glauben
Der Hohn des Tyrannen nicht rauben.“

„Und ist es zu spät und kann ich ihm nicht,
Ein Retter, willkommen erscheinen,
So soll mich der Tod ihm vereinen.
Des rühme der blut'ge Tyrann sich nicht,
Daß der Freund dem Freunde gebrochen die Pflicht;
Er schlachte der Opfer zweie
Und glaube an Liebe und Treue!“

Und die Sonne geht unter, da steht er am Tor
Und sieht das Kreuz schon erhöhet,
Das die Menge gaffend umstehet.
An dem Seile schon zieht man den Freund empor,
Da zertrennt er gewaltig den dichten Chor.
„Mich, Henker!“, ruft er, „erwürget!
Da bin ich, für den er gebürget!“

Und Erstaunen ergreifet das Volk umher,
In den Armen liegen sich beide
Und weinen vor Schmerzen und Freude.
Da sieht man kein Auge tränenleer
Und zum König bringt man die Wundermär.
Der fühlt ein menschliches Rühren,
Lässt schnell vor den Thron sie führen.

Und blicket sie lange verwundert an.
Drauf spricht er: „Es ist euch gelungen,
Ihr habt das Herz mir bezwungen
Und die Treue, sie ist doch kein leerer Wahn,
So nehmet auch mich zum Genossen an!
Ich sei, gewährt mir die Bitte,
In eurem Bunde der dritte!“

Lösung

Ballade: „Der Ring des Polykrates“ (Friedrich von Schiller)

Lernziele
- Kennenlernen des Inhaltes der Ballade
- Charakterisierung des Polykrates und seines Gastes
- Wissen um die Quelle Schillers
- Herausarbeiten des Gehaltes der Ballade
- Erarbeitung eines sinngestaltenden Vortrages

Arbeitsmittel / Medien / Literaturhinweise
- Arbeitsblatt: Ballade
- Arbeitsblatt mit Lösung
- Folien (Holzschnitt; Quellentext)

Tafelbild/Folien

Holzschnitt: Carl Schurig

Stundenbild: (2 UE)

I. Hinführung	
Schwierige Begriffe TA	Samos / Milet / Märe / Reede / bedräuen / Erinnyen
Aussprache mit Lehrerinformation	
Stummer Impuls Folie	Bild: Polykrates und Amasis
Aussprache	
Lehrerinformation	• Polykrates: König von Samos (poly = alles; kratein = herrschen ⇨ Alleinherrscher, Tyrann) • Amasis: König von Ägypten (570-526 v. Chr.)
Zielangabe	*Kennenlernen der Ballade von Friedrich von Schiller mit dem Titel „Der Ring des Polykrates“*
TA	„Der Ring des Polykrates“ (Friedrich von Schiller)
II. Textdarbietung	
Lehrervortrag	
Schüler lesen Text mit (Folie)	
Spontanäußerungen	
III. Arbeit am Text	
Textblatt: Ballade	
Schüler lesen	
Leitfragen	① Was ist das Schlüsselwort der Ballade? ② Welche Steigerung ist im Verlauf der Ballade festzustellen? ③ Welche Haltung nimmt der „Gast“ ein? ④ Welche Aussage will Schiller mit dieser Ballade treffen?
Aussprache	
Arbeitsaufgaben zur Partnerarbeit	① Welches Reimschema liegt vor? ② Suche sogenannte szenische Bemerkungen (Kommentare Schillers zum Geschehen). ③ Schiller verwendet oft vorangestellte Attribute im Genitiv. Finde einige heraus.
Partnerarbeit	
Zsf. Aussprache	
IV. Sicherung	
Zsf. Arbeitsblatt	
Kontrolle Folie (Lösung Arbeitsblatt)	
V. Vertiefung	
Informationstext	Schillers Quelle
Erlesen	
Impuls	L: Vergleiche die Quellenangabe mit der Ballade. Wo stellst du Ähnlichkeiten, wo Unterschiede fest?
Aussprache	
Sinngestaltendes Lesen	

„Der Ring des Polykrates“ (Friedrich von Schiller)

Er stand auf seines Daches Zinnen,
Er schaute mit vergnügten Sinnen
Auf das beherrschte Samos hin.
„Dies alles ist mir untertänig“,
Begann er zu Ägyptens König,
„Gestehe, dass ich glücklich bin!“

„Du hast der Götter Gunst erfahren!
Die vormals deinesgleichen waren,
Sie zwingt jetzt deines Zepters Macht.
Doch einer lebt noch, sie zu rächen,
Dich kann mein Mund nicht glücklich sprechen,
Solang des Feindes Auge wacht.“

Und eh der König noch geendet,
Da stellt sich, von Milet gesendet,
Ein Bote dem Tyrannen dar:
„Lass, Herr, des Opfers Düfte steigen
Und mit des Lorbeers muntern Zweigen
Bekränze dir dein festlich Haar!

Getroffen sank dein Feind vom Speere,
Mich sendet mit der frohen Märe
Dein treuer Feldherr Polydor –“
Und nimmt aus einem schwarzen Becken,
Noch blutig, zu der beiden Schrecken,
Ein wohl bekanntes Haupt hervor.

Der König tritt zurück mit Grauen:
„Doch warn’ ich dich, dem Glück zu trauen“,
Versetzt er mit besorgtem Blick.
„Bedenk, auf ungetreuen Wellen,
Wie leicht kann sie der Sturm zerschellen,
Schwimmt deiner Flotte zweifelnd Glück.“

Und eh er noch das Wort gesprochen,
Hat ihn der Jubel unterbrochen,
Der von der Reede jauchzend schallt.
Mit fremden Schätzen reich beladen,
Kehrt zu den heimischen Gestaden
Der Schiffe mastenreicher Wald.

Der königliche Gast erstaunet:
„Dein Glück ist heute gut gelaunet,
Doch fürchte seinen Unbestand.
Der Kreter waffenkundge Scharen
Bedräuen dich mit Kriegsgefahren,
Schon nahe sind sie diesem Strand.“

Und eh ihm noch das Wort entfallen,
Da sieht mans von den Schiffen wallen,
Und tausend Stimmen rufen: „Sieg!
Von Feindesnot sind wir befreiet,
Die Kreter hat der Sturm zerstreuet,
Vorbei, geendet ist der Krieg.“

Das hört der Gastfreund mit Entsetzen:
„Fürwahr, ich muss dich glücklich schätzen,
Doch“, spricht er, „zittr’ ich für dein Heil.
Mir grauet vor der Götter Neide;
Des Lebens ungemischte Freude
Ward keinem Irdischen zuteil.

Auch mir ist alles wohl geraten,
Bei allen meinen Herrschertaten
Begleitet mich des Himmels Huld,
Doch hatt ich einen teuren Erben,
Den nahm mir Gott, ich sah ihn sterben,
Dem Glück bezahlt’ ich meine Schuld.

Drum, willst du dich vor Leid bewahren,
So flehe zu den Unsichtbaren,
Dass sie zum Glück den Schmerz verleihn.
Noch keinen sah ich fröhlich enden,
Auf den mit immer vollen Händen
Die Götter ihre Gaben streun.

Und wenns die Götter nicht gewähren,
So acht auf eines Freundes Lehren
Und rufe selbst das Unglück her,
Und was von allen deinen Schätzen
Dein Herz am höchsten mag ergötzen,
Das nimm und wirfs in dieses Meer.“

Und jener spricht, von Furcht beweget:
„Von allem, was die Insel heget,
Ist dieser Ring mein höchstes Gut.
Ihn will ich den Erinnyen weihen,
Ob sie mein Glück mir dann verzeihen.“
Und wirft das Kleinod in die Flut.

Und bei des nächsten Morgens Lichte,
Da tritt mit fröhlichem Gesichte
Ein Fischer vor den Fürsten hin:
„Herr, diesen Fisch hab ich gefangen,
Wie keiner noch ins Netz gegangen,
Dir zum Geschenke bring ich ihn.“

Und als der Koch den Fisch zerteilet,
Kommt er bestürzt herbeigeeilet
Und ruft mit hocherstauntem Blick:
„Sieh, Herr, den Ring, den du getragen,
Ihn fand ich in des Fisches Magen,
O, ohne Grenzen ist dein Glück!“

Hier wendet sich der Gast mit Grausen:
„So kann ich hier nicht länger hausen,
Mein Freund kannst du nicht weiter sein.
Die Götter wollen dein Verderben;
Fort eil’ ich, nicht mit dir zu sterben.“
Und sprach’s und schiffte schnell sich ein.

Schillers Quelle

Die Quelle für diese Ballade, die Schiller am 24. Juli 1797 beendete, ist das Werk „Versuche über verschiedene Gegenstände aus der Moral, der Literatur und dem gesellschaftlichen Leben“ von Christian Garve, in dessen zweitem Band ein Aufsatz „Über zwei Stellen des Herodot“ steht. Hier wird nach dem Wesen des Glücks und des Schicksals gefragt, wobei die Geschichte von Polykrates und Amasis (570 - 526 v. Chr.) als Beispiel herangezogen wird. Herodot erzählt das Ereignis in seiner Geschichte des Perserreichs Kyros bis Xeres.

Polykrates hatte sich durch einen Staatsstreich zum Herrn von Samos gemacht. Er hatte die Insel in drei Teile geteilt und zwei davon seinen Brüdern überlassen, nachher aber den einen Bruder ermordet und den anderen vertrieben. Seitdem herrschte er allein über Samos. Er schloss Freundschaft mit Amasis, dem König von Ägypten, sandte ihm Geschenke und erhielt solche auch von ihm. Seine Macht wurde immer größer, alle seine Feldzüge gingen glücklich aus. Er unterwarf eine Insel nach der anderen und viele Städte auf dem Festland.

Amasis hatte von dem Glück des Polykrates gehört, aber es machte ihn besorgt. Er schickte ihm einen Brief nach Samos: „Es freut mich zu hören, lieber Freund, dass es dir wohl geht; aber dein übermäßiges Glück ist mir bedenklich, denn mir graut vor dem Neide der Götter. Darum wünsche ich, dass mir und meinen Freunden hin und wieder auch einmal etwas fehlschlägt, und würde es lieber sehen, dass mir in meinem Leben einmal ein Unglück zustieße, als dass mir immer alles nach Wunsch ginge. Denn ich habe noch von niemandem gehört, dem nicht, nachdem ihm alles geglückt, schließlich doch ein schlechtes Ende beschieden gewesen wäre. Folge also meinem Rat und wehre dich gegen das Glück! Überlege dir, was dir unter allem, was du tust, das Liebste ist und dessen Verlust dir am schmerzlichsten sein würde, und wirf es weg, so dass es nie wieder zum Vorschein kommt. Sollte dir also nicht etwa schon vorher einmal ein Unglück zustoßen, so mach es so, wie ich dir geraten habe.“ Als Polykrates den Brief gelesen hatte, überlegte er, was ihm unter allen seinen Kleinodien das liebste wäre. Er fand, dass es ein in Gold gefasster Smaragd war, den er als Siegelring am Finger trug, und er entschloss sich, ihn wegzuwerfen. Er ließ einen Fünfzigruderer bemannen, ging selbst an Bord, und als er weit von der Insel war, warf er den Ring vor den Augen der Mannschaft ins Meer. Als er wieder nach Hause kam, war er sehr traurig.

Fünf oder sechs Tage nachher wollte ein Fischer, der einen schönen großen Fisch gefangen hatte, Polykrates damit ein Geschenk machen. Er wurde vorgelassen, gab Polykrates den Fisch und sagte: „Herr, als ich den gefangen, dachte ich, er eigne sich für dich und damit für den Tisch des Königs; deshalb bringe ich ihn dir zum Geschenk.“ Polykrates erwiderte: „Ich danke dir für das Geschenk. Dafür laden wir dich heute zum Essen ein.“ Dem Fischer war das sehr schmeichelhaft, und er ging nach Hause. Die Diener aber fanden, als sie den Fisch aufschnitten, in dessen Bauch den Siegelring des Polykrates.

Sie gingen damit voller Freude zu Polykrates, gaben ihm den Ring und sagten, wie sie ihn gefunden. Er aber merkte gleich, dass die Götter das so gefügt, und er schrieb alles, was er getan und erlebt hatte, in einem Brief nach Ägypten.

Als Amasis den Brief gelesen hatte, sah er ein, dass es keinem Menschen möglich sei, seinen Mitmenschen davor zu bewahren, was ihm vom Schicksal beschieden, und dass Polykrates kein gutes Ende nehmen werde, da er sogar den weggeworfenen Ring wiedergefunden habe. Er schickte einen Herold nach Samos und ließ ihm sagen, er könne sein Freund nicht länger sein. Das aber tat er, damit ihm, wenn Polykrates ein Unglück treffen würde, das Unglück eines Freundes nicht sehr zu Herzen ginge.

Hier endet die Schiller‘sche Ballade, doch die Geschichte Herodots geht weiter.

Ein persischer Statthalter, Otroites, vermaß sich einer ruchlosen Tat. Er wollte Polykrates umbringen, und zwar, wie die meisten sagten, aus folgendem Grund: Ein anderer persischer Statthalter geriet einmal in Streit mit ihm, wer von beiden der Tapferste sei. Er sagte zu Otroites: „Du hast nicht einmal die deiner Provinz gegenüberliegende Insel Samos unter die Herrschaft deines Königs Kyros gebracht, die du leicht hättest unterwerfen können; hat sich doch dort ein Einheimischer bei einem Putsch der Insel bemächtigt und ist dort jetzt noch König.“ Otroites wollte sich an Polykrates, mit dem man ihn verhöhnt hatte, rächen. Er bot ihm heuchlerisch eine große Summe Geldes für weitere Unternehmungen an. Polykrates begab sich, trotz vieler Warnungen, zu ihm und nahm dort ein bitteres Ende. Otroites ließ ihn umbringen und ans Kreuz schlagen.

„Der Ring des Polykrates“ (Friedrich von Schiller)

❶ Kläre folgende schwierige Begriffe!

① Samos: ______________________________

② Milet: ______________________________

③ Märe: ______________________________

④ Reede: ______________________________

⑤ bedräuen: ______________________________

⑥ Erinnyen: ______________________________

❷ Aufbau der Ballade:

① Strophe I: Exposition (= Einleitung)

____

② Strophe II: Widerspruch des ägyptischen Königs Amasis

③ Strophen III - VIII: Steigerung des Glücks für Polykrates

____

____

④ Strophen IX - XII: Warnung und Rat des Amasis

⑤ Strophe XIII: Weitere Steigerung des Glücks

____

⑥ Strophe XIV - XV: Höhepunkt

____

⑦ Strophe XVI: Katastrophe

____

❸ Welche Strophe bildet eine Zäsur (= Einschnitt) in der Ballade? Begründe!

____

❹ Welche Haltung nimmt der ägyptische König ein?

____

❺ Schiller streut in dieser Ballade szenische Bemerkungen ein. Zitiere!

____

❻ Was fällt dir beim Reimschema auf?

____

____

❼ Schiller verwendet häufig vorangestellte Attribute im Genitiv. Finde einige heraus!

____

____

❽ Welche Aussage will Schiller mit seiner Ballade treffen?

____

____

____

Lösungsblatt: „Der Ring des Polykrates“ (Friedrich von Schiller)

„Der Ring des Polykrates“ (Friedrich von Schiller)

❶ Kläre folgende schwierige Begriffe!

① Samos: Insel im Ägäischen Meer

② Milet: Handelsstadt an der Westküste Kleinasiens

③ Märe: Kunde, Meldung, Geschichte

④ Reede: Ankerplatz vor dem Hafen

⑤ bedräuen: bedrohen, bedrängen

⑥ Erinnyen: Rachegöttinnen (Tisiphone, Alekto, Magaria)

❷ Aufbau der Ballade:

① Strophe I: Exposition (= Einleitung)

Polykrates (poly = alles; kratein = herrschen) preist sein Glück.

② Strophe II: Widerspruch des ägyptischen Königs Amasis

③ Strophen III - VIII: Steigerung des Glücks für Polykrates

Feldherr Polydor meldet den Sieg über den Feind; Flotte kehrt reich mit Schätzen beladen zurück; Untergang der kretischen Flotte durch einen Sturm

④ Strophen IX - XII: Warnung und Rat des Amasis

⑤ Strophe XIII: Weitere Steigerung des Glücks

Polykrates wirft sein höchstes Gut, einen Ring, ins Meer.

⑥ Strophe XIV - XV: Höhepunkt

Ein Fischer fängt einen Fisch, in dessen Magen der Ring wiedergefunden wird.

⑦ Strophe XVI: Katastrophe

König Amasis reist ab, denn er deutet das Glück des Polykrates als schlechtes Omen.

❸ Welche Strophe bildet eine Zäsur (= Einschnitt) in der Ballade? Begründe!

Strophe IX: Aus konkrekt vorgebrachten Gefahren werden nun allgemeine Bedenken.

❹ Welche Haltung nimmt der ägyptische König ein?

Amasis ist skeptisch, teils ungläubig, ja sogar entsetzt über das Glück des Polykrates.

❺ Schiller streut in dieser Ballade szenische Bemerkungen ein. Zitiere!

Jeweils der erste Vers der Strophen V, VII, IX, XIII, XVI und der letzte Vers der Strophe XVI

❻ Was fällt dir beim Reimschema auf?

Reimschema: a-a-b-c-c-b. Ein Paarreim wird durch einen verschränkten Reim abgelöst. Die a- und c-Reime sind weiblich, die b-Reime männlich.

❼ Schiller verwendet häufig vorangestellte Attribute im Genitiv. Finde einige heraus!

„seines Daches Zinnen“, zu Ägyptens König“, „der Götter Gunst“, „deines Zepters Macht“, des Feindes Auge“, „des Opfers Düfte“, „des Lorbeers munteren Zweigen“ u. a.

❽ Welche Aussage will Schiller mit seiner Ballade treffen?

Polykrates ist dem Glück wie dem Unglück willkürlich ausgeliefert. Er kann sein Schicksal nicht selbst gestalten, er ist aus den Grenzen des Menschseins herausgetreten. Das Verhängnis menschlichen Glückes durchzieht als Leitmotiv in konkreter Form die ganze Ballade.

Ballade: „Belsazar“ (Heinrich Heine)

Lernziele

- Kennenlernen des Inhaltes und der Struktur der Ballade
- Vergleich zwischen Bibeltext und Ballade
- Herausarbeiten des Gehaltes der Ballade
- Kennenlernen der Vertonung der Ballade durch R. Schumann (op. 57)
- Erarbeitung eines sinngestaltenden Vortrages

Arbeitsmittel / Medien / Literaturhinweise

- Arbeitsblatt: Ballade
- Arbeitsblatt mit Lösung
- Folien (Ölgemälde von Rembrandt; Bibeltext; historische Hintergründe; Notentext)
- Wortkarten für die Tafel
- CD: Robert Schumann: Liederkreis/Dichterliebe/Lieder, Bostridge/Drake (EMI 7243 **5 56575 2** 7)

Tafelbild/Folien

„Belsazar“ (Heinrich Heine)

Babylon / Mitternacht
↓
Königsmahl
↓
Belsazar und Knechte
↓
Trunkenheit
↓
Tempelschändung
↓
Gotteslästerung
↓
Flammenschrift
↓
Stille
↓
Angst / Zittern
↓
Ermordung Belsazars

Belsazar (551-543 v. Chr.)

„Meneh, meneh, tekel upharsin“

- **Mene:** Gezählt hat Gott dein Königtum und macht ihm ein Ende.
- **Tekel:** Gewogen wurdest du auf der Waage und zu leicht befunden.
- **Parsin:** Geteilt wird dein Reich und den Medern und Persern übergeben.

Stundenbild: (2 UE)

I. Hinführung

Stummer Impuls TA	Belsazar (551-543 v. Chr.)
Aussprache	
Zielangabe	*Kennenlernen einer Ballade von Heinrich Heine, die genauso heißt.*
TA	Belsazar (Heinrich Heine)

II. Textdarbietung

Lehrervortrag	
Spontanäußerungen	

III. Arbeit am Text

Textblatt: Ballade	
Erlesen der Ballade	
1. Teilziel:	**Inhaltliche Klärung**
Stummer Impuls Folie	Bild: Belsazar (Rembrandt)
Impuls	L: Mit Hilfe dieses Bildes kannst du sicher den Inhalt der Ballade wiedergeben.
Aussprache	
Impuls	L: Bringe die Wortkarten an der Tafel in die richtige Reihenfolge.
Schüler an der Tafel	
TA	Babylon/Mitternacht ⇨ Königsmahl ⇨ Belsazar/Knechte ⇨ Trunkenheit ⇨ Tempelschändung ⇨ Gotteslästerung ⇨ Flammenschrift ⇨ Stille ⇨ Angst/Zittern ⇨ Ermordung Belsazars
2. Teilziel:	**Klärung des Gehaltes**
Leitfragen	① Worin besteht die Schuld Belsazars? ② Was bedeutet das Wort „Menetekel"?
Aussprache	
Folie	„Meneh, meneh, tekel upharsin"
Erlesen mit Aussprache	
Arbeitsauftrag zur Partnerarbeit	Vergleiche die Ballade mit dem Bibeltext.
Textblatt: Bibeltext	„Das Gastmahl des Belschazzars" (Daniel 5,1 - 6,1)
Stilles Erlesen	
Partnerarbeit	
Zsf. Partnerberichte	
Zsf. Folie	Die Babylonische Gefangenschaft der Juden
Aussprache	
Leitfragen	① Untersuche die sprachlichen Elemente der Ballade. ② Was will Heine mit seiner Ballade aussagen?
Aussprache	

IV. Sicherung

Zsf. Arbeitsblatt	„Belsazar" (Heinrich Heine)
Kontrolle Folie (Lösung Arbeitsblatt)	

V. Vertiefung

Information Folie	Heinrich Heine
Erlesen mit Aussprache	
Hören der Ballade	CD: „Belsazar" (Vertonung von Robert Schumann)
Partitur (Folien)	
Aussprache	

„Belsazar“ (Heinrich Heine)

Die Mitternacht zog näher schon;
in stummer Ruh lag Babylon.

Nur oben in des Königs Schloss,
da flackert's, da lärmt des Königs Tross.

Dort oben in dem Königssaal
Belsazar hielt sein Königsmahl.

Die Knechte saßen in schimmernden Reihn
und leerten die Becher mit funkelndem Wein.

Es klirrten die Becher, es jauchzten die Knecht;
so klang es dem störrigen Könige recht.

Des Königs Wangen leuchten Glut;
im Wein erwuchs ihm kecker Mut.

Und blindlings reißt der Mut ihn fort;
und er lästert die Gottheit mit sündigem Wort.

Und er brüstet sich frech und lästert wild;
die Knechtenschar ihm Beifall brüllt.

Der König rief mit stolzem Blick;
der Diener eilt und kehrt zurück.

Er trug viel gülden Gerät auf dem Haupt;
das war aus dem Tempel Jehovas geraubt.

Und der König ergriff mit frevler Hand
einen heiligen Becher, gefüllt bis am Rand.

Und er leert ihn hastig bis auf den Grund
und rufet laut mit schäumendem Mund:

„Jehova! dir künd ich auf ewig Hohn –
ich bin der König von Babylon!“

Doch kaum das grause Wort verklang,
dem König ward's heimlich im Busen bang.

Das gellende Lachen verstummte zumal;
es wurde leichenstill im Saal.

Und sieh! und sieh! an weißer Wand
da kam's hervor wie Menschenhand;

und schrieb, und schrieb an weißer Wand
Buchstaben von Feuer, und schrieb und schwand.

Der König stieren Blicks dasaß
mit schlotternden Knien und totenblass.

Die Knechtenschar saß kalt durchgraut
und saß gar still, gab keinen Laut.

Die Magier kamen, doch keiner verstand
zu deuten die Flammenschrift an der Wand.

Belsazar ward aber in selbiger Nacht
von seinen Knechten umgebracht.

„Das Fest des Belsazar“ - die Erscheinung des Menetekels
Gemälde von Rembrandt, 1636 (National Gallery, London)

Jerusalemer Bibel:

Das Gastmahl Belschazzars
(Daniel 5,1 - 6,1)

König Belschazzar gab ein großes Gastmahl für seine Großen, es waren tausend Menschen, und zusammen mit den Tausend sprach er dem Wein zu. In seiner Weinlaune nun ließ Belschazzar die goldenen und silbernen Gefäße holen, die sein Vater Nebukadnezzar aus dem Tempel in Jerusalem mitgenommen hatte. Jetzt sollten der König und seine Großen, seine Frauen und Nebenfrauen daraus trinken. Man holte also die goldenen Gefäße, die man aus dem Tempel des Gotteshauses in Jerusalem mitgenommen hatte, und der König und seine Großen, seine Frauen und Nebenfrauen tranken daraus. Sie tranken Wein und lobten die Götter aus Gold und Silber, aus Bronze, Eisen, Holz und Stein. In derselben Stunde erschienen die Finger einer Menschenhand und schrieben gegenüber dem Leuchter etwas auf die weiß getünchte Wand des königlichen Palastes. Der König sah den Rücken der Hand, als sie schrieb. Da erbleichte er, und seine Gedanken erschreckten ihn. Seine Glieder wurden schwach, und ihm schlotterten die Knie. Der König schrie laut, man solle die Wahrsager, Chaldäer und Astrologen holen. Dann sagte er zu den Weisen von Babel: Wer diese Schritt lesen und mir deuten kann – was er auch sei: er soll in Purpur gekleidet werden, eine goldene Kette um den Hals tragen und als der Dritte in meinem Reich herrschen.
Da kamen alle Weisen des Königs herbei, aber sie waren nicht imstande, die Schrift zu lesen oder dem König zu sagen, was sie bedeutete. Darüber erschrak König Belschazzar noch mehr, und sein Gesicht wurde bleich. Auch seine Großen gerieten in Angst. Da die Rufe des Königs und seiner Großen bis zur Königin drangen, kam sie in den Festsaal und sagte: König, mögest du ewig leben. Lass dich von deinen Gedanken nicht erschrecken, du brauchst nicht zu erbleichen. In deinem Reich gibt es einen Mann, in dem der Geist der heiligen Götter wohnt. Schon zu deines Vaters Zeiten fand man bei ihm Erleuchtung und Einsicht und Weisheit, wie nur die Götter sie haben, deshalb hat König Nebukadnezzar, dein Vater, ihn zum Obersten der Zeichendeuter, Wahrsager, Chaldäer und Astrologen ernannt, dein eigener Vater, o König! Bei diesem Daniel also, dem der König den Namen Beltsazzar gegeben hat, fand man außergewöhnlichen Geist sowie Erkenntnis und Einsicht und die Gabe, Träume auszulegen, Rätsel zu erklären und schwierige Fragen zu lösen. Darum lass jetzt Daniel herrufen, er wird die Deutung geben.
Daniel wurde vor den König gebracht, und der König sagte zu ihm: Du also bist Daniel, einer von den verschleppten Juden, die mein Vater, der König, aus Juda hierher gebracht hat. In dir, so habe ich gehört, ist der Geist der Götter, und bei dir fand man Erleuchtung und Einsicht und außergewöhnliche Weisheit. Man hat die Weisen und die Wahrsager vor mich gebracht, damit sie diese Schrift lesen und mir deuten. Sie konnten mir aber nicht sagen, was das Geschriebene bedeutet. Doch du, so habe ich gehört, kannst Deutungen geben und schwierige Fragen lösen. Wenn du nun die Schrift lesen und mir deuten kannst, sollst du in Purpur gekleidet werden, um den Hals eine goldene Kette tragen und als der Dritte in meinem Reich herrschen.
Daniel gab dem König zur Antwort: Behalte deine Gaben oder schenk sie einem andern! Aber die Schrift will ich für den König lesen und deuten. Mein König! Der höchste Gott hat deinem Vater Nebukadnezzar Herrschaft und Macht, Herrlichkeit und Majestät gegeben. Vor der Macht, die ihm verliehen war, zitterten und bebten alle Völker, Nationen und Sprachen. Er tötete, wen er wollte, und ließ am Leben, wen er wollte. Er erhöhte, wen er wollte, und stürzte, wen er wollte. Als aber sein Herz überheblich und sein Geist hochmütig wurde, stürzte man ihn von seinem königlichen Thron, und er verlor die Herrscherwürde. Man verstieß ihn aus der Gemeinschaft der Menschen. Sein Herz wurde dem der Tiere gleichgemacht. Er musste bei den wilden Eseln hausen und sich von Gras ernähren wie die Ochsen. Der Tau des Himmels benetzte seinen Körper, bis er erkannte: Der höchste Gott gebietet über die Herrschaft bei den Menschen und gibt sie, wem er will. Obgleich nun du, sein Sohn Belschazzar, das alles weißt, bist du in deinem Herzen doch nicht bescheiden geblieben. Du hast dich gegen den Herrn des Himmels erhoben und dir die Gefäße aus seinem Tempel herbeischaffen lassen. Du und deine Großen, deine Frauen und Nebenfrauen, ihr habt daraus Wein getrunken. Du hast die Götter aus Gold und Silber, aus Bronze, Eisen, Holz und Stein gepriesen, die weder sehen noch hören können und keinen Verstand haben. Aber den Gott, der deinen Lebensatem in seiner Hand hat und dem all deine Wege gehören, den hast du nicht verherrlicht. Darum hat er diese Hand geschickt und diese Schrift geschrieben. Das Geschriebene lautet aber: Meneh meneh tekel upharsin. Diese Worte bedeuten: Meneh: Gezählt hat Gott die Tage deiner Herrschaft und macht ihr ein Ende. Tekel: Gewogen wurdest du auf der Waage und zu leicht befunden. Parsin: Geteilt wird dein Reich und den Medern und Persern übergeben. Da befahl Belschazzar, Daniel in Purpur zu kleiden und ihm eine goldene Kette um den Hals zu legen, und er ließ verkünden, dass Daniel als der Dritte im Reich herrschen sollte. Aber noch in derselben Nacht wurde Belschazzar, der König der Chaldäer, getötet, und der Meder Darius übernahm die Königsherrschaft im Alter von zweiundsechzig Jahren.

„Belsazar“ (Heinrich Heine)

Die 1820 entstandene Ballade geht auf verschiedene Quellen zurück. Zum einen befasste sich Heine während seines Studiums mit der Bibelgeschichte von Belsazar, die im Alten Testament im Buch Daniel steht. Zum anderen kannte Heine sicherlich auch Lord Byrons Gedicht „Vision of Belshazzer“.

❶ Aufbau der Ballade

Strophen I-IV: ____________________

Strophen V-VIII: ____________________

Strophen IX-XII: ____________________

Strophe XIII: ____________________

Strophen XIV-XV: ____________________

Strophen XVI-XX: ____________________

Strophe XXI: ____________________

❷ Welche Stilmittel verwendet Heine zur Steigerung der Dramatik?

❸ Wo liegt der Höhepunkt der Ballade?

❹ Worin besteht Belsazars Schuld?

❺ Wie unterscheidet sich Heines Ballade im Vergleich zur biblischen und historischen Überlieferung?

❻ Heine hat seine Ballade in der Zeit der Restauration geschrieben. Was war das für eine Zeit?

❼ Welche Aussage will Heine mit seiner Ballade treffen?

❽ Findest du Parallelen in der gegenwärtigen Geschichte?

„Belsazar“ (Heinrich Heine)

Die 1820 entstandene Ballade geht auf verschiedene Quellen zurück. Zum einen befasste sich Heine während seines Studiums mit der Bibelgeschichte von Belsazar, die im Alten Testament im Buch Daniel steht. Zum anderen kannte Heine sicherlich auch Lord Byrons Gedicht „Vision of Belshazzer“.

❶ Aufbau der Ballade

Strophen I-IV:	Ort (Babylon), Zeit und Personen (König, Knechte) werden vorgestellt
Strophen V-VIII:	Gotteslästerung unter Alkoholeinfluss beginnt
Strophen IX-XII:	König lässt geraubtes „güldenes Gerät“ der Juden holen
Strophe XIII:	Gotteslästerung Jehovahs
Strophen XIV-XV:	Schrift an der Wand als magische Antwort auf die Gotteslästerung
Strophen XVI-XX:	Angst und Grauen sowie erfolglose Deutungsversuche der Schrift
Strophe XXI:	Ermordung Belsazars durch seine Knechte

❷ Welche Stilmittel verwendet Heine zur Steigerung der Dramatik?

Anaphern (Wiederholung der Anfangswörter) ⇨ „und sieh! und sieh!“, „und schrieb und schrieb“

Alliteration (häufig gleiche Anfangsbuchstaben) ⇨ „**w**eißer **W**and“, „**sch**rieb und **sch**wand“

❸ Wo liegt der Höhepunkt der Ballade?

Höhepunkt ist die unbekannte Schrift an der Wand, die Belsazar Unheil kündet, das sich dann auch erfüllt.

❹ Worin besteht Belsazars Schuld?

Belsazars Schuld besteht darin, dass er aus den im Tempel von Jerusalem geraubten Gefäßen trinkt, Götzenbilder verehrt und den Gott der Juden verspottet.

❺ Wie unterscheidet sich Heines Ballade im Vergleich zur biblischen und historischen Überlieferung?

In Heines Ballade kann kein Magier die Schrift, von der man nichts erfährt, deuten und Belsazar wird von seinen Knechten noch in derselben Nacht getötet. In der biblischen Überlieferung sitzt Belsazar mit seinen Großen zusammen und der Prophet Daniel deutet die Schrift „Meneh, meneh tekel u-pharsin“. Der historische Belsazar wurde erst Jahre später ermordet.

❻ Heine hat seine Ballade in der Zeit der Restauration geschrieben. Was war das für eine Zeit?

In dieser Zeit stellten die absolutistischen Herrscher ihre alten Machtpositionen wieder her, eingeleitet durch den Wiener Kongress 1815 unter Führung Fürst Metternichs.

❼ Welche Aussage will Heine mit seiner Ballade treffen?

Immer wieder bedroht sich der Mensch selbst durch seine Hybris, den frevelhaften Übermut. Heine zeigt das Scheitern des sich anmaßend selbst überhöhten „Gottes“ Belsazar. Zudem stellt er sich auf die Seite des Volkes und spricht sich gegen Tyrannei und Selbstanmaßung aus.

❽ Findest du Parallelen in der gegenwärtigen Geschichte?

Der seit 1967 selbstherrlich und brutal regierende Staatspräsident Rumäniens Nicolae Ceausescu wurde 1989 von seinem Volk hingerichtet.

Belsazar
(Heine)
Op. 57
Im Anfange nicht zu schnell, nach und nach rascher
Die
Mit - ternacht zog nä - her schon; in stummer Ruh lag Ba - by -
lon. Nur o - ben, in des Königs Schloß, da
flackert's, da lärmt des Königs Troß; dort o - ben, in dem
Kö - nigssaal, Bel - sa - zar hielt sein Kö - nigs - mahl. Die
Edition Peters
9559

Knech - te sa - ßen in schim - mern-den Reihn, und leer - ten die Be - cher mit
fun - kelnden Wein. Es klirr - ten die Be - cher, es jauchz - ten die Knecht'; so
klang es dem stör - ri-gen Kö - ni-ge recht. Des Kö - nigs Wan - gen
leuch - ten Glut; im Wein er-wuchs ihm ke - cker Mut. Und
blind - lings reißt der Mut ihn fort; und er lä - stert die Gott - heit mit
Edition Peters
9559

3
sün - di - gem Wort; und er brü - stet sich frech und lä - stert wild;
ri - tar - dan - do
die Knech - te - schar ihm Beifall brüllt.
a tempo
Der Kö - nig rief mit stol-zem Blick; der Die - ner
eilt und kehrt zu - rück. Er trug viel gül - den Ge -
rät auf dem Haupt, das war aus dem Tem - pel Je - ho - vahs geraubt. Und der
Edition Peters
9559

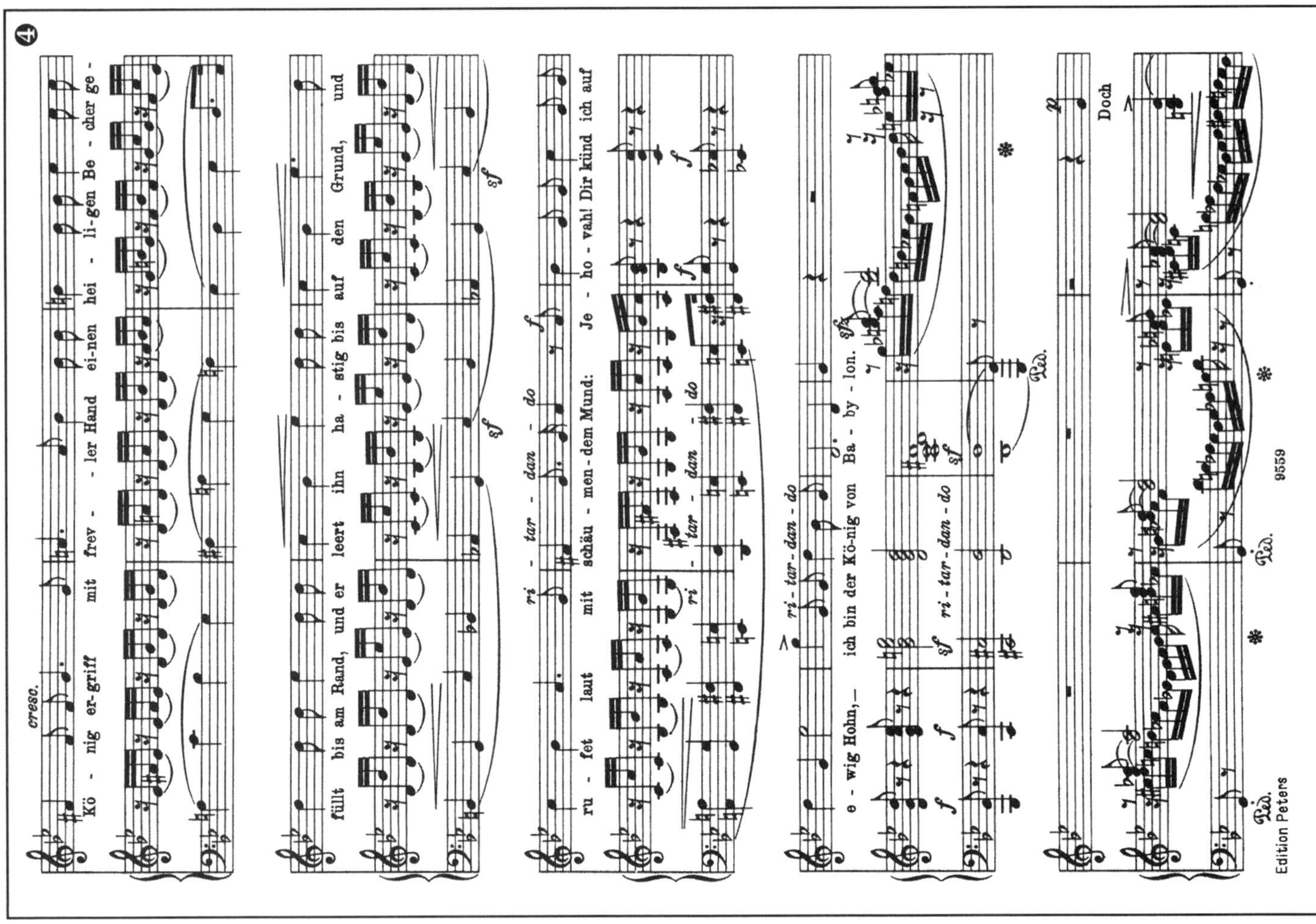
4
cresc.
Kö - nig er-griff mit frev - ler Hand ei-nen hei - li-gen Be - cher ge -
füllt bis am Rand, und er leert ihn ha - stig bis auf den Grund, und
ri - tar - dan - do
ru - fet laut mit schäu - men-dem Mund: Je - ho - vah! Dir künd ich auf
e - wig Hohn, ich bin der Kö-nig von Ba - by - lon.
Doch
Edition Peters
9559

5
kaum das grause Wort ver-klang, dem Kö - nig ward's heim-lich,
heim-lich im Bu - sen bang.
Das gel - lende La - chen ver - stumm-te zumal; es
wur - de lei - chen - still im Saal. Und sieh! und sieh! An wei - ßer Wand da
poco a poco
kam's hervor wie Men - schenhand; und schrieb, und schrieb an wei - ßer Wand
9559
Edition Peters

6
im langsamern Tempo, leise und deutlich zu rezitieren
ri - tar - dan - do
Buchstaben von Feu - er, und schrieb und schwand. Der Kö - nig stieren Blicks da - saß, mit schlotternden
ri - tar - dan - do
p col canto
(Das Pedal wird bis zum Schluß mit jedem Akkord gewechselt.)
Knien und to - ten-blaß. Die Knechteschar saß kalt durch-graut, und saß gar
still, gab kei - nen Laut. Die Ma - gi-er ka - men, doch kei-ner verstand zu
deu - ten die Flammenschrift an der Wand. Bel - sa - zar ward a - ber in
Adagio
ritard.
sel - bi-ger Nacht von sei-nen Knech - ten um - gebracht.
9559
Edition Peters

Heinrich Heine

Er wurde am 13. Dezember 1797 in Düsseldorf als Sohn eines jüdischen Kaufmanns geboren und gilt als Klassiker der deutschen Literatur und als Überwinder der Romantik. Bereits 1822 veröffentlichte er seine ersten Gedichte. Großen Ruhm erlangte er mit scheinbar ungebrochenen romantisch volksliedhaften Gedichten im „Buch der Lieder" (1827) und in „Reisebildern" (1826-1831), mit denen er das kritische Feuilleton zur Kunstgattung erhob. Sein großer Erfolg erlaubte es ihm bald, als freier Schriftsteller zu arbeiten. 1825 trat er vom jüdischen zum christlichen Glauben über. 1831 ging Heine als Korrespondent einer deutschen Tageszeitung nach Paris. Aufgrund seiner politischen Ansichten, die er in zumeist bissig-ironischem Ton formulierte und in denen er sich für Freiheit, Demokratie und die Einheit der deutschen Länder einsetzte, wurden seine Schriften 1835 vom Deutschen Bundestag verboten, Heine die Rückkehr nach Deutschland untersagt. Von seinem Pariser Exil aus kritisierte er in witzigen, ironischen, aber auch beißend-satirischen Artikeln, Gedichten und Versepen wie „Deutschland. Ein Wintermärchen" (1844) die gesellschaftlichen und politischen Zustände in Deutschland. Heine starb am 17. Februar 1856 in Paris, wobei er die letzten zehn Jahre schwer krank in großer wirtschaftlicher Not verbrachte.

Zahlreiche Gedichte und Balladen Heines wurden von den großen deutschen Komponisten Franz Schubert (1797-1828) und Robert Schumann (1810-1856) vertont.

Die Babylonische Gefangenschaft der Juden

Nebukadnezar II., der Vater Belsazars, führte 587 v. Chr. einen Feldzug gegen Juda. 586 v. Chr. eroberte er Palästina und Jerusalem, wobei er die Stadt und die Tempel Jehovas zerstören ließ.

Die religiösen Heiligtümer, die in einem goldenen Schrein eines Tempels aufbewahrt wurden, nahm er mit.

Insgesamt wurden etwa 4 600 Juden nach Babylon verschleppt und lebten dort in der sogenannten Babylonischen Gefangenschaft. Erst 538 v. Chr., mit der Eroberung Babylons durch die Perser und Meder, kamen die Juden aus ihrem Babylonischen Exil wieder frei.

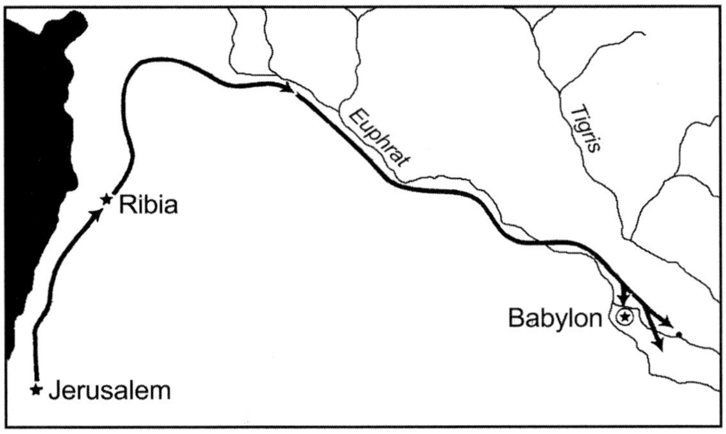

Belsazar

Im Alten Testament auch König von Babylon. Als Belsazar (Dan. 5) bei einem Gastmahl Gott beleidigte, erschien eine Hand an der Wand und schrieb die von Daniel als ‚Meneh meneh tekel upharsin' gelesenen Worte, die von ihm auf den baldigen Untergang des Reiches gedeutet wurden (Menetekel). Geschichtlich steht fest, dass Belsazar 551 bis 543 v. Chr. für seinen Vater Nabonid zeitweise die Regierung geführt hat. Er war Befehlshaber der babylonischen Truppen, die 539 von Kyros bei Opis am Euphrat vernichtend geschlagen wurden. Nach dem Einzug der Perser in Babylonien wurde er von Gobryas (Ugbaru), dem zu den Persern übergelaufenen babylonischen Statthalter, getötet.

Ballade: „Gorm Grymme“ (Theodor Fontane)

Lernziele

- Kennenlernen des Inhaltes der Ballade
- Wissen um die Quelle, die Fontane für seine Ballade benutzt hat
- Vergleich der Quelle mit der vorliegenden Ballade
- Wissen um die Symbolik der Sprache
- Herausfinden des Gehaltes der Ballade

Arbeitsmittel / Medien / Literaturhinweise

- Arbeitsblatt mit Lösung
- Textblatt
- Folien (Lebenslauf von Fontane; Fontanes Quelle; Kennzeichen numinoser Balladen)

Tafelbild/Folien

Theodor Fontane

Er wurde am 30. Dezember 1819 in Neuruppin geboren und starb am 20. September 1898 in Berlin. Der Sohn eines Apothekers verbrachte seine Kindheit in seiner Vaterstadt und in Swinemünde. Ab 1833 lebte er, von wenigen Unterbrechungen abgesehen, bis zu seinem Tod in Berlin. 1848 beteiligte er sich an der Märzrevolution in Berlin.

Frühe Veröffentlichungen (ab 1839) seiner Novellen, Balladen, Gedichte und politischen Aufsätze in Zeitungen und Zeitschriften ermutigen ihn, ab 1849 als freier Schriftsteller zu leben. Nach der Eheschließung mit Emilie Rouanet-Kummer 1850 zwang ihn die Verantwortung für seine Familie in die bürgerliche Existenz eines Journalisten. Seine Anstellung bei der ministeriellen preußischen Presse charakterisierte er 1851 in einem Brief: „Ich habe mich heute der Redaktion für monatlich 30 Silberlinge verkauft. [...] Man kann nun mal als anständiger Mensch nicht durchkommen.“
Dennoch sind die Jahre zwischen 1850 und 1870 nicht ohne Belang für das Gesamtbild. Speziell als Korrespondent in London schuf er sich mit Theater-, Kunst- und Literaturkritiken, vor allem aber mit Reisefeuilletons, einen Namen. Einige Jahre war er als Redakteur (1860-1870) der streng konservativen Neuen Preußischen (Kreuz-) Zeitung, und dort auch als Kriegsberichterstatter, tätig. In diesen Jahren erfolgte Fontanes verstärkte Auseinandersetzung mit dem Preußentum, wie in dem ersten Band seiner „Wanderungen durch die Mark Brandenburg“ und in dem Roman „Vor dem Sturm“. Allerdings brachte der journalistische Broterwerb den Poeten Fontane weitgehend zum Verstummen. Die Anstellung als Theaterkritiker für das Berliner Königliche Schauspielhaus ab 1870 ermöglichte Fontane die ersehnte Existenz als freier Schriftsteller, denn es verblieb ihm dennoch ausreichend Zeit für seine literarischen Pläne. Erst im Alter schrieb er seine großen realistischen Gesellschaftsromane. Darin entwirft er das Bild einer innerlich brüchigen Zeit und greift zeitpolitische und soziale Fragen auf, so in seinen Romanen „Irrungen Wirrungen“ (1888), „Frau Jenny Treibel“ (1893), „Effi Briest“ (1895) und „Der Stechlin“ (postum 1899).
Bekannt wurde Fontane auch durch seine Balladen wie „Archibald Douglas“, „John Maynard“ oder „Die Brück‘ am Tay“.
Fontane war als bedeutendster Romanschriftsteller des deutschen Realismus ein Meister der scharfen Beobachtung, der differenzierten Milieuschilderung und Menschendarstellung.

Stundenbild: (1 UE)

I. Hinführung	
TA	Theodor Fontane
Aussprache	
Folie	Lebenslauf
Erlesen mit Aussprache	
Zielangabe	*Kennenlernen einer Ballade dieses Dichters*
TA	Gorm Grymme
II. Textbegegnung	
Impuls	L: Fontane hat den Stoff zu seiner Ballade aus einer alten Chronik entnommen.
Folie	Fontanes Quelle
Erlesen mit Aussprache	
Lehrervortrag	„Gorm Grymme" (Theodor Fontane)
SS lesen auf der Folie mit	
Spontanäußerungen	
III. Arbeit am Text	
Textblatt	
SS lesen Ballade	
1. Teilziel:	**Klärung des Inhaltes**
TA	Fest des Jul/Jarls/Gemme von Opal/Sund
Aussprache	
Arbeitsaufgabe zur Partnerarbeit	L: Was hat Fontane aus der alten Chronik entnommen, was hat er verändert, weggelassen oder hinzugefügt?
Partnerarbeit	
Zsf. Partnerberichte	
2. Teilziel:	**Klärung des Gehaltes**
Leitfragen	① Wo liegt der Wendepunkt der Ballade? ② Finde die Gegensätzlichkeiten in den Strophen V und VI, IV und IX, I und X heraus. ③ Wie verhalten sich Gorm Grymme und Thyra Danebod in den Strophen II bis IV, wie in den Strophen VII und VIII? ④ Denkt die Königin bei ihren Vorbereitungen nur an den Schutz vor dem Schwur?
Aussprache	
IV. Sicherung	
Zsf. Arbeitsblatt	
Kontrolle Folie (Lösung Arbeitsblatt)	
Lesen der Ballade	Sinngestaltendes Lesen
V. Ausweitung	
Folie	Kennzeichen numinoser Balladen
Erlesen	
Aussprache	

Gorm Grymme (Theodor Fontane)

König Gorm herrscht über Dänemark,
er herrscht die dreißig Jahr,
sein Sinn ist fest, seine Hand ist stark,
weiß worden ist nur sein Haar,
weiß worden sind nur seine buschigen Brau'n,
die machten manchen stumm,
im Grimme liebt er drein zu schau'n, –
Gorm Grymme heißt er drum.

Und die Jarls kamen zum Fest des Jul,
Gorm Grymme sitzt im Saal,
und neben ihm sitzt, auf beinernem Stuhl,
Thyra Danebod, sein Gemahl;
sie reichen einander still die Hand
und blicken sich an zugleich,
ein Lächeln in beider Augen stand,
Gorm Grymme, was macht dich so weich?

Den Saal hinunter, in offner Hall',
da fliegt es wie Locken im Wind,
Jung-Harald spielt mit dem Federball,
Jung-Harald, ihr einziges Kind,
sein Wuchs ist schlank, blond ist sein Haar,
blau-golden ist sein Kleid,
Jung-Harald ist heut fünfzehn Jahr,
und sie lieben ihn allbeid'.

Sie lieben ihn beid'; eine Ahnung bang
kommt über die Königin;
Gorm Grymme aber den Saal entlang
auf Jung-Harald deutet er hin,
und er hebt sich zum Sprechen, – sein Mantel rot
gleitet nieder auf den Grund:
„Wer je mir spräche, ‚er ist tot‘,
der müsste sterben zur Stund'."

Und Monde gehn. Es schmolz der Schnee,
der Sommer kam zu Gast,
dreihundert Schiffe fahren in See,
Jung-Harald steht am Mast,
er steht am Mast, er singt ein Lied,
bis sich's im Winde brach,
das letzte Segel, es schwand, es schied, –
Gorm Grymme schaut ihm nach.

Und wieder Monde. Grau-Herbstestag
liegt über Sund und Meer,
drei Schiffe mit mattem Ruderschlag
rudern heimwärts drüber her;
schwarz hängen die Wimpel; auf Brömsebro-Moor
Jung-Harald liegt im Blut, –
wer bringt die Kunde vor Königs Ohr?
Keiner hat den Mut.

Thyra Danebod schreitet hinab an den Strand,
sie hatte die Segel gesehn;
sie spricht: „Und bangt sich euer Mund,
ich meld' ihm, was geschehn";
ablegt sie ihr rotes Korallengeschmeid'
und die Gemme von Opal,
sie kleidet sich in ein schwarzes Kleid
und tritt in Hall' und Saal.

In Hall' und Saal, an Pfeiler und Wand,
Goldteppiche ziehen sich hin,
schwarze Teppiche nun mit eigener Hand
hängt drüber die Königin,
und sie zündet zwölf Kerzen; ihr flackernd Licht,
es gab einen trüben Schein,
und sie legt ein Gewebe, schwarz und dicht,
auf den Stuhl von Elfenbein.

Eintritt Gorm Grymme. Es zittert sein Gang,
er schreitet wie im Traum,
er starrt die schwarze Hall' entlang,
die Lichter, er sieht sie kaum,
er spricht: „Es weht wie Schwüle hier,
ich will an Meer und Strand,
reich' meinen rotgoldenen Mantel mir
und reiche mir deine Hand."

Sie gab ihm einen Mantel dicht,
der war nicht golden, nicht rot,
Gorm Grymme sprach: „Was niemand spricht,
ich spreche es: er ist tot."
Er setzte sich nieder, wo er stand,
ein Windstoß fuhr durchs Haus,
die Königin hielt des Königs Hand,
die Lichter loschen aus.

Holzschnitt: Theobald von Oer

Fontanes Quelle

Fontane hat als Vorlage eine Stelle aus der Chronik des Saxo Grammaticus (um 1200) bzw. deren Wiedergabe in der „Geschichte von Dänemark bis zur Reformation“ von F. Ch. Dahlmann aufgegriffen. Gorm der Alte (gestorben nach 935) herrschte als dänischer König über Jütland. Er hatte zwei Söhne: Knud Danast und Harald Blaatand. Des Vaters Neigung hing allein an Knud, seinem Ältesten. Gorm schwor, wer ihm seines Lieblings Tod melden würde, solle sterben. Knud und Harald ... aber trafen einmal auf einem ihrer Seezüge zusammen, Harald ... erschlug den Bruder. Thyra sprach: „Zwei Habichte stießen aufeinander, der graue hat den weißen getötet.“ Gorm verstand die Rede nicht. Nun ließ Thyra den königlichen Saal mit schwarzen und auch grauen Teppichen bekleiden und legte Trauergewand an. Da rief Gorm: „Gewiss ist mein Sohn Knud tot.“ Thyra: „Du selber und kein anderer hast es dir verkündigt!“ ... Gorm aber starb vor Gram.

Kennzeichen numinoser Balladen

Die Handlung numinoser Balladen zeigt zwei Vorgänge: einen vordergründigen, der rational fassbar ist, und einen hintergründigen, der irrational bleibt. Dieses Irrationale kann entweder magisch-gegenständlicher oder imaginärer Natur sein. Der Mensch steht zwischen diesen beiden sich feindlich berührenden Welten und hat Zugang zu beiden. Dabei gefährdet der hintergründige Bereich Leben oder Seele der Hauptperson. Der Konflikt kann ethisch-religiöser Natur sein oder jenseits von Gut und Böse spielen. Wichtigstes Kennzeichen numinoser Balladen ist also die Bedrohung des Menschen durch die unfassbaren Mächte des Dämonischen, die in die Welt des Realen hineinwirken und den Menschen entweder vernichten oder zumindest in seiner Existenz erschüttern.

Erlkönigs Töchter (Herder) Holzschnitt: T. v. Oer

Die Teichnixe (Trinius) Holzschnitt: H. Plüddemann

Raimund (Immermann) Holzschnitt: A. Ehrhardt

„Gorm Grymme“ (Theodor Fontane)

Theodor Fontane (1819-1898) hat diese Ballade 1864 geschrieben. In ihr sind sowohl historisch-heldische wie auch numinose Aspekte enthalten. Als Vorlage diente Fontane eine Stelle aus der Chronik des Saxo Grammaticus (um 1200).

❶ Inhalt der Ballade:

❷ Klärung schwieriger Begriffe:

- Fest des Jul
- Jarls
- Gemme von Opal
- Sund

❸ Was ist die Hybris (= frevelhafter Übermut) dieser Ballade?

❹ Wo findest du Hinweise auf das drohende Unheil?

❺ Wie ist das Verhältnis zwischen König und Königin zu Beginn und am Ende der Ballade?

❻ Denkt die Königin bei ihren Vorbereitungen nur an den Schutz vor dem Schwur?

❼ Wie unterscheidet sich das Ende der alten Chronik von dem der Ballade?

❽ Was fällt dir bei der Form der Ballade auf?

Lösungsblatt: „Gorm Grymme" (Theodor Fontane)

„Gorm Grymme" (Theodor Fontane)

Theodor Fontane (1819-1898) hat diese Ballade 1864 geschrieben. In ihr sind sowohl historisch-heldische wie auch numinose Aspekte enthalten. Als Vorlage diente Fontane eine Stelle aus der Chronik des Saxo Grammaticus (um 1200).

❶ Inhalt der Ballade:

Die Ballade beschreibt das Schicksal Gorm Grymmes. Sein Weg verläuft vom stolzen Bewusstsein königlicher Macht über seinen frevelhaften Schwur, dem Wendepunkt, bis hin zum Zerbrechen seines Glücks und seiner Macht und Kraft.

❷ Klärung schwieriger Begriffe:

- Fest des Jul – germanisches Fest (Wintersonnenwende)
- Jarls – königliche Statthalter
- Gemme von Opal – Edelstein mit eingeschnittenem Bild
- Sund – Meerenge zwischen Ostsee u. Kattegat

❸ Was ist die Hybris (= frevelhafter Übermut) dieser Ballade?

Die Hybris, der frevelhafte Übermut, ist der trotzige Schwur, den Gorm Grymme in der IV. Strophe hervorstößt.

❹ Wo findest du Hinweise auf das drohende Unheil?

- Str. IV: Das Niedergleiten des roten königlichen Mantels auf den Boden
- Str. V: Das sich im Wind brechende Lied Jung-Haralds
- Str. V: Das Schwinden des letzten Segels
- Str. VI: Matter Ruderschlag von drei heimkehrenden Schiffen mit schwarzen Wimpeln

❺ Wie ist das Verhältnis zwischen König und Königin zu Beginn und am Ende der Ballade?

Zu Beginn reichte sich das Königspaar im stillen Glück die Hände, am Ende hält die Gattin Gorm Grymmes Hand, um ihm in seinem Schicksal beizustehen.

❻ Denkt die Königin bei ihren Vorbereitungen nur an den Schutz vor dem Schwur?

Thyra erkennt die Unentrinnbarkeit gegenüber dem Schicksal. Durch ihre symbolischen Handlungsweisen (schwarzes Kleid, schwarze Teppiche, schwarzes Gewebe, schwarzer Mantel) will sie Gorm Grymme helfen, sich den unausweichlichen Mächten des Schicksals zu stellen.

❼ Wie unterscheidet sich das Ende der alten Chronik von dem der Ballade?

Fontane lässt den zweiten Sohn weg, verändert den Namen und gibt keine nähere Information, wie Jung-Harald gestorben ist. Das Ende der Ballade ist offen. Zumindest lebt Gorm Grymme noch und stirbt nicht wie in der Chronik „vor Gram".

❽ Was fällt dir bei der Form der Ballade auf?

Fontanes Sprache ist einfach und besteht oft aus kurzen Hauptsätzen, die parataktisch (nebenordnend) gereiht sind. Jede Strophe besteht aus acht Versen, die kreuzweise gereimt sind und männliche Kadenzen aufweisen.

Ballade: „Der Feuerreiter" (Eduard Mörike)

Lernziele

- Kennenlernen des Inhaltes der Ballade
- Charaktersisierung der Figur des Feuerreiters
- Erfassen der Form der Ballade mit ihren sprachlichen Mitteln
- Herausfinden des Gehaltes der Ballade
- Kennenlernen der Vertonung von H. Wolf

Arbeitsmittel / Medien / Literaturhinweise

- Arbeitsblatt mit Lösung
- Folien (Lebenslauf von Mörike; Texte)
- CD: Hugo Wolf: 23 Mörike-Lieder, Fischer-Dieskau / Moore (Orf, 5210064)

Tafelbild/Folien

Eduard Mörike

Er wurde am 8. September 1804 in Ludwigsburg geboren und starb am 4. Juni 1875 in Stuttgart. Mörike ist einer der bedeutendsten deutschen Lyriker der Übergangszeit von der späten Romantik zum frühen Realismus. In Ludwigsburg besuchte er die Lateinschule und ab 1818 das Seminar in Urach. 1822 bis 1826 studierte er in Tübingen Theologie. Bis 1834 war er als Vikar in verschiedenen württembergischen Dörfern tätig, u. a. in Nürtingen. Von 1834 bis 1843 war er evangelischer Pfarrer in Cleversulzbach. Aufgrund einer Krankheit trat er bereits mit 39 Jahren in den Ruhestand. Menschenscheu, zurückgezogen und verträumt verschrieb er sich ganz seiner Dichtung. Auch diese kennzeichnet innige Herzlichkeit, traumhaftes Seelenbild, Menschenscheue und Natur.

Zu Mörikes bekanntesten lyrischen Werken zählen das Frühlingsgedicht „Er ist's" und die „Peregrina-Gedichte" aus seinem spätromantischen Künstlerroman „Maler Nolten" (1832), in den er auch die 1824 entstandene, erste Fassung des „Feuerreiters" integrierte. Mörike schrieb auch Idyllen und Märchen, von denen „Idylle vom Bodensee" (1846) und „Das Stuttgarter Hutzelmännlein" (1853) am beliebtesten wurden. Den Höhepunkt seines Schaffens stellt die Novelle „Mozart auf der Reise nach Prag" (1856) dar, in der Mörike einen Tag aus dem Leben des von ihm verehrten Komponisten schildert.

„Feuerreiter" im Roman „Maler Nolten"

Erzählung eines jungen Mannes:

„In der Lohgasse, ... wo noch zwei Reihen der urältesten Gebäude unserer Stadt stehen, sieht man ein kleines Haus, schmal und spitz und neuerdings ganz baufällig; es ist die Werkstatt eines Schlossers. Im obersten Teile desselben soll aber ehemals ein junger Mann, nur allein, gewohnt haben, dessen Lebensweise niemandem näher bekannt gewesen, der sich auch niemals blicken lassen, außer jedes Mal vor dem Ausbruche einer Feuersbrunst. Da sah man ihn in einer scharlachroten, netzartigen Mütze, welche ihm gar wundersam zu seinem todbleichen Gesichte stand, unruhig am kleinen Fenster auf- und abschreiten, zum sichersten Vorzeichen, dass das Unglück nahe bevorstehe. Ehe noch der erste Feuerlärm entstand, ehe ein Mensch wusste, dass es wo brenne, kam er auf seinem mageren Klepper unten aus dem Stalle hervorgesprengt und wie der Satan davongejagt, unfehlbar nach dem Orte des Brandes hin, als hätt' er's im Geist gefühlt."

Stundenbild: (2 UE)

I. Hinführung

Stummer Impuls Folie	Eine Stadt brennt
Aussprache	... Brand löschen, Branderlebnisse ...
Stummer Impuls Folie	„Feuerreiter“ in Mörikes Roman „Maler Nolten“
Erlesen des Textausschnittes	
Aussprache	
Überleitung	L: Eduard Mörike (1804-1875) hat darüber eine Ballade verfasst.
Zielangabe	*Kennenlernen dieser Ballade*
TA	„Der Feuerreiter“ (Eduard Mörike)

II. Textbegegnung

Lehrervortrag	„Der Feuerreiter“ (Eduard Mörike)
mit Folie	Holzschnitt: Feuerreiter
Spontanäußerungen	

III. Arbeit am Text

Textblatt	
Erlesen der Ballade	
1. Teilziel:	**Inhaltliche Klärung**
Leitfragen	① Kennzeichne die Figur des Feuerreiters. ② Beschreibe die Stimmung in der Ballade. ③ Welchen Charakter hat die eingefügte dritte Strophe? ④ Was bedeutet „freventlich“? ⑤ Welche drei Bilder heben sich in der Ballade hervor? ⑥ Welche Erzählperspektive wählt Mörike?
Aussprache	zu ① Geheimnisvoll Getriebener; verfällt dem Satan durch seinen Frevel; seine Seele wird durch Gottes Gnade gerettet zu ② Furcht - Angst - Schauer - Erregung - Beruhigung - Trost zu ③ Religiöser Charakter gegenüber dem magisch-dämonischen zu ④ Frevel = Verstoß, Verbrechen zu ⑤ • rote Mütze als Vorbote des Brandes • Ritt des Feuerreiters zur Mühle • verkohlte Leiche des Feuerreiters in der ausgebrannten Mühle zu ⑥ Leser wird zum Beobachter des unheimlichen Geschehens
2. Teilziel:	**Klärung des Gehaltes**
Leitfragen	① Welche Funktionen haben Feuer, Mühle und Glocke? ② Beurteile die Form der Ballade.
Aussprache	

III. Sicherung

Zsf. Arbeitsblatt	„Der Feuerreiter“ (Eduard Mörike)
Kontrolle Folie (Lösung Arbeitsblatt)	

IV. Vertiefung

Hören der Ballade	„Der Feuerreiter“ in der Vertonung von Hugo Wolf (1860-1903) vom 10. Oktober 1888
Folien Partitur	
Folie	Lebenslauf Mörike
Projekt	„Balladen-Werkstatt“
Malen der fünf Strophen-Stationen	

„Der Feuerreiter“ (Eduard Mörike)

Sehet ihr am Fensterlein
Dort die rote Mütze wieder?
Nicht geheuer muss es sein,
Denn er geht schon auf und nieder.
Und auf einmal welch Gewühle
Bei der Brücke, nach dem Feld!
Horch! das Feuerglöcklein gellt:
Hinterm Berg,
Hinterm Berg
Brennt es in der Mühle!

Schaut! da sprengt er wütend schier
Durch das Tor, der Feuerreiter,
Auf dem rippendürren Tier,
Als auf einer Feuerleiter!
Querfeldein! Durch Qualm und Schwüle
Rennt er schon und ist am Ort!
Drüben schallt es fort und fort:
Hinterm Berg,
Hinterm Berg
Brennt es in der Mühle!

Der so oft den roten Hahn
Meilenweit von fern gerochen,
Mit des heilgen Kreuzes Span
Freventlich die Glut besprochen -
Weh! dir grinst vom Dachgestühle
Dort der Feind im Höllenschein.
Gnade Gott der Seele dein!
Hinterm Berg,
Hinterm Berg
Rast er in der Mühle!

Keine Stunde hielt es an,
Bis die Mühle borst in Trümmer;
Doch den kecken Reitersmann
Sah man von der Stunde nimmer.
Volk und Wagen im Gewühle
Kehren heim von all dem Graus;
Auch das Glöcklein klinget aus:
Hinterm Berg,
Hinterm Berg
Brennt's! -

Nach der Zeit ein Müller fand
Ein Gerippe samt der Mützen
Aufrecht an der Kellerwand
Auf der beinern Mähre sitzen:
Feuerreiter, wie so kühle
Reitest du in deinem Grab!
Husch! da fällts in Asche ab.
Ruhe wohl,
Ruhe wohl
Drunten in der Mühle!

Eduard Mörike überarbeitete seine Ballade mehrfach. Seiner ersten Fassung aus dem Jahre 1824, der „Romanze vom wahnsinnigen Feuerreiter“, fügte er 1841 die dritte Strophe hinzu und veränderte den Text wesentlich, wobei er der Ballade einen religiösen Charakter gab.

❶ Das Schema stellt den Gehalt der Ballade dar!

	⇦ **Feuer** ⇨	
	⇦ **Mühle** ⇨	
	⇦ **Glocke** ⇨	

❷ Kennzeichne die Figur des Feuerreiters!

____

____

____

____

❸ Welche Funktion hat die Glocke?

____

❹ Beurteile die Form der Ballade!

____

____

____

„Der Feuerreiter“ (Eduard Mörike)

Sehet ihr am Fensterlein
Dort die rote Mütze wieder?
Nicht geheuer muss es sein,
Denn er geht schon auf und nieder.
Und auf einmal welch Gewühle
Bei der Brücke, nach dem Feld!
Horch! das Feuerglöcklein gellt:
Hinterm Berg,
Hinterm Berg
Brennt es in der Mühle!

Schaut! da sprengt er wütend schier
Durch das Tor, der Feuerreiter,
Auf dem rippendürren Tier,
Als auf einer Feuerleiter!
Querfeldein! Durch Qualm und Schwüle
Rennt er schon und ist am Ort!
Drüben schallt es fort und fort:
Hinterm Berg,
Hinterm Berg
Brennt es in der Mühle!

Der so oft den roten Hahn
Meilenweit von fern gerochen,
Mit des heilgen Kreuzes Span
Freventlich die Glut besprochen -
Weh! dir grinst vom Dachgestühle
Dort der Feind im Höllenschein.
Gnade Gott der Seele dein!
Hinterm Berg,
Hinterm Berg
Rast er in der Mühle!

Keine Stunde hielt es an,
Bis die Mühle borst in Trümmer;
Doch den kecken Reitersmann
Sah man von der Stunde nimmer.
Volk und Wagen im Gewühle
Kehren heim von all dem Graus;
Auch das Glöcklein klinget aus:
Hinterm Berg,
Hinterm Berg
Brennt's! -

Nach der Zeit ein Müller fand
Ein Gerippe samt der Mützen
Aufrecht an der Kellerwand
Auf der beinern Mähre sitzen:
Feuerreiter, wie so kühle
Reitest du in deinem Grab!
Husch! da fällt's in Asche ab.
Ruhe wohl,
Ruhe wohl
Drunten in der Mühle!

Eduard Mörike überarbeitete seine Ballade mehrfach. Seiner ersten Fassung aus dem Jahre 1824, der „Romanze vom wahnsinnigen Feuerreiter“, fügte er 1841 die dritte Strophe hinzu und veränderte den Text wesentlich, wobei er der Ballade einen religiösen Charakter gab.

❶ Das Schema stellt den Gehalt der Ballade dar!

zerstörendes Naturelement	⇦ **Feuer** ⇨	Höllenfeuer
brennendes Gebäude	⇦ **Mühle** ⇨	Grab
Feuerglocke	⇦ **Glocke** ⇨	Totenglocke

❷ Kennzeichne die Figur des Feuerreiters!

Der Feuerreiter ist ein Mensch mit übernatürlichen Kräften und dem Element des Feuers auf unbegreifliche Weise verfallen. Er bleibt stumm und unbeeinflussbar, er erscheint fast übermenschlich.

❸ Welche Funktion hat die Glocke?

„Musikalisches“ Leitmotiv ⇨ durchtönt die ganze Ballade

❹ Beurteile die Form der Ballade!

Der Leser wird durch die Erzählperspektive zum Beobachter. Fünf Strophen mit je neun Versen (a-b-a-b-c-d-d-e-c), regelmäßig trochäisch gebaut, aber unruhiger Rhythmus.

Der Feuerreiter
The fire-rider

❶

Edition Peters 8992

❷

Edition Peters 8992

3
wild
hin-term Berg, hin-term Berg
there be-hind yon-der hill
brennt es in der Müh - le!
see the mill is burn - ing!
Schaut! da sprengt er wü - tend schier durch das
See! the rid - er's fran - tic speed, dash - ing
Tor, der Feu - - - - - - er - rei - ter,
on - ward ev - - - - - - er mad - der,
Edition Peters
8992

4
auf dem rip-pen - dür-ren Tier,
on his ske - le - ton-like steed,
als auf ei - ner Feu - - er - lei - ter!
as if 'twere a scal - - ing lad - der!
Quer - feld - ein! durch Qualm und Schwü -
Through the field, all dang - - er spurn -
- le rennt er schon, und ist am Ort!
- ing, now at length he's reached the mill.
Edition Peters
8992

5
Drü - ben schallt es fort und fort:
Still the bell sounds loud and shrill:
ff
hinterm Berg, hinterm Berg brennt es in der Müh - le!
there behind yonder hill see the mill is burn - ing!
fff
etwas ruhiger
Der so oft den ro - ten Hahn
He the first to smell the smoke,
p
mei - lenweit von fern ge-ro-chen, mit des heil'gen Kreu-zes Span
while of fire yet none were dreaming, of - ten did the flames in - voke
Edition Peters
8992

6
zunehmend
fre - ventlich die Glut bespro - chen — weh! dir grinst vom
thus the ho - ly cross blasphem - ing — woe to thee! for
sf
Dach - ge-stüh - le dort der Feind im Höl - len - schein.
no fiend saves thee, hell ap-pear - eth as thy goal.
più f
Gna - de Gott der See - le dein!
God have mer - cy on thy soul!
Tempo I.
ff
fff
wild
Hinterm Berg, hinterm Berg rast er in der Müh - le!
There be-hind yonder hill in the mill now raves he!
Edition Peters
8992

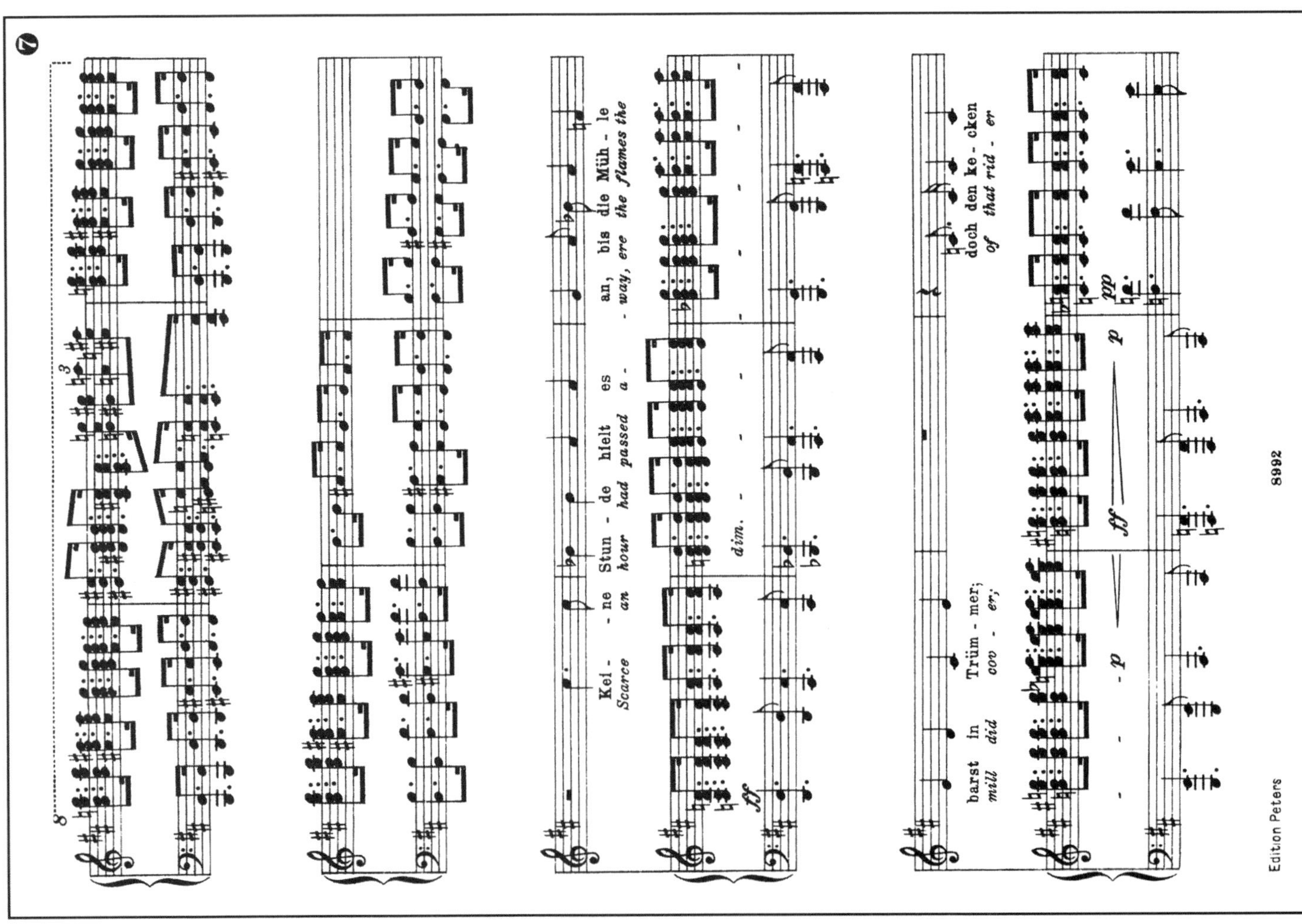
7
Kei - ne Stun - de hielt es an, bis die Müh - le
Scarce an hour had passed a - way, ere the flames the
barst in Trüm - mer; doch den ke - cken
mill did cov - er; of that rid - er
ff
dim.
p
Edition Peters
8992

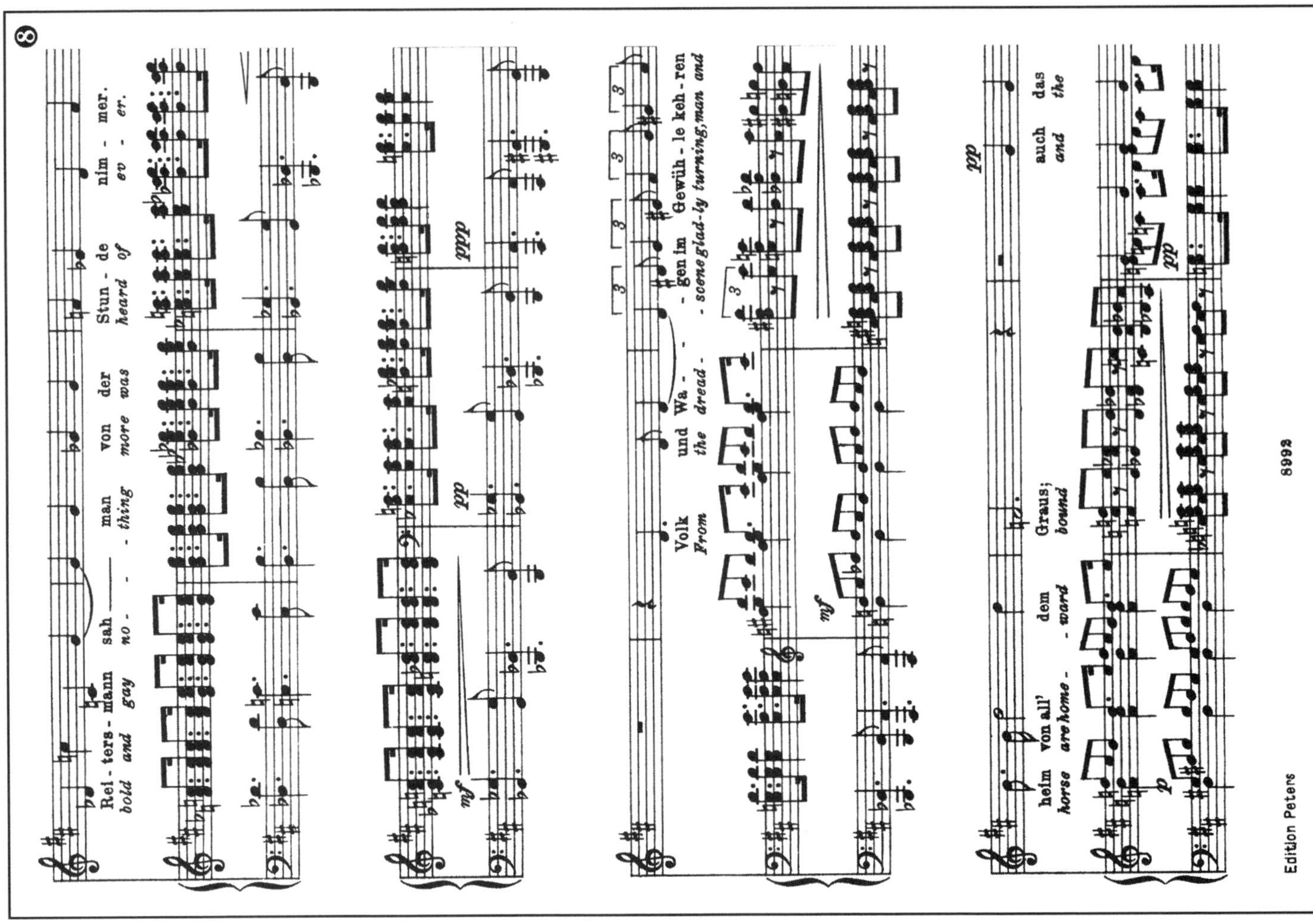
8
Rei - ters - mann sah man von der Stun - de nim - mer.
bold and gay no - thing more was heard of ev - er.
Volk und Wa - gen im Gewüh - le keh - ren
From the dread - scene glad-ly turning, man and
heim von all' dem Graus; auch das
horse are home - ward bound and the
mf
ppp
p
Edition Peters
8992

9
Glöck - lein klin - - - - get aus:
bell doth faint - - - - er sound:
ppp
hinterm Berg, hinterm Berg brennt's!
see ye not how the mill burns!
pp
immer mehr abnehmend
ppp
lange Pause
Edition Peters
8992

10
bedeutend ruhiger
Nach der Zeit ein Mül - ler fand ein Ge - rip - pe
Once a mil - ler go - ing there, by a grue - some
pp
sammt der Müt - zen auf - recht an der Kel - ler - wand
sight was gree - ted, up - right on a bon - y mare
p
geheimnisvoll
pp
auf der bei - nern' Mäh - re sit - zen: Feu - er - rei - ter,
there a ske - le - ton was sea - ted: Fire - ri - der,
ein wenig zurückhaltend
ppp
wie so küh - le rei - test du in dei - nem Grab!
oh how cold - ly in thy tomb now ridest thou!
a tempo
immer ppp
Edition Peters
8992

Feuerbeschwören hat zu allen Zeiten die Fantasie der Menschen beschäftigt. Immer wieder hat es Männer und Frauen gegeben, die sich mit Gebeten, Zauberformeln und Reliquien zutrauten, Feuer zu „besprechen“ und damit zu bannen. Auf einem Pferd wurde das Feuer umritten. Durch Beschwörungen und auch Hineinstreuen von Salz wurde versucht, das Feuer zu löschen. Der Überlieferung nach hatten sich solche Feuerreiter dem Teufel verschrieben. Deshalb galt es als Frevel, wenn Feuerreiter religiösen Segen aussprachen.

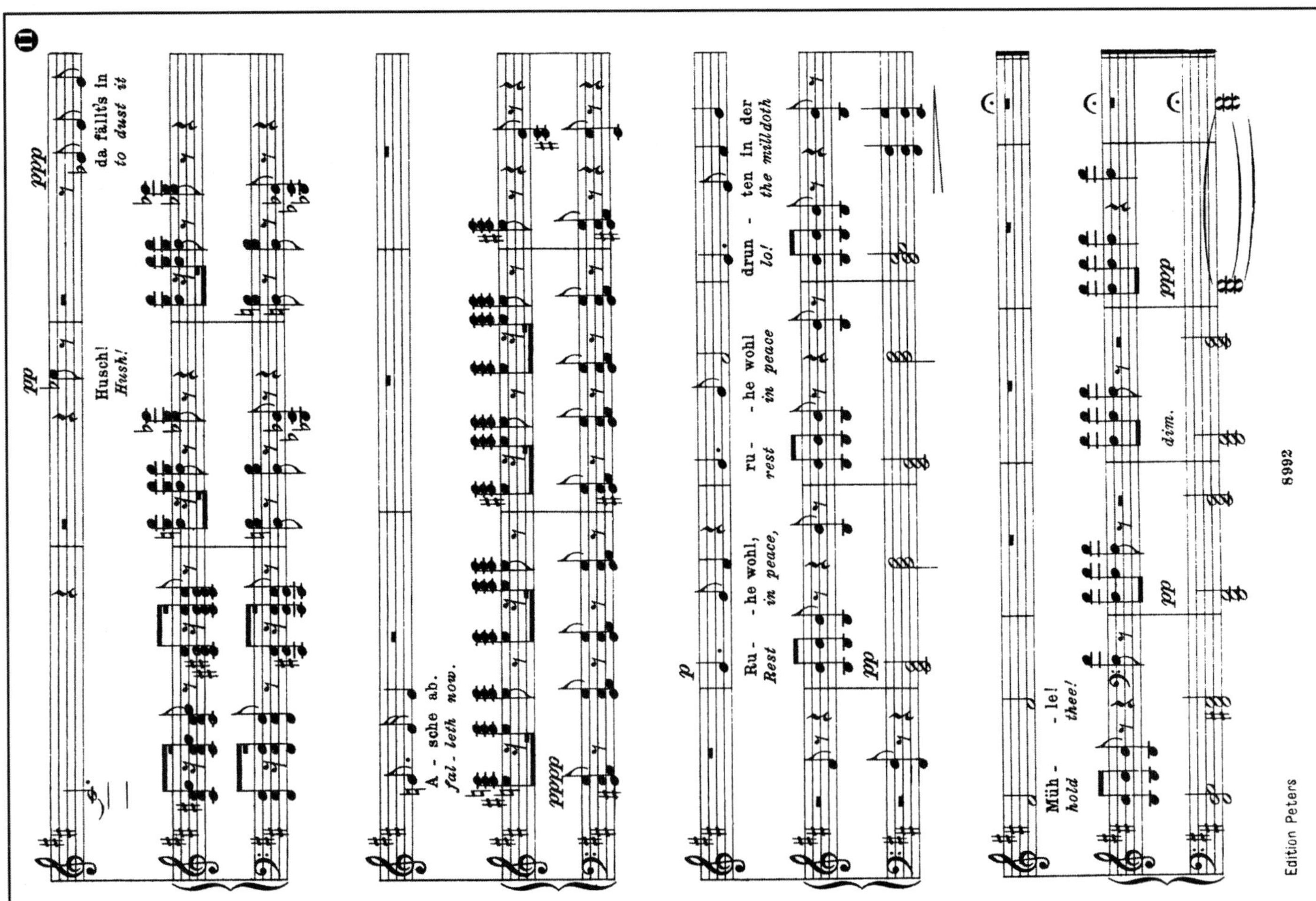

Ballade: „Andreasnacht“ (Friedrich Bischoff)

Lernziele

- Kennenlernen des Inhaltes der Ballade
- Erfassen der Form der Ballade mit ihren sprachlichen Mitteln
- Herausfinden des Gehaltes der Ballade
- Vergleich der Ballade „Andreasnacht“ mit der Sage „Der Tanz mit dem Wassermann“
- Sinngestaltendes Lesen

Arbeitsmittel / Medien / Literaturhinweise

- Arbeitsblatt mit Lösung
- Folien (Bild: Wassermann; Sage: „Der Tanz mit dem Wassermann“; Autoreninformation)

Tafelbild/Folien

Der Tanz mit dem Wassermann
(Gebrüder Grimm)

Zu Laibach hat in dem gleich benannten Fluss ein Wassergeist gewohnt, den man den Nix oder Wassermann hieß. Er hat sich sowohl bei Nacht den Fischern und Schiffleuten als bei Tag anderen gezeigt, dass jedermann zu erzählen wusste, wie er aus dem Wasser hervorgestiegen sei und in menschlicher Gestalt sich habe sehen lassen. Im Jahre 1547 am ersten Sonntage im Julius kam nach alter Sitte zu Laibach auf dem alten Markt bei dem Brunnen, der durch eine dabeistehende schöne Linde lustig beschattet war, die ganze Nachbarschaft zusammen. Sie verzehrten in freundlicher und nachbarlicher Vertraulichkeit bei klingendem Spiel ihr Mahl und huben darauf mit dem Tanze an. Nach einer Weile trat ein schöngestalteter wohlgekleideter Jüngling herzu, gleich, als wollte er an dem Reigen teilnehmen. Er grüßte die ganze Versammlung höflich und bot jedem Anwesenden freundlich die Hand, welche aber ganz weich und eiskalt war und bei der Berührung jeden ein seltsames Grauen erregte. Hernach zog er ein wohlauf geschmücktes und schön gebildetes, aber frisches und freches Mägdelein von leichtfertigem Wandel, das Ursula Schäferin hieß, zum Tanz auf, die sich in seine Weise auch meisterlich zu fügen und in alle lustigen Possen zu schicken wusste. Nachdem sie eine Zeit lang miteinander wild getanzt, schweiften sie vom Platze, der den Reigen zu umschränken pflegte, immer weiter aus, von jenem Lindenbaum nach dem Sittischer Hofe zu. Daran vorbei, bis zu der Laibach, wo er in Gegenwart vieler Schiffleute mit ihr hineinsprang und beide vor ihren Augen verschwanden.
Der Lindenbaum stand bis ins Jahr 1638, wo er altershalben umgehauen werden musste.

Wilhelm und Jacob Grimm

Friedrich Bischoff

Er wurde am 26. Januar 1896 in Neumarkt in Schlesien geboren und starb am 21. Mai 1976 in Großweier bei Achern. Von 1946 bis 1965 war er Intendant des Südwestfunks und dort Wegbereiter des Hörspiels. Bischoff verfasste Lyrik und Erzählungen, die durch seine schlesische Herkunft geprägt sind. Bekannte Werke sind „Himmel und Hölle“ (1936) und „Der Rosenzauber und andere Erzählungen“ (1964).

Stundenbild: (1 UE)

I. Hinführung	
Stummer Impuls TA	Andreasnacht
Aussprache	
Lehrerinformation	Die Andreasnacht ist am 30. November.
Zielangabe	*Kennenlernen einer gleichnamigen Ballade*
TA	„Andreasnacht" (Friedrich Bischoff)
Lehrer gibt Kurzinformation über den Verfasser	
II. Textbegegnung	
Lehrervortrag	„Andreasnacht" (Friedrich Bischoff)
Schüler lesen mit Folie	
Spontanäußerungen	
III. Arbeit am Text	
Folie	
Schüler lesen die Ballade nochmals	
1. Teilziel:	**Inhaltliche Klärung**
	L: Schwierige Begriffe?
Aussprache mit TA	• Deus, meus: mein Gott • Sparren: Ast, Brett • Flößer: steuert ein Floß (Wasserfahrzeug) • tauber Herd: erloschener Herd
Impuls	L: Finde zu jeder Strophe eine Überschrift.
Aussprache mit TA	
2. Teilziel:	**Klärung des Gehaltes**
Leitfragen	① Betrachte die Form dieser Ballade. ② Zu welcher Art gehört diese Ballade? ③ Welche Aussage trifft diese Ballade?
Aussprache	
Folie	Der Tanz mit dem Wassermann (Gebrüder Grimm)
Erlesen der Sage	
Aussprache	L: Vergleiche die Ballade von Friedrich Bischoff mit der Sage von den Gebrüdern Grimm.
Aussprache	
Zsf. TA	
IV. Sicherung	
Arbeitsblatt	„Andreasnacht" (Friedrich Bischoff)
Kontrolle Folie (Lösung Arbeitsblatt)	
Lesen der Ballade	Sinngestaltendes Lesen
Projekt	„Balladen-Werkstatt" Szenisches Spiel mit verteilten Rollen
V. Ausweitung	
Hausaufgabe	Suche Gedichte und Sagen, die Wassermänner bzw. Nixen zum Inhalt haben.

„Andreasnacht“ (Friedrich Bischoff)

Mutter häng den Spiegel zu,
Gib mir Ring und Spange,
Riegle Tor und Türe zu,
Stand schon wer im Gange,
Draußen in dem Wind!
Deus, meus, ach Andreus
Sei mir wohl gesinnt!

Sparren knarrt und Spinne webt
Fädelnd hin und her.
Draußen pocht es dumpf und schwer,
Und das Mädchen bebt.
Schaut verschämt mit roten Wangen:
Deus, meus, ach Andreus,
Kam doch wer gegangen?

Doch der in die Stube tritt,
Kann es nimmer sein,
Kommt mit schwerem Flößerschritt
Nebelgrau herein.
Deus, meus, ach Andreus,
Lass mich dich erkennen!
Doch die dunkeln Augen brennen
Fremd und ohne Schein.

Deus, meus, ach Andreus,
Wie soll ich dich nennen?
Sagt der Fremde ohne Gruß:
Wirst mich schon erkennen,
Riefst im Schilf den Fluss hinab,
Als ich kam geschwommen,
Brachst vom Stoß dies Hölzlein ab,
Das ich mir genommen.

Lieber Gott, o Mutter hilf!
Schütze mich, heilig Wort!
Sagt der Mann aus Schlamm und Schilf:
Tu die Spange fort,
Brauchst sie nicht, die Jungfernsachen,
An dem kühlen Ort,
Wo wir Hochzeit machen!

Deus, meus, ach Andreus,
Angelweit steht auf das Tor,
Mutter kniet am tauben Herde,
Drin die Glut vergor:
Ein Geruch von Fluss und Erde
Haucht verwest hervor.

❶ Gib kurz den Inhalt der Ballade wieder!

- Str. I: ______
- Str. II: ______
- Str. III: ______
- Str. IV: ______
- Str. V: ______
- Str. VI: ______

❷ Was erfährst du über Zeit, Ort und Personen?

______

______

❸ Welche Aussage trifft diese Ballade?

______

______

______

______

❹ Vergleiche die Ballade „Andreasnacht“ mit der Sage „Der Tanz mit dem Wassermann“! Wo liegen die Unterschiede?

______

______

______

______

______

______

______

______

„Andreasnacht" (Friedrich Bischoff)

Mutter häng den Spiegel zu,
Gib mir Ring und Spange,
Riegle Tor und Türe zu,
Stand schon wer im Gange,
Draußen in dem Wind!
Deus, meus, ach Andreus
Sei mir wohl gesinnt!

Sparren knarrt und Spinne webt
Fädelnd hin und her.
Draußen pocht es dumpf und schwer,
Und das Mädchen bebt.
Schaut verschämt mit roten Wangen:
Deus, meus, ach Andreus,
Kam doch wer gegangen?

Doch der in die Stube tritt,
Kann es nimmer sein,
Kommt mit schwerem Flößerschritt
Nebelgrau herein.
Deus, meus, ach Andreus,
Lass mich dich erkennen!
Doch die dunkeln Augen brennen
Fremd und ohne Schein.

Deus, meus, ach Andreus,
Wie soll ich dich nennen?
Sagt der Fremde ohne Gruß:
Wirst mich schon erkennen,
Riefst im Schilf den Fluss hinab,
Als ich kam geschwommen,
Brachst vom Stoß dies Hölzlein ab,
Das ich mir genommen.

Lieber Gott, o Mutter hilf!
Schütze mich, heilig Wort!
Sagt der Mann aus Schlamm und Schilf:
Tu die Spange fort,
Brauchst sie nicht, die Jungfernsachen,
An dem kühlen Ort,
Wo wir Hochzeit machen!

Deus, meus, ach Andreus,
Angelweit steht auf das Tor,
Mutter kniet am tauben Herde,
Drin die Glut vergor:
Ein Geruch von Fluss und Erde
Haucht verwest hervor.

❶ Gib kurz den Inhalt der Ballade wieder!

- Str. I: Beschwörung der magischen Zeichen
- Str. II: Erwartung des Geliebten
- Str. III: Einbruch des Numinosen
- Str. IV: Offenbarung der „Schuld" des Mädchens
- Str. V: Letzter Versuch zur Lösung aus dem Bann
- Str. VI: Hochzeit mit dem Wassermann (Tod)

❷ Was erfährst du über Zeit, Ort und Personen?

Die Andreasnacht ist am 30. November. Der Ort ist unbekannt, Personen sind nicht namentlich erwähnt.

❸ Welche Aussage trifft diese Ballade?

Der Mensch wird durch numinose, unfassbare und unbegreifliche Mächte in seiner Existenz bedroht. Die diesseitige und jenseitige Welt sind miteinander verknüpft und aufeinander bezogen.

❹ Vergleiche die Ballade „Andreasnacht" mit der Sage „Der Tanz mit dem Wassermann"! Wo liegen die Unterschiede?

In der Sage ist der Ort mit Laibach bekannt, ebenso die Zeit, nämlich der 1. Sonntag im Juli 1547. Namentlich erwähnt wird das Mädchen Ursula Schäferin, die vor vielen Augenzeugen mit einem jungen Mann nach dem Tanz in den Fluss springt und nicht mehr gesehen wird. Der Lindenbaum steht noch fast hundert Jahre als Beweis für dieses Ereignis.

Ballade: „Die Frauen von Nidden“ (Agnes Miegel)

Lernziele

- Kennenlernen des Inhaltes der Ballade
- Erfassen der Form der Ballade mit ihren sprachlichen Mitteln
- Herausfinden des Gehaltes der Ballade
- Sinngestaltendes Lesen

Arbeitsmittel / Medien / Literaturhinweise

- Arbeitsblatt mit Lösung
- Folien (Bilder: Düne, Pestkranke; Verfasserinformation)

Tafelbild/Folien

Wanderdüne in der Wüste

Dünen sind durch Wind zusammengetragene Sandmassen, die bis zu 300 m hoch werden können.
Für Dünenlandschaften ist die schnelle Orts- und Formveränderung charakteristisch.
Wanderdünen haben an der Luvseite einen flacheren Hang als an der Leeseite. Solche Wanderdünen haben die Nehrungen der Ostsee nach Niederlegung des Dünenwaldes mehrfach überwandert und dabei Häuser, Siedlungen und Kulturland zerstört.

Pestkranke vor einer Stadt

Agnes Miegel

Sie wurde am 9. März 1879 in Königsberg in Ostpreußen geboren und starb am 26. Oktober 1964 in Bad Salzuflen. Als Balladendichterin (u. a. „Die Frauen von Nidden“, „Nibelungen“) griff sie Elemente der Heimatkunst und „Blut-und-Boden-Romantik“ des Nationalsozialismus auf. In ihren Schilderungen der ostpreußischen Landschaft, der Sagen und Legenden der Menschen ihrer Heimat beschwört sie schwermütige, oft unheimliche Stimmungen. Zu ihren bekannten Werken zählen „Geschichten aus Altpreußen“ (1926), „Gang in die Dämmerung“ (1934), „Die Blume der Götter“ (1949) und „Heimkehr“ (1962).

Stundenbild: (1 UE)

I. Hinführung	
Stummer Impuls TA	Bilder: Wanderdüne/Pestkranke vor der Stadt
Aussprache	
Überleitung	L: Beide Sachverhalte spielen in einer Ballade eine Rolle.
Zielangabe TA	*„Die Frauen von Nidden" (Agnes Miegel)*
Lehrer gibt Kurzinformation über die Verfasserin	
	L: Wo könnte Nidden liegen?
Aussprache mit Ergebnis	Ostpreußen
II. Textbegegnung	
Lehrervortrag	„Die Frauen von Nidden" (Agnes Miegel)
Spontanäußerungen	
III. Arbeit am Text	
Schüler lesen Ballade Folie	
1. Teilziel:	**Klärung des Inhaltes**
Stummer Impuls TA	Haff/jach/in Leide/Kate/Schober
Aussprache	Herausfinden der Bedeutungen
Zsf. TA	Haff = durch Nehrungen vom Meer abgetrennte Küstenbucht jach = jäh, plötzlich in Leide = leidvoll Kate = kleines, ärmliches Bauernhaus Schober = kleine Scheune
Impuls	L: Gib kurz den Inhalt der Ballade wieder.
Aussprache	
Zsf. TA	
2. Teilziel:	**Klärung des Gehaltes**
Leitfragen	① Was symbolisiert die letzte Strophe? ② Wie verändert sich die Einstellung der Frauen zur Düne? ③ Wie verändert sich die Einstellung der Frauen zu Gott?
Aussprache	
Zsf. TA	
IV. Sicherung	
Zsf. Arbeitsblatt	„Die Frauen von Nidden" (Agnes Miegel)
Kontrolle Folie (Lösung Arbeitsblatt)	
V. Ausweitung	
Stillarbeit	Umsetzung der letzten Strophe in ein Bild
Vergleich an der Tafel	
Projekt	Umsetzung der elf Strophen in Bilder für den OHP
Aufführung	

Arbeitsblatt: „Die Frauen von Nidden“ (Agnes Miegel)

„Die Frauen von Nidden“ (Agnes Miegel)

Die Frauen von Nidden standen am Strand
über spähenden Augen die braune Hand,
und die Boote nahten in wilder Hast,
schwarze Wimpel flogen züngelnd am Mast.

Die Männer banden die Kähne fest
und schrieen: „Drüben wütet die Pest!
In der Niedrung von Heydekrug bis Schaaken
gehn die Leute im Trauerlaken!“

Da sprachen die Frauen: „Es hat nicht Not –
vor unserer Türe lauert der Tod,
jeden Tag, den uns Gott gegeben,
müssen wir ringen um unser Leben,

die wandernde Düne ist Leides genug,
Gott wird uns verschonen, der uns schlug!“ –
Doch die Pest ist des Nachts gekommen
mit den Elchen über das Haff geschwommen.

Drei Tage lang, drei Nächte lang
wimmernd im Kirchstuhl die Glocke klang.
Am vierten Morgen, schrill und jach,
ihre Stimme in Leide brach.

Und in dem Dorf, aus Kate und Haus,
sieben Frauen schritten heraus.
Sie schritten barfuß und tief gebückt,
in schwarzen Kleidern, bunt gestickt.

Sie klommen die steile Düne hinan,
Schuh und Strümpfe legten sie an,
und sie sprachen: „Düne, wir sieben
sind allein noch übrig geblieben.

Kein Tischler lebt, der den Sarg uns schreint,
nicht Sohn noch Enkel, der uns beweint,
kein Pfarrer mehr, uns den Kelch zu geben,
nicht Knecht noch Magd ist mehr unten am Leben –

nun, weiße Düne, gib wohl acht:
Tür und Tor ist dir aufgemacht,
in unsre Stuben wirst du gehn,
Herd und Hof und Schober verwehn –

Gott vergaß uns, er ließ uns verderben.
Sein verödetes Haus sollst du erben,
Kreuz und Bibel zum Spielzeug haben –
nur, Mütterchen, komm uns zu begraben!

Schlage uns still ins Leichentuch,
Du unser Segen – einst unser Fluch.
Sieh, wir liegen und warten ganz mit Ruh“ –

und die Düne kam und deckte sie zu.

❶ Gib den Inhalt der Ballade wieder!

❷ Wie sprechen die Frauen die Wanderdüne an? Was sagt dies aus?

❸ Wie verändert sich die Einstellung der Frauen zu der Düne?

❹ Wie verändert sich die Einstellung der Frauen zu Gott?

❹ Untersuche den Aufbau der Ballade!

❺ Welche stilistischen Mittel setzt die Dichterin zur Umsetzung der unausweichlichen Tragik ein?

❻ Was symbolisiert die letzte Strophe?

„Die Frauen von Nidden“ (Agnes Miegel)

Die Frauen von Nidden standen am Strand
über spähenden Augen die braune Hand,
und die Boote nahten in wilder Hast,
schwarze Wimpel flogen züngelnd am Mast.

Die Männer banden die Kähne fest
und schrieen: „Drüben wütet die Pest!
In der Niedrung von Heydekrug bis Schaaken
gehn die Leute im Trauerlaken!“

Da sprachen die Frauen: „Es hat nicht Not –
vor unserer Türe lauert der Tod,
jeden Tag, den uns Gott gegeben,
müssen wir ringen um unser Leben,

die wandernde Düne ist Leides genug,
Gott wird uns verschonen, der uns schlug!“ –
Doch die Pest ist des Nachts gekommen
mit den Elchen über das Haff geschwommen.

Drei Tage lang, drei Nächte lang
wimmernd im Kirchstuhl die Glocke klang.
Am vierten Morgen, schrill und jach,
ihre Stimme in Leide brach.

Und in dem Dorf, aus Kate und Haus,
sieben Frauen schritten heraus.
Sie schritten barfuß und tief gebückt,
in schwarzen Kleidern, bunt gestickt.

Sie klommen die steile Düne hinan,
Schuh und Strümpfe legten sie an,
und sie sprachen: „Düne, wir sieben
sind allein noch übrig geblieben.

Kein Tischler lebt, der den Sarg uns schreint,
nicht Sohn noch Enkel, der uns beweint,
kein Pfarrer mehr, uns den Kelch zu geben,
nicht Knecht noch Magd ist mehr unten am Leben –

nun, weiße Düne, gib wohl acht:
Tür und Tor ist dir aufgemacht,
in unsre Stuben wirst du gehn,
Herd und Hof und Schober verwehn –

Gott vergaß uns, er ließ uns verderben.
Sein verödetes Haus sollst du erben,
Kreuz und Bibel zum Spielzeug haben –
nur, Mütterchen, komm uns zu begraben!

Schlage uns still ins Leichentuch,
Du unser Segen – einst unser Fluch.
Sieh, wir liegen und warten ganz mit Ruh“ –

und die Düne kam und deckte sie zu.

❶ Gib den Inhalt der Ballade wieder!

Die Bewohner eines Fischerdorfes werden zweifach bedroht, zum einen durch eine Wanderdüne, die ihre Häuser zerstört, zum andern durch die Pest. Sie hoffen, dass Gott, der sie mit dem Schicksal der Düne schlug, sie vor der Pest verschone. Diese wird aber durch Elche an die Küste gebracht. Innerhalb von drei Tagen sterben alle Bewohner bis auf sieben Frauen, die nun hoffen, dass ihre Körper von der Düne begraben werden.

❷ Wie sprechen die Frauen die Wanderdüne an? Was sagt dies aus?

Die Düne wird personifiziert. Sie wird als wohltätige Mutter angesprochen.

❸ Wie verändert sich die Einstellung der Frauen zu der Düne?

Die Düne wird nicht mehr als Bedrohung, sondern als Segen gesehen, die die toten Körper der Frauen wie ein Leichentuch bedecken soll, wenn sie an der Pest gestorben sind.

❹ Wie verändert sich die Einstellung der Frauen zu Gott?

Die Hoffnung auf Gottes Hilfe wird aufgegeben. Kirche, Kreuz und Bibel sind zu nichts mehr Nutze, nur mehr Spielzeug für die Düne.

❹ Untersuche den Aufbau der Ballade!

Die Ballade besitzt elf Strophen zu jeweils vier Versen mit Endreim.

❺ Welche stilistischen Mittel setzt die Dichterin zur Umsetzung der unausweichlichen Tragik ein?

Lautmalerische Wörter (wilder Hast, züngelnd, schrieen, wimmernd, schrill) und dunkle Vokale (vor allem „a“, „o“ und „u“)

❻ Was symbolisiert die letzte Strophe?

Sie symbolisiert die Ruhe des Todes. ⇨ mit Absatz zum letzten Vers

Ballade: „Die Ballade vom Nachahmungstrieb“ (Erich Kästner)

Lernziele

- Kennenlernen des Inhaltes der Ballade
- Erfassen der Form der Ballade mit ihren sprachlichen Mitteln
- Herausfinden des Gehaltes der Ballade
- Transfer in die eigene Erfahrungs- und Erlebniswelt
- Singestaltendes Lesen

Arbeitsmittel / Medien / Literaturhinweise

- Arbeitsblatt mit Lösung
- Folien (Verfasserinformation; Bilder; Zeitungsartikel)

Tafelbild/Folien

Erich Kästner

Er wurde am 23. Februar 1899 in Dresden geboren und starb am 29. Juli 1974 in München. Mit seinen zeitkritischen Satiren wie „Fabian“ (1931), Gedichten und Kabarett-Texten wandte er sich rückhaltlos gegen Militarismus, Faschismus und spießbürgerliche Moral. Seit 1927 lebte er als freier Schriftsteller in Berlin. Seine Bücher wurden von den Nationalsozialisten verboten und verbrannt. Trotzdem blieb Kästner auch nach 1933 in Deutschland. 1942 erhielt er Schreib- und Publikationsverbot. Daraufhin veröffentlichte er seine Werke im Ausland. International bekannt wurde Kästner besonders als Autor humorvoller Kinderbücher wie „Emil und die Detektive“ (1929), „Pünktchen und Anton“ (1931) und „Das fliegende Klassenzimmer“ (1933). Nach dem 2. Weltkrieg kritisierte er als überzeugter Pazifist die Wiederbewaffnung der BRD. Von 1946 bis 1962 war er Präsident des PEN-Zentrums der Bundesrepublik Deutschland.
Weitere bekannte Werke sind „Drei Männer im Schnee“ (1934), „Dr. Erich Kästners lyrische Hausapotheke“ (1936), Drehbuch zum Ufa-Film „Münchhausen“ unter dem Pseudonym B. Bürger (1943), „Das doppelte Lottchen“ (1949), „Die Konferenz der Tiere“ (1950), „Die Schule der Diktatoren“ (1956) und „Als ich ein kleiner Junge war“ (1957), wofür Kästner den Georg-Büchner-Preis erhielt.

Stundenbild: (1 UE)

I. Hinführung

Stummer Impuls Folie

14-Jähriger erschießt Freund

Aus Spiel wurde Ernst

Neuendorf (dpa). Beim Nachspielen der Fernsehserie „Renegade - Gnadenlose Jagd" erschoss der 14-jährige Robert K. seinen 15-jährigen Freund Klaus R. in einer Ferienwohnung in Neuendorf. Die Pistole habe er sich vor Urlaubsbeginn von einem älteren Freund ausgeliehen, berichtete der Täter. Nach Angaben der Kriminalpolizei hatten beide Jungen eine Szene aus der Fernsehserie nachgestellt. Es sei zu vermuten, dass Robert K. dabei die Waffe versehentlich entsichert habe. Obwohl sich nur ein Schuss gelöst habe, sei Klaus R. tödlich getroffen worden. Wiederbelebungsmaßnahmen des Notarztes seien erfolglos gewesen.

Aussprache

Zielangabe — *Kennenlernen einer Ballade, die diese Thematik zum Inhalt hat.*

TA — „Ballade vom Nachahmungstrieb" (Erich Kästner)

II. Textdarbietung

Lehrervortrag — „Ballade vom Nachahmungstrieb" (Erich Kästner)

Schüler lesen mit Folie

Spontanäußerungen

III. Arbeit am Text

Arbeitsblatt

Schüler lesen Ballade

Gruppenarbeit

Arbeitsaufgaben

① Gib den Inhalt der Ballade wieder!
② Schreibe die Schlusspointe auf!
③ Was fällt dir auf, wenn du den Tonfall der Ballade und ihren Inhalt anschaust?
④ Wo zeigen sich in dieser Ballade die stumpfsinnigen Lebensbedingungen bei Kindern wie auch bei Erwachsenen in den Dreißiger Jahren?
⑤ Die Lebensbedingungen der Jugend heute und die aktuelle Medienlandschaft sind völlig anders als die der 30er-Jahre. Inwiefern? Welche Gefahren lauern heute?
⑥ Wo übt Kästner mit seiner Ballade Kritik?

Zsf. Gr.berichte

zu ⑤ Freizeit und Umwelterfahrungen sind reduziert und kommerzialisiert. Action und virtuelle Realität ersetzen zunehmend die eigenen Lebenserfahrungen, die Gefahr der inneren Verrohung besteht. Man stumpft ab gegenüber Empfindungen wie Angst, Not und Leid.

Folien — Bilder: Menschen, die aufgehängt wurden/Wrestling/Messer/Pistole

Aussprache

zu ⑥ Er kritisiert die erschreckende Gleichgültigkeit gegenüber Ungerechtigkeit und Unmenschlichkeit.

Zsf. Arbeitsblatt

Kontrolle Folie (Lösung Arbeitsblatt)

IV. Ausweitung

Folie — Erich Kästner

Erlesen mit Aussprache

Hausaufgabe — Sammeln von Zeitungsberichten etc.

Pinnwand — Thema: „Nachahmungstrieb"

Arbeitsblatt: „Die Ballade vom Nachahmungstrieb“ (Erich Kästner)

„Die Ballade vom Nachahmungstrieb“ (Erich Kästner)

Es ist schon wahr: Nichts wirkt so rasch wie Gift!
Der Mensch, und sei er noch so minderjährig,
ist, was die Laster dieser Welt betrifft,
früh bei der Hand und unerhört gelehrig.

Im Februar, ich weiß nicht am wie vielten
geschah's, auf irgendeines Jungen Drängen,
dass Kinder, die im Hinterhofe spielten,
beschlossen, Naumanns Fritzchen aufzuhängen.

Sie kannten aus der Zeitung die Geschichten,
in denen Mord vorkommt und Polizei.
Und sie beschlossen, Naumann hinzurichten,
weil er, so sagten sie, ein Räuber sei.

Sie steckten seinen Kopf in eine Schlinge.
Karl war der Pastor, lamentierte viel
und sagte ihm, wenn er zu schrein anfinge,
verdürbe er den anderen das Spiel.

Fritz Naumann äußerte, ihm sei nicht bange.
Die andern waren ernst und führten ihn.
Man warf den Strick über die Teppichstange.
Und dann begann man, Fritzchen hochzuziehn.

Er sträubte sich. Es war zu spät. Er schwebte.
Dann klemmten sie den Strick am Haken ein.
Fritz zuckte, weil er noch ein bisschen lebte.
Ein kleines Mädchen zwickte ihn ins Bein.

Er zappelte ganz stumm, und etwas später
verkehrte sich das Kinderspiel in Mord.
Als das die sieben kleinen Übeltäter erkannten,
liefen sie erschrocken fort.

Noch wusste niemand von dem armen Kinde.
Der Hof lag still. Der Himmel war blutrot.
Der kleine Naumann schaukelte im Winde.
Er merkte nichts davon. Denn er war tot.

Frau Witwe Zickler, die vorüber schlurfte,
lief auf die Straße und erhob Geschrei,
obwohl sie doch dort gar nicht schreien durfte.
Und gegen sechs erschien die Polizei.

Die Mutter fiel in Ohnmacht vor dem Knaben.
Und beide wurden rasch ins Haus gebracht.
Karl, den man festnahm, sagte kalt: „Wir haben
es nur wie die Erwachsenen gemacht.“

Diese Ballade erschien 1959 im ersten Band der „Gesammelten Schriften“. Ihr liegt ein wirkliches Ereignis zu Grunde, denn von einem ähnlichen Vorfall hat Kästner 1930 in einer Zeitung gelesen.

❶ Gib den Inhalt der Ballade wieder!

____

❷ Schreibe die Schlusspointe auf!

____

❸ Was fällt dir auf, wenn du den Tonfall der Ballade und ihren Inhalt anschaust?

____

❹ Wo zeigen sich in dieser Ballade die stumpfsinnigen Lebensbedingungen der Kinder wie auch der Erwachsenen in den Dreißigerjahren?

____

❺ Die Lebensbedingungen der Jugend heute und die aktuelle Medienlandschaft sind völlig anders als die der 30er-Jahre. Inwiefern? Welche Gefahren lauern heute?

____

❻ Woran übt Kästner mit seiner Ballade Kritik?

____

Lösungsblatt: „Die Ballade vom Nachahmungstrieb“ (Erich Kästner)

„Die Ballade vom Nachahmungstrieb“ (Erich Kästner)

Es ist schon wahr: Nichts wirkt so rasch wie Gift!
Der Mensch, und sei er noch so minderjährig,
ist, was die Laster dieser Welt betrifft,
früh bei der Hand und unerhört gelehrig.

Im Februar, ich weiß nicht am wie vielten
geschah's, auf irgendeines Jungen Drängen,
dass Kinder, die im Hinterhofe spielten,
beschlossen, Naumanns Fritzchen aufzuhängen.

Sie kannten aus der Zeitung die Geschichten,
in denen Mord vorkommt und Polizei.
Und sie beschlossen, Naumann hinzurichten,
weil er, so sagten sie, ein Räuber sei.

Sie steckten seinen Kopf in eine Schlinge.
Karl war der Pastor, lamentierte viel
und sagte ihm, wenn er zu schrein anfinge,
verdürbe er den anderen das Spiel.

Fritz Naumann äußerte, ihm sei nicht bange.
Die andern waren ernst und führten ihn.
Man warf den Strick über die Teppichstange.
Und dann begann man, Fritzchen hochzuziehn.

Er sträubte sich. Es war zu spät. Er schwebte.
Dann klemmten sie den Strick am Haken ein.
Fritz zuckte, weil er noch ein bisschen lebte.
Ein kleines Mädchen zwickte ihn ins Bein.

Er zappelte ganz stumm, und etwas später
verkehrte sich das Kinderspiel in Mord.
Als das die sieben kleinen Übeltäter erkannten,
liefen sie erschrocken fort.

Noch wusste niemand von dem armen Kinde.
Der Hof lag still. Der Himmel war blutrot.
Der kleine Naumann schaukelte im Winde.
Er merkte nichts davon. Denn er war tot.

Frau Witwe Zickler, die vorüber schlurfte,
lief auf die Straße und erhob Geschrei,
obwohl sie doch dort gar nicht schreien durfte.
Und gegen sechs erschien die Polizei.

Die Mutter fiel in Ohnmacht vor dem Knaben.
Und beide wurden rasch ins Haus gebracht.
Karl, den man festnahm, sagte kalt: „Wir haben
es nur wie die Erwachsenen gemacht.“

Diese Ballade erschien 1959 im ersten Band der „Gesammelten Schriften“. Ihr liegt ein wirkliches Ereignis zu Grunde, denn von einem ähnlichen Vorfall hat Kästner 1930 in einer Zeitung gelesen.

❶ Gib den Inhalt der Ballade wieder!

Die Ballade spielt in den 30er-Jahren. Sieben Kinder in irgendeinem Hinterhof beschließen im Spiel, Fritz Naumann aufzuhängen. Er wehrt sich nicht, als er hochgezogen wird. Die Kinder laufen weg, als sie merken, dass Fritz tot ist.

❷ Schreibe die Schlusspointe auf!

„Wir haben es nur wie die Erwachsenen gemacht.“

❸ Was fällt dir auf, wenn du den Tonfall der Ballade und ihren Inhalt anschaust?

Man kann eine deutliche Diskrepanz zwischen dem Sprachstil, der sachlich-nüchtern und zugleich ironisch wirkt, und dem ungeheuerlichen Inhalt feststellen.

❹ Wo zeigen sich in dieser Ballade die stumpfsinnigen Lebensbedingungen der Kinder wie auch der Erwachsenen in den Dreißigerjahren?

Die Erwachsenen und deren gesellschaftliche Normen verbieten das Schreien auf der Straße, das lebhafte Spiel selbst in den Hinterhöfen. Kinder durften nicht Kinder sein.

❺ Die Lebensbedingungen der Jugend heute und die aktuelle Medienlandschaft sind völlig anders als die der 30er-Jahre. Inwiefern? Welche Gefahren lauern heute?

Freizeit und Umwelterfahrungen sind reduziert und kommerzialisiert. Action und virtuelle Realität ersetzen zunehmend die eigenen Lebenserfahrungen, die Gefahr der inneren Verrohung besteht. Man stumpft ab gegenüber Empfindungen wie Angst, Not und Leid.

❻ Woran übt Kästner mit seiner Ballade Kritik?

Er kritisiert die erschreckende Gleichgültigkeit gegenüber Ungerechtigkeit u. Unmenschlichkeit.

Ballade: „Die Seeräuber-Jenny“ (Bertolt Brecht)

Lernziele

- Kennenlernen des Inhaltes der Ballade
- Erfassen der Form der Ballade
- Herausfinden der Aussage, die Brecht durch seine Ballade mitteilen will
- Beurteilung der Umsetzung des Textes in Musik

Arbeitsmittel / Medien / Literaturhinweise

- Arbeitsblatt mit Lösung
- Folien (Zeitungsartikel; Text über die „Dreigroschenoper“)
- CD: Brecht/Weill: Die Dreigroschenoper, Lenya/Brückner-Rüggenberg (CBS)

Tafelbild/Folien

Bertolt Brecht

Er wurde am 10. Februar 1898 in Augsburg als Sohn des Papierfabrikdirektors Bertold Brecht geboren und starb am 14. August 1956 in Ostberlin. 1917 studierte er Literatur und Medizin in München, 1918 wurde er zum Militär eingezogen und arbeitete als Sanitäter in einem Lazarett in Augsburg. 1922 heiratete er die Opernsängerin Marianne Zoff und siedelte 1924 nach Berlin über. Dort besuchte er die marxistische Arbeiterschule und widmete sich dem Studium des Marxismus. 1929 heiratete er Helene Weigel. 1933 floh er vor den Nationalsozialisten und lebte in den nächsten zehn Jahren in der Tschechei, in Österreich, der Schweiz, Frankreich, Dänemark, Schweden, Finnland und Russland, ehe er 1943 in die USA emigrierte. Nach dem Krieg verweigerten die Alliierten 1947 Brecht den Aufenthalt in Westdeutschland. Deshalb zog er 1949 nach Ostberlin, wo er das Berliner Ensemble gründete. 1950 erwarb er die österreichische Staatsbürgerschaft, 1953 wendete er sich vom Kommunismus ab.
Brecht ist einer der bedeutendsten und einflussreichsten Dramatiker des 20. Jahrhunderts. Seine „Dreigroschenoper“ (Uraufführung 1928) wurde zum größten Theatererfolg der Weimarer Republik. Weitere berühmte Werke sind „Baal“ (1923), „Aufstieg und Fall der Stadt Mahagonny“ (1930), „Mutter Courage und ihre Kinder“ (1941), „Leben des Galilei“ (1943), „Herr Puntila und sein Knecht Matti“ (1948). Daneben schrieb Brecht viele sozialkritische Gedichte, Songs und Balladen, an deren Tradition heutige Lyriker und Liedermacher wie R. Kunze und W. Biermann anknüpften.

Kurt Weill

Er wurde am 2. März 1900 in Dessau geboren und starb am 3. April 1950 in New York. Der Meisterschüler von E. Humperdinck und F. Busoni erneuerte das moderne Musiktheater. Als Komponist der mit Brecht geschaffenen Opern „Dreigroschenoper“, „Aufstieg und Fall der Stadt Mahagonny“ und „Der Jasager“ feierte er weltweit Triumphe. Obwohl diese Werke wegen ihres neuen Stils als Musikdramen und wegen ihrer radikalen Sozialkritik heftig umstritten waren, waren sie nicht nur während der Zeit der Weimarer Republik sehr erfolgreich. 1933 emigrierte Weill nach Frankreich, dann nach Amerika, weil er im Dritten Reich unter die Rubrik „Entartete Kunst“ fiel. Er war mit der Sängerin Lotte Lenya verheiratet. Ab 1935 eroberte er das New Yorker Broadway-Publikum mit nicht mehr vorrangig politisch motivierten Kompositionen.

Stundenbild: (2 UE)

I. Hinführung	
Stummer Impuls TA	„Die Dreigroschenoper“
Lehrererzählung mit Folie Ort/Personen oder Erlesen des Inhaltes von der Folie	
Aussprache	
Zielangabe	*Kennenlernen einer Ballade aus dieser Oper*
TA	„Die Seeräuber-Jenny“ (Bertolt Brecht)
II. Textbegegnung	
Lehrervortrag	„Die Seeräuber-Jenny“ (Bertolt Brecht)
Schüler lesen auf der Folie mit	
Spontanäußerungen	
III. Arbeit am Text	
Schüler lesen Ballade nochmals	
Impuls	L: Gib den Inhalt der Ballade wieder.
Aussprache	
TA	Piraten erobern die Stadt, in der Jenny arbeitet, und töten auf Jennys Befehl alle Menschen außer sie selber. L: Im Untertitel der Ballade macht Brecht eine kleine Einschränkung.
Stummer Impuls TA	„Träume eines Küchenmädchens“
Aussprache	
TA	Die Zerstörung ist nicht Realität, sondern nur das Wunschdenken Jennys. Sie wünscht sich auf diese brutale Weise Anerkennung.
Leitfragen	① Wie ist die Ballade aufgebaut? ② Wo liegt der Höhepunkt der Ballade? ③ Welche sozialkritische Aussage macht Brecht mit dieser Ballade? ④ Beurteile die Sprache Brechts!
Aussprache	
Zsf. Arbeitsblatt	
Kontrolle Folie (Lösung Arbeitsblatt)	
IV. Ausweitung	
Hören der Ballade	CD: „Seeräuber-Jenny“ (Vertonung von Kurt Weill)
Leitfrage	Welche musikalischen Merkmale weist die Vertonung der Ballade durch Weill auf?
Aussprache	
V. Exkurs	
Folie	„Seeräuber-Jenny“ ist tot.
Erlesen mit Aussprache	
Folie	Bertolt Brecht
Aussprache	
Folie	Kurt Weill
Aussprache	

„Die Seeräuber-Jenny“ (Bertolt Brecht)

Meine Herren, heute sehen Sie mich Gläser abwaschen
Und ich mache das Bett für jeden.
Und Sie geben mir einen Penny und ich bedanke mich schnell
Und Sie sehen meine Lumpen und dies lumpige Hotel
Und Sie wissen nicht, mit wem Sie reden.
Aber eines Abends wird ein Geschrei sein am Hafen
Und man fragt: Was ist das für ein Geschrei?
Und man wird mich lächeln sehn bei meinen Gläsern
Und man sagt: Was lächelt die dabei?
    Und ein Schiff mit acht Segeln
    Und mit fünfzig Kanonen
    Wird liegen am Kai.

Man sagt: Geh, wisch deine Gläser, mein Kind
Und man reicht mir den Penny hin.
Und der Penny wird genommen und das Bett wird gemacht.
(Es wird keiner mehr drin schlafen in dieser Nacht)
Und Sie wissen immer noch nicht, wer ich bin.
Aber eines Abends wird ein Getös sein am Hafen
Und man fragt: Was ist das für ein Getös?
Und man wird mich stehen sehen hinterm Fenster
Und man sagt: Was lächelt die so bös?
    Und das Schiff mit acht Segeln
    Und mit fünfzig Kanonen
    Wird beschießen die Stadt.

Meine Herren, da wird wohl Ihr Lachen aufhörn
Denn die Mauern werden fallen hin
Und die Stadt wird gemacht dem Erdboden gleich
Nur ein lumpiges Hotel wird verschont von jedem Streich
Und man fragt: Wer wohnt Besonderer darin?
Und in dieser Nacht wird ein Geschrei um das Hotel sein
Und man fragt: Warum wird das Hotel verschont?
Und man wird mich sehen treten aus der Tür gen Morgen
Und man sagt: Die hat darin gewohnt?
    Und das Schiff mit acht Segeln
    Und mit fünfzig Kanonen
    Wird beflaggen den Mast.

Und es werden kommen hundert gen Mittag an Land
Und werden in den Schatten treten
Und fangen einen jeglichen aus jeglicher Tür
Und legen ihn in Ketten und bringen vor mir
Und fragen: Welchen sollen wir töten?
Und an diesem Mittag wird es still sein am Hafen
Wenn man fragt, wer wohl sterben muß.
Und dann werden Sie mich sagen hören: Alle!
Und wenn dann der Kopf fällt, sag ich: Hoppla!
    Und das Schiff mit acht Segeln
    Und mit fünfzig Kanonen
    Wird entschwinden mit mir.

❶ Wie ist die Ballade aufgebaut?

❷ Inhalt der Ballade:

❸ Wo liegt der Höhepunkt der Ballade?

❹ Warum heißt die Ballade von der „Seeräuber-Jenny“ im Untertitel „Träume eines Küchenmädchens“?

❺ Welche sozialkritische Aussage macht Brecht mit dieser Ballade?

❻ Beurteile die Sprache Brechts!

❼ Welche musikalischen Merkmale weist die Vertonung der Ballade durch Weill auf?

Lösungsblatt: „Die Seeräuber-Jenny"
(Bertolt Brecht)

„Die Seeräuber-Jenny" (Bertolt Brecht)

Meine Herren, heute sehen Sie mich Gläser abwaschen
Und ich mache das Bett für jeden.
Und Sie geben mir einen Penny und ich bedanke mich schnell
Und Sie sehen meine Lumpen und dies lumpige Hotel
Und Sie wissen nicht, mit wem Sie reden.
Aber eines Abends wird ein Geschrei sein am Hafen
Und man fragt: Was ist das für ein Geschrei?
Und man wird mich lächeln sehn bei meinen Gläsern
Und man sagt: Was lächelt die dabei?
Und ein Schiff mit acht Segeln
Und mit fünfzig Kanonen
Wird liegen am Kai.

Man sagt: Geh, wisch deine Gläser, mein Kind
Und man reicht mir den Penny hin.
Und der Penny wird genommen und das Bett wird gemacht.
(Es wird keiner mehr drin schlafen in dieser Nacht)
Und Sie wissen immer noch nicht, wer ich bin.
Aber eines Abends wird ein Getös sein am Hafen
Und man fragt: Was ist das für ein Getös?
Und man wird mich stehen sehen hinterm Fenster
Und man sagt: Was lächelt die so bös?
Und das Schiff mit acht Segeln
Und mit fünfzig Kanonen
Wird beschießen die Stadt.

Meine Herren, da wird wohl Ihr Lachen aufhörn
Denn die Mauern werden fallen hin
Und die Stadt wird gemacht dem Erdboden gleich
Nur ein lumpiges Hotel wird verschont von jedem Streich
Und man fragt: Wer wohnt Besonderer darin?
Und in dieser Nacht wird ein Geschrei um das Hotel sein
Und man fragt: Warum wird das Hotel verschont?
Und man wird mich sehen treten aus der Tür gen Morgen
Und man sagt: Die hat darin gewohnt?
Und das Schiff mit acht Segeln
Und mit fünfzig Kanonen
Wird beflaggen den Mast.

Und es werden kommen hundert gen Mittag an Land
Und werden in den Schatten treten
Und fangen einen jeglichen aus jeglicher Tür
Und legen ihn in Ketten und bringen vor mir
Und fragen: Welchen sollen wir töten?
Und an diesem Mittag wird es still sein am Hafen
Wenn man fragt, wer wohl sterben muß.
Und dann werden Sie mich sagen hören: Alle!
Und wenn dann der Kopf fällt, sag ich: Hoppla!
Und das Schiff mit acht Segeln
Und mit fünfzig Kanonen
Wird entschwinden mit mir.

❶ Wie ist die Ballade aufgebaut?

Die Ballade hat vier Strophen, wobei am Ende jeweils ein Refrain steht.

❷ Inhalt der Ballade:

Jenny, ein armes Küchenmädchen eines lumpigen Hotels, glaubt, dass die Stadt eines Tages durch Piraten zerstört werden wird. Sie selbst wird von den Piraten gefragt, wer verschont werden solle, und sie antwortet: „Keiner!"

❸ Wo liegt der Höhepunkt der Ballade?

IV. Strophe: „Und dann werden Sie mich sagen hören: Alle!"

❹ Warum heißt die Ballade von der „Seeräuber-Jenny" im Untertitel „Träume eines Küchenmädchens"?

Jenny erträumt sich das, was in der Ballade geschieht. Es ist ein Komplementär- und Wunschtraum. Jenny wünscht sich das, was sie im wirklichen Leben nie sein darf, nämlich wichtig und anerkannt zu sein.

❺ Welche sozialkritische Aussage macht Brecht mit dieser Ballade?

Mit dieser Ballade übt Brecht bitterböse Kritik an der Klassengesellschaft, insbesondere an der der Weimarer Republik. Brecht lässt durch Jenny die Botschaft übermitteln, dass am Ende doch die Unterdrückten den Sieg über die Herrschenden davontragen werden.

❻ Beurteile die Sprache Brechts!

Brechts Sprache ist direkt, unverblümt, überwiegend Alltagssprache.

❼ Welche musikalischen Merkmale weist die Vertonung der Ballade durch Weill auf?

Verwendung von charakteristischen Elementen aus der Jazz- und Tanzmusik

Die „Seeräuber-Jenny“ ist tot

Lotte Lenya, Witwe des Komponisten Kurt Weill, in New York im Alter von 83 Jahren gestorben

Sie war die beste Interpretin der Weill'schen Lieder und darüber hinaus die Repräsentantin einer Epoche, die von den Werken Bertolt Brechts geprägt wurde. Lotte Lenya, Brechts erste „Seeräuber-Jenny“ und Frau des Komponisten Kurt Weill, ist am Freitag im Alter von 83 Jahren in der Wohnung eines Freundes in New York gestorben. Die Sängerin und Schauspielerin hatte seit Jahren an Krebs gelitten. Wegen dieses Leidens soll sie bereits im August dieses Jahres im New Yorker Krebszentrum behandelt worden sein.

Der große Ruhm kam für Lotte Lenya, als sie am 31. August 1928 im Berliner „Theater am Schiffbauerdamm“ zum erstenmal die „Seeräuber-Jenny“ spielte und sang. Zwar war ihr Name auf dem Programmzettel, der so herausragende Schauspieler wie Erich Ponto, Harald Paulsen, Rosa Valetti, Kate Kühl und Roma Bahn aufwies, gar nicht verzeichnet worden – er wurde in der falschen Schreibweise Lenja nachgereicht –, aber die Kritik war sofort hellhörig. Alfred Kerr schrieb im „Berliner Tageblatt“: „Wer war die? Die war gut. Die war aber schon sehr gut. Die wird bald in der szenischen Front sein!“ Damit behielt der überkritische Kerr recht. Lotte Lenya teilte mit ihrem Mann, für den die „Dreigroschenoper“ ebenso wie für Brecht den großen Durchbruch bedeutete, den Berliner Ruhm. Sie trat 1930 als Dirne in der Brecht/Weill-Oper „Aufstieg und Fall der Stadt Mahagonny“ auf, die in Leipzig einen Skandal auslöste. Sie spielte auch Theater, so unter Jürgen Fehling in Feuchtwangers „Petroleuminsel“; sie war die Ilse in Wedekinds „Frühlings Erwachen“ und die Ismene im „Ödipus“.

Die Weills emigrierten sofort nach der Machtergreifung der Nationalsozialisten und gingen zunächst nach Paris, wo sie mit der Gruppe „Les Ballets 1933“ Weills Werk „Die sieben Todsünden“ uraufführten. In Amerika sah man Lotte Lenya in „The Eternal Road“, „Candle of the Wind“ und „The Fireband of Florence“. Nach Ende des Zweiten Weltkrieges zog sich die Künstlerin ganz vom Theater zurück und stand ihrem Mann bei seiner Kompositionsarbeit zur Seite.

Als Kurt Weill 1950 starb, stand Lotte Lenya in einer Gedächtnisaufführung der „Dreigroschenoper“ wieder auf der Bühne und spielte dann 1954 bis 1956 wieder die Jenny in einer Neuübersetzung des Werks. 1955 kehrte die Künstlerin, die nach wie vor als beste Interpretin der Weill'schen Lieder galt und das Vorbild für viele Sängerinnen wurde, zu Schallplattenaufnahmen nach Berlin zurück. Auch in den USA sorgte sie mit Weill-Gedächtniskonzerten für das Andenken ihres Mannes. Als „Mutter Courage“ im gleichnamigen Brecht-Stück errang Lotte Lenya 1965 bei den Ruhrfestspielen einen besonderen Erfolg. Sie war wiederholt im Film zu sehen, so in „Der römische Frühling der Mrs. Stone“ (nach Tennessee Williams) und im ersten James-Bond-Film „Liebesgrüße aus Moskau“.

Lotte Lenya wurde als Karoline Blamauer am 18. Oktober 1898 in Wien-Prenzing geboren; sie ließ sich als Akrobatin und Tänzerin ausbilden. Man entdeckte ihr schauspielerisches Talent und gab ihr Statistenrollen, aber erst durch Zufall kam sie in den Zwanzigerjahren nach Berlin, wo sie den jungen Komponisten Weill kennen lernte und 1925 heiratete. Ihre rauhe, intensive Stimme und ihr ausdrucksstarkes Spiel werden unvergessen bleiben.

dpa

Die Dreigroschenoper

Ein Stück mit Musik in einem Vorspiel und drei Akten, bearbeitet von Bertolt Brecht. Musik von Kurt Weill, nach dem englischen Vorbild John Gays. Uraufführung am 31. August 1928 in Berlin.

Ort: London zu Beginn des 18. Jahrhunderts
Personen: Jonathan Jeremiah Peachum, Chef einer Bettlerplatte
Celia Peachum, seine Frau
Polly Peachum, seine Tochter
Macheath, genannt Mackie Messer
Brown, Polizeichef in London
Lucy, seine Tochter
Die Spelunken-Jenny
Smith, Konstabler
Filch
Macheaths Banditen
Huren
Ein Moritatensänger

Das Vorspiel zeigt den Jahrmarkt von Soho, wo ein Moritatensänger die Ballade von Mackie Messer zum Besten gibt („Und der Haifisch") und das Milieu skizziert wird.

Erster Akt:
Der alte Peachum ist der Bettlerkönig von London, der von allen Bettlern der Stadt Abgaben kassiert und sie mit allerlei Mitleid erregenden Gegenständen wie Krücken, Lumpen, Brillen versorgt, damit die „Einnahmen" gesteigert werden. In seinem Laden „Bettlers Freund" erscheint der Strolch Filch, der in die Gilde der Bettler aufgenommen werden will und sogleich „eingekleidet" wird. Polly, Peachums Tochter, die er wegen ihres aparten Aussehens als Lockvogel in seinem Geschäft dringend braucht, wird seit einiger Zeit von einem unbekannten Kavalier verehrt, was dem Alten, der um seine Geschäftserfolge fürchtet, gar nicht passt. Seine Frau beschreibt den hartnäckigen Verehrer, und er erkennt zu seinem Entsetzen, dass es sich um den Ganovenführer Macheath, genannt Mackie Messer, handelt. Als Peachum seine Tochter sucht, ist sie verschwunden. In einem mit Diebesgut fein ausstaffierten Pferdestall feiert Mackie Messer im Kreise seiner Bande mit Polly Hochzeit. Sogar ein Pastor hat sich zur Zeremonie eingefunden, und selbst Londons Polizeichef Tiger Brown, ein alter Kriegskamerad Macheaths, ist anwesend. Polly ist zu den Eltern zurückgekommen und teilt ihnen mit, dass sie Mackie Messer geheiratet hat. Peachum ist empört und beschließt mit seiner Frau, Mackie Messer an die Polizei zu verraten, was Polly mit anhört.

Zweiter Akt:
In den Pferdestall zurückgekehrt, teilt Polly ihrem Mann mit, was ihr Vater vorhat, und rät ihm zur Flucht. Auf Tiger Brown kann er nicht mehr bauen, da dieser von Peachum erpresst wird; folglich gehorcht Macheath dem Rat seiner Frau, übergibt ihr das Kommando über die Bande und flieht. Frau Peachum begibt sich zur Spelunken-Jenny und besticht sie; falls Macheath auftauche, solle sie ihn der Polizei übergeben. Jenny und die Mädchen im Bordell von Turnbridge werden von Macheath auf seiner Flucht aufgesucht; er unterhält sich mit ihnen. Inzwischen hat Jenny die Polizei alarmiert, die den Gangsterkönig verhaftet. Im Gefängnis wird Macheath von Polly und auch von Lucy, der Tochter des Tiger Brown, dem die Verhaftung seines alten Kameraden sehr peinlich ist, besucht. Lucy erwartet von Mackie Messer ein Kind. Es kommt zu einer Eifersuchtsszene zwischen den Frauen, die damit endet, dass Celia Peachum ihre Tochter abholt. Lucy hingegen kann Mackie Messer zur Flucht verhelfen. Der alte Peachum kommt vergeblich, als er seine Kopfprämie abholen will.

Dritter Akt:
Am Krönungstag der Königin will Peachum mit seinen Bettlern eine Demonstration veranstalten und so den Festzug stören. Jenny betritt Peachums Laden mit ihren Mädchen und verrät unversehens, wo sich Macheath verborgen hält. Als Tiger Brown erscheint und die Bettlergesellschaft für die Dauer des Krönungsfestzuges festsetzen will, verrät ihm Peachum Mackies Aufenthalt; nun ist Brown abgelenkt und muss ganz gegen seine Absichten Macheath wieder verhaften lassen. Polly besucht Lucy, um Mackies Aufenthalt zu erfahren; sie erfährt, dass Lucy gar kein Kind erwartet; dies war nur ein Vorwand, um Mackie zur Heirat zu veranlassen. Beide sprechen abfällig von Mackie, doch als seine neue Verhaftung bekannt wird, ist Polly verzweifelt. Mackie ist zum Tod durch Erhängen verurteilt worden und sitzt in der Todeszelle. Tiger Brown hat ihn nicht retten können. Als Mackie ihn abweisend behandelt, eilt er fort, um Hilfe zu holen. Die Gangster besuchen Mackie, um von dem Todeskandidaten Abschied zu nehmen. Mackie wird zum Galgen geführt; die Schlinge legt sich um seinen Hals. Da erscheint als rettender „Deus ex machina" Tiger Brown. Mackie wird freigelassen, geadelt und mit Geld überschüttet! Alle preisen in einem Choral die „Ärmsten der Armen".

Bertolt Brecht und Kurt Weill haben die bereits an anderer Stelle besprochene Bettleroper von Gay und Pepusch aktualisiert, um etliche Texte von François Villon erweitert und aus der früheren Parodie auf die Händel'sche Barockoper eine zeitkritische Satire gemacht. Was das Stück faszinierend erscheinen lässt, ist die aufreizende, zündende Musik zu den teils betont rauen Texten von Bertolt Brecht. Schon die im Bänkelsänger-Tonfall geschriebene, von monotoner Leierkastenmusik begleitete Moritat im Vorspiel ist zum Weltschlager geworden. Auch das Lied der Seeräuber-Jenny, der Kanonen-Song, die Ballade vom angenehmen Leben und die meisten anderen Musiknummern haben weltweite Popularität erlangt.

Ballade: „Legende von der Entstehung des Buches Tao-te-king auf dem Weg des Lao-tse in die Emigration“ (Bertolt Brecht)

Lernziele

- Kennenlernen des Inhaltes der „Legende“
- Kenntnis wichtiger Zusatzinformationen (Leben des Lao-tse; Lehre des Lao-tse: Taoismus)
- Beurteilung der drei Personen (Lao-tse, Knabe, Zöllner)
- Erfassen der Hauptstrophe der „Legende“ mit seiner fundamentalen Aussage
- Sinngestaltendes Lesen

Arbeitsmittel / Medien / Literaturhinweise

- Textblatt
- Arbeitsblätter (2) mit Lösungen
- Folien (Leben des Lao-tse; Lehre des Lao-tse)

Tafelbild/Folien

Lao-tse

Lao-tse, auch Laotse, Lao-Tse oder Lao Zi, war ein chinesischer Philosoph und soll nach der Tradition um 604 v. Chr. geboren sein, lebte aber wahrscheinlich im 4. bis 3. Jahrhundert v. Chr. Der Legende nach wurde er von einem Lichtstrahl gezeugt. Seine Mutter soll ihn weißhaarig und bereits der Sprache mächtig nach 72 Jahren Schwangerschaft aus der Achselhöhle geboren haben. Es wurden ihm lebensverlängernde Kräfte nachgesagt. Unbekannt ist sein Sterbedatum. Lao-tse heißt übersetzt „alter Meister“. Er war der Begründer des Taoismus und mutmaßlicher Verfasser des Tao-te-king, auch Dao De Jing genannt. Über sein Leben ist sehr wenig bekannt. Er soll Archivar am Königshof in Lo-yang, der Hauptstadt der Zhou-Dynastie gewesen sein, doch soll er, enttäuscht darüber, dass seine Lehren und Ratschläge so wenig befolgt wurden, gegen Ende seines Lebens das Land, auf einem schwarzen Wasserbüffel reitend, verlassen haben. Um das Leben des Philosophen ranken sich zahlreiche Legenden.

Das Lao-tse zugeschriebene Werk Tao-te-king, was wörtlich übersetzt „Das Buch vom Weg und seiner Kraft“ heißt, umschreibt in 81 Kapiteln in 5000 Zeichen den Begriff „Tao“ und „Te“. Tao stellt keine persönliche Gottheit dar und wird übersetzt mit Weg, Urgrund, Ungrund, Ursprung, Ratio, Logos. Te heißt Tugend oder Kraft. Aus dem Tao entstehen alle Dinge, es ist gewissermaßen das immanente Weltgesetz, das Gesetz der Natur, das dem fließenden Wasser gleicht.

Durch das Te, die ausstrahlende Kraft, kann sich der weise Mensch der realen Welt entziehen und in mystischer Schau eins mit dem Tao werden. Er soll sich ihr durch „wu-wei“, was übersetzt „Nicht-Handeln, sich nicht einmischen“ heißt, anzugleichen suchen. Damit steht die Lehre vom Tao im Gegensatz zum Konfuzianismus, der als Staatsphilosophie mehr auf die Befolgung äußerer Riten gerichtet ist. Im Taoismus dagegen gilt das Streben nach Macht, äußerem Fortschritt und Kultur eher als schädlich. Nur durch Nichthandeln und Sichfernhalten vom weltlichen Wirken könne man im Einklang mit den Gesetzen des Kosmos leben.

Stundenbild: (2 UE)

I. Hinführung

Stummer Impuls TA	Lao-tse
Aussprache mit Vermutungen	
Folie	Bild: Lao-tse auf einem schwarzen Wasserbüffel
Text Folie	Lao-tse
Schüler lesen	
Lehrerfragen	① Wer ist Lao-tse? ② Was ist Tao-te-king?
Aussprache	
Zielangabe	*Kennenlernen einer Ballade von Bertolt Brecht*
TA	„Legende von der Entstehung des Buches Tao-te-king auf dem Weg des Lao-tse in die Emigration“ (Bertolt Brecht)
Lehrerfrage	L: Kläre die Begriffe „Legende“ und „Emigration“.
Aussprache	• Legende = hier: Lebensgeschichte Heiliger • Emigration = Auswanderung (politische oder ethische Gründe)

II. Begegnung mit dem Text

Lehrervortrag	„Legende von der Entstehung des Buches Tao-te-king auf dem Weg des Lao-tse in die Emigration“ (Bertolt Brecht)
Schüler lesen auf dem Textblatt mit Spontanäußerungen	

III. Arbeit am Text

1. Teilziel:	**Inhaltliche Klärung**
Arbeitsaufgabe zur Gruppenarbeit	L: Gib den Inhalt der Ballade in Stichpunkten wieder.
Gruppenarbeit	
Zsf. Gr.berichte mit TA	① Lao-tse auf der Flucht vor politischem Terror ② Ankunft an der Grenze ③ Preisgabe einer Erkenntnis des Lao-tse durch den begleitenden Knaben ④ Die verhinderte Weiterfahrt durch den Zöllner ⑤ Aufzeichnung des Wissens auf Anregung des Zöllners ⑥ Ehrfurcht des Zöllners vor dem Werk des Lao-tse ⑦ Übergabe des Werkes durch den Knaben an den Zöllner ⑧ Weiterfahrt des Lao-tse
2. Teilziel:	**Klärung des Gehaltes**
Leitfragen	① Welches Bild gewinnst du von Lao-tse? Wie verhält er sich, als er fortgeht, bei der Begegnung mit dem Zöllner, am Ende nach Fertigstellung des Buches? ② Welche Rolle spielen der Knabe und der Zöllner? ③ Die fünfte Strophe ist das Zentrum der Legende. Begründe. ④ Welche Aussage will Brecht mit seiner Legende treffen?
Aussprache	
Zsf. Arbeitsblätter 1/2/3	
Kontrolle Folie (Lösungen Arbeitsblätter 1/2/3)	

IV. Ausweitung

Folie	Die Geschichte von Lao-tse und dem Tao-te-king
Aussprache	
Schüler lesen Ballade	Sinngestaltendes Lesen

Die Geschichte von Lao-tse und dem Tao-te-king

Im 11. Jahrhundert vor unserer Zeitrechnung vollzieht sich in China ein Umbruch. Die Thai-Volksgruppen, die das Land dünn besiedeln, werden durch hereinbrechende persische Völkerstämme verdrängt, die im Bereich des Gelben Flusses die neue Zhou-Dynastie gründen. Hauptstadt dieses neuen Reiches wird Lo-yang. Die anfängliche Einheit zerbricht nach einigen Jahrhunderten in 16 Teilstaaten, die alle nach der Herrschaft drängen und sich wilde Schlachten liefern. Parallel dazu beginnt ein Nachsinnen unter den Gelehrten, wie ein Herrscher wohl am besten regieren sollte – die Überlegungen reichen von sehr enthaltsamen Vorschlägen bis hin zu recht brachialen – und sind so vielgestaltig, dass die Geschichtsschreibung später von den „Hundert Schulen" spricht.

Während sich die philosophischen Auseinandersetzungen in der unruhigen Zeit der „Streitenden Reiche" (endet 221 v. Chr.) mehr und mehr zuspitzen, kristallisieren sich sechs „Schulen" als führende Lehrmeinungen heraus; nach den Konfuzianern bilden die „Naturphilosophen" (später Taoisten genannt) die zweitstärkste Fraktion. Ganz im Gegensatz zum Inhalt ihrer uneigennützigen Lehre stört sie das doch gewaltig, und sie ersinnen einen recht pfiffigen, wenngleich auch unfeinen Trick, um das Blatt zu wenden: Sie erfinden die Gestalt eines Gelehrten, der ihre Schule vor langer Zeit gründete, ihren geistigen Urahn - und personifizieren ihn mit einem jener Namen, den die konfuzianischen Schriften dereinst als Lehrer erwähnten: Lao Dan! Um diese neue Version gleichsam „zurückzudatieren", fügen sie in die Aufzeichnungen ihres bereits verstorbenen Lehrers Zhuangzi den Namen Lao Dan und Passagen über dessen Treffen mit Kongzi ein – was die konfuzianische Fraktion nun schwer in Bedrängnis bringt, denn der von ihnen selbst zitierte Lao Dan wird so plötzlich zum Lehrmeister des Kongzi und nach chinesischer Wertevorstellung damit ehrwürdiger als Kongzi. Ab 250 v. Chr. wird die bisherige Spruchsammlung der „Naturphilosophen" dann als das Werk des Lao Dan ausgegeben. Lao Dan wird zum Weisen erklärt, seine Anhänger bezeichnen sich fortan als „Laoisten".

221 v. Chr. kommt das Jahr, in dem die Zhou-Dynastie endgültig zusammenbricht und der Führer des Teilstaats Qin die Vorherrschaft erringt. Mit einem zentralisierten Regierungssystem legt er den Grundstein für alle späteren Kaiser-Dynastien und ruft sich selbst zum ersten Kaiser aus: Qin Shi Huang Di („Erster Kaiser von Qin"). Äußerst suspekt ist ihm jede Form von Philosophie und freiem Geist, die seinem despotischen Herrschaftsanspruch entgegenstehen. Nicht nur die Laoisten kommen da in arge Bedrängnis, aber sie wissen sich zu helfen: Ihr Herr und Meister Lao Dan, so sagen sie, wäre doch jener Hofastrologe gewesen, der 157 Jahre zuvor dem Fürsten von Qin in einer Prophezeiung schon den baldigen Sieg über Zhou vorausgesagt hätte. Und ihr Ahnherr Lao Dan habe auch das Geheimnis der Langlebigkeit entdeckt! Um nun aber nicht in Erklärungsnöte zu kommen, wo sich ihr langlebiger Lao Dan denn im Augenblick befinde, fügen die Laoisten schnell Lao Dans Reise gen Westen ein: Lao Dan sei später von Zhou ins westlich gelegene Qin gereist, um dem Landesfürsten noch seine Lehrschrift zu bringen, und sei dann weiter Richtung Tibet gezogen. In Klausur sozusagen. Die Erklärung verfängt und die Aussicht auf ein „Elexier der Unsterblichkeit" stimmt den neuen Kaiser gnädig. Als er 212 v. Chr. eine große Bücherverbrennung befiehlt und dazu auch gleich alle unbequemen Widersacher hinrichten lässt, bleiben die laoistischen Schriften verschont.

Doch nichts ist beständig außer dem Wandel. Der Despot zahlt schon im 15. Regierungsjahr mit seinem Tod dafür, das ganze Volk unter seine Knute gezwungen zu haben. Die Han-Dynastie kommt 206 v. Chr. an die Macht – und mit ihr das zwingende Bedürfnis bei den Laoisten, sich und ihren Meister vom guten Einvernehmen mit dem Qin-Kaiser zu distanzieren. Die Laoisten modifizieren deshalb die Lao Dan-Legende dergestalt, dass sie den Hofastrologen mitsamt Prophezeiung eliminieren und Lao Dan rein als Geschichtsschreiber Tai Shi Dan darstellen, der auch gleich eine umfangreiche neue Genealogie mit der Sippe Li erhält. Er trägt nun den persönlichen Namen Er, kommt aus dem dem Dorf Qu Ren, im Bezirk Li, Kreis Ku des Lehnstaats Chu – zufällig also genau aus jenem Gebiet, aus dem auch die neuen Herrscher der Han stammen. Doch was ist mit jener unseligen Reise zum Fürsten von Qin, die leider nicht mehr aus der Überlieferung zu tilgen ist? Auch da findet sich die passende Lösung! Lao Dans Reise gen Westen geht nun Richtung Tibet (der Staat Qin wird einfach übersprungen) und der historische Philosoph Guan Yin Xi ist ideal, um ihn zum Grenzbeamten des Staates Zhou zu machen (denn das Schriftzeichen Guan hat auch noch die Nebenbedeutung von „Wächter"). Da die Annalen außerdem vage berichten, jener Guan Yin Xi sei für ein leider verloren gegangenes philosophisches Werk bekannt gewesen, passt das ganz ideal zur neuen Geschichte: Guan Yin Xi's Werk sei also in Wahrheit nur die als Gastgeschenk von Lao Dan empfangene Lehrspruchsammlung.

Die laoistischen Lehrtexte haben im 3. Jh. v.Chr. schon weitgehend ihre spätere Endform angenommen, tragen aber noch keinen speziellen Namen. Die Anhänger nennen sich mittlerweile „Taoisten" und man hat den Name Lao Dan durch die respektvollere Bezeichnung Laozi (Lao-tse) ersetzt, was soviel wie „Alter Meister" bedeutet. Als der berühmte Großhistoriker Sima Qian um 110 v. Chr. mit seinen biografischen Aufzeichnungen beginnt und in Kapitel 63 schließlich auf einen gewissen Laozi zu sprechen kommt, kann er sich nur auf das stützen, was die Überlieferungen seiner Zeit berichten. Durch seine erstmalige Aufzeichnung der chinesischen Frühgeschichte gewinnt die Laozi-Legende an Realität und wird zum kulturellen Bestandteil für alle nachfolgenden Generationen. Und einen Punkt scheint Sima Qian versehentlich auch selbst noch zur späteren Verwirrung beigetragen zu haben: Er missversteht den Namen des Philosophen Guan Yin Xi (Familienname Guan, Vorname Yin Xi) als die Bezeichnung für einen Grenzwächter und fügt den Schriftzeichen eigenmächtig noch ein Ling hinzu, weil erst „Guan Ling Yin" die richtige Schreibweise für den Begriff „Grenzwächter" ist. So also könnte es zu Guan Ling Yin Xi, dem „Grenzwächter Xi", gekommen sein.

Einer der Han-Kaiser, so wird überliefert, soll der taoistischen Lehrspruchsammlung dann den Namen „Daodejing" (Tao-te-king) gegeben haben: „Das klassische Buch von Dao (Tao) und De (Te)". Die Erfindung des Papiers fördert in den Gelehrtenkreisen die intensive Auseinandersetzung mit der Geschichte und der Philosophie. Um das Jahr 246 verfasst der Gelehrte Wang Bi einen Kommentar zum Daodejing, seine Textinterpretation wird der Nachwelt überliefert und bildet in China zukünftig die Standardversion.

„Legende von der Entstehung des Buches Tao-te-king auf dem Weg des Lao-tse in die Emigration“ (Bertolt Brecht)

Als er siebzig war und war gebrechlich,
Drängte es den Lehrer doch nach Ruh,
Denn die Güte war im Lande wieder einmal schwächlich
Und die Bosheit nahm an Kräften wieder einmal zu.
Und er gürtete den Schuh.

Und er packte ein, was er so brauchte:
Wenig. Doch es wurde dies und das.
So die Pfeife, die er immer abends rauchte,
Und das Büchlein, das er immer las.
Weißbrot nach dem Augenmaß.

Freute sich des Tals noch einmal und vergaß es,
Als er ins Gebirg den Weg einschlug.
Und sein Ochse freute sich des frischen Grases
Kauend, während er den Alten trug.
Denn dem ging es schnell genug.

Doch am vierten Tag im Felsgesteine
Hat ein Zöllner ihm den Weg verwehrt:
„Kostbarkeiten zu verzollen?“ - „Keine.“
Und der Knabe, der den Ochsen führte, sprach: „Er hat gelehrt.“
Und so war auch das erklärt.

Doch der Mann in einer heitren Regung
Fragte noch: „Hat er was rausgekriegt?“
Sprach der Knabe: „Daß das weiche Wasser in Bewegung
Mit der Zeit den mächtigen Stein besiegt.
Du verstehst, das Harte unterliegt.“

Daß er nicht das letzte Tageslicht verlöre,
Trieb der Knabe nun den Ochsen an.
Und die drei verschwanden schon um eine schwarze Föhre,
Da kam plötzlich Fahrt in unsern Mann,
Und er schrie: „He, du! Halt an!

Was ist das mit diesem Wasser, Alter?“
Hielt der Alte: „Intressiert es dich?“
Sprach der Mann: „Ich bin nur Zollverwalter,
Doch wer wen besiegt, das interessiert auch mich.
Wenn du’s weißt, dann sprich!

Schreib mir’s auf! Diktier es diesem Kinde!
So was nimmt man doch nicht mit sich fort.
Da gibt’s doch Papier bei uns und Tinte.
Und ein Nachtmahl gibt es auch: ich wohne dort.
Nun, ist das ein Wort?“

Über seine Schulter sah der Alte
Auf den Mann: Flickjoppe. Keine Schuh.
Und die Stirne eine einzige Falte.
Ach, kein Sieger trat da auf ihn zu.
Und er murmelte: „Auch du?“

Eine höfliche Bitte abzuschlagen,
War der Alte, wie es schien, zu alt.
Denn er sagte laut: „Die etwas fragen,
Die verdienen Antwort.“ Sprach der Knabe: „Es wird auch schon kalt.“
„Gut, ein kleiner Aufenthalt.“

Und von seinem Ochsen stieg der Weise.
Sieben Tage schrieben sie zu zweit
Und der Zöllner brachte Essen (und er fluchte nur noch leise
Mit den Schmugglern in der ganzen Zeit).
Und dann war’s soweit.

Und dem Zöllner händigte der Knabe
Eines Morgens einundachtzig Sprüche ein.
Und mit Dank für eine kleine Reisegabe
Bogen sie um jene Föhre ins Gestein.
Sagt jetzt: kann man höflicher sein?

Aber rühmen wir nicht nur den Weisen,
Dessen Name auf dem Buche prangt!
Denn man muß dem Weisen seine Weisheit erst entreißen.
Darum sei der Zöllner auch bedankt:
Er hat sie ihm abverlangt.

„Legende von der Entstehung des Buches Tao-te-king auf dem Weg des Lao-tse in die Emigration“ (Bertolt Brecht)

Dieses 1939 veröffentlichte Werk zählt zu den bedeutendsten Gedichten Brechts. Es entstand im dänischen Exil, gehört zu den sogenannten Svenborger Gedichten und ist in den „Chroniken“ zusammengefasst, in denen sich Brecht mit sagenumwobenen und historischen Gestalten kritisch auseinandersetzt.

❶ Gib kurz den Inhalt der „Legende“ wieder!

____

____

____

____

❷ Kläre folgende Begriffe!

- Legende: ______________________________
- Tao-te-king: ______________________________
- Lao-tse: ______________________________
- Emigration: ______________________________

❸ Welches Bild gewinnst du von Lao-tse?

____

____

____

❹ Welche Rolle spielen der Knabe und der Zöllner?

____

____

____

____

____

❺ Aufbau der „Legende“:

Die ersten __________ Strophen und die letzten __________ Strophen bilden den darstellend-erzählenden __________________. Darin eingeschlossen sind ______________ dialogische Strophen. Die ersten drei Strophen schildern den gemächlichen ______________. In der IV. Strophe stellt sich ein ______________ in den Weg – der Zöllner. Nach der entscheidenden Aussage vom „weichen Wasser“ in der V. Strophe folgt in der VI. Strophe der dramatische ________________, das „Halt!“. Das ________________ des Zöllners zeigt sich in der VII. und VIII. Strophe mit der längsten, über acht Verszeilen reichenden Rede. Die nächsten beiden Strophen enthalten den Entschluss zu ________________. In der XI. und XII. Strophe findet die ____________________ und die ________________________ der 81 Sprüche statt. Die letzte Strophe wendet sich, nachdem die Geschichte schon ihr Ende gefunden hat, in einer lehrhaften Anrede an die, denen die Legende erzählt wird.

Lösungsblatt: „Legende von der Entstehung des Buches Tao-te-king“ (Bertolt Brecht)

„Legende von der Entstehung des Buches Tao-te-king auf dem Weg des Lao-tse in die Emigration“ (Bertolt Brecht)

Dieses 1939 veröffentlichte Werk zählt zu den bedeutendsten Gedichten Brechts. Es entstand im dänischen Exil, gehört zu den sogenannten Svenborger Gedichten und ist in den „Chroniken“ zusammengefasst, in denen sich Brecht mit sagenumwobenen und historischen Gestalten kritisch auseinandersetzt.

❶ Gib kurz den Inhalt der „Legende“ wieder!

Lao-tse verlässt auf einem schwarzen Ochsen in Begleitung eines Knaben China, als er den Verfall des Reiches kommen sieht. An der Grenze schreibt er auf Wunsch des Zöllners seine Erkenntnisse, die 81 Sprüche des Tao-te-king, auf und übergibt sie ihm.

❷ Kläre folgende Begriffe!

- Legende: hier: Darstellung einer vorbildhaften Lebensgeschichte eines Heiligen
- Tao-te-king: Buch des Lao-tse vom Tao (Welt-, Urgrund) und seiner Kraft in 81 Sprüchen
- Lao-tse: Chinesischer Philosoph, von Beruf Bibliothekar und Archivar (3. Jh. v. Chr.)
- Emigration: Auswanderung aus politischen oder religiösen Gründen

❸ Welches Bild gewinnst du von Lao-tse?

Lao-tse ist ein Gelehrter, ein weiser Mann. Er ist sehr alt, fast gebrechlich und äußerst genügsam, da er nur wenige Dinge in die Emigration mitnimmt. Er spricht sehr wenig, fast notgedrungen, aber bestimmt. Er ist ungeheuer gelassen, heiter und freundlich.

❹ Welche Rolle spielen der Knabe und der Zöllner?

Der Knabe ist ein Schüler Lao-tses und nimmt die Funktion eines Vermittlers ein. Er weckt das Interesse des Zöllners und übergibt ihm am Ende die 81 Sprüche. Der Zöllner ist zwar armselig gekleidet, aber trotzdem an den Erkenntnissen des Weisen interessiert und gehört zur Gruppe der Schwachen und Unterdrückten. Er versäumt nicht den rechten Augenblick und „entreißt“ dem Philosophen schließlich seine Weisheit.

❺ Aufbau der „Legende“:

Die ersten ___drei___ Strophen und die letzten ___drei___ Strophen bilden den darstellend-erzählenden ___Rahmen___. Darin eingeschlossen sind ___sieben___ dialogische Strophen. Die ersten drei Strophen schildern den gemächlichen ___Aufbruch___. In der IV. Strophe stellt sich ein ___Hindernis___ in den Weg – der Zöllner. Nach der entscheidenden Aussage vom „weichen Wasser“ in der V. Strophe folgt in der VI. Strophe der dramatische ___Umschwung___, das „Halt!“. Das ___Interesse___ des Zöllners zeigt sich in der VII. und VIII. Strophe mit der längsten, über acht Verszeilen reichenden Rede. Die nächsten beiden Strophen enthalten den Entschluss zu ___bleiben___. In der XI. und XII. Strophe findet die ___Niederschrift___ und die ___Aushändigung___ der 81 Sprüche statt. Die letzte Strophe wendet sich, nachdem die Geschichte schon ihr Ende gefunden hat, in einer lehrhaften Anrede an die, denen die Legende erzählt wird.

„Legende von der Entstehung des Buches Tao-te-king auf dem Weg des Lao-tse in die Emigration“ (Bertolt Brecht)

❻ Die Spannung zwischen ruhigem Erzählen und innerer Dramatik spiegelt sich auch in der Sprachform und im Bau der Strophen wider. Erkläre näher!

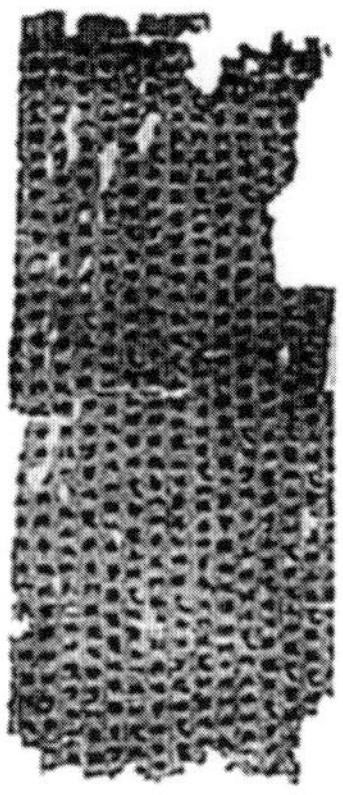

❼ Welche Aufgabe und Wirkung hat die jeweils 5. Verszeile in den einzelnen Strophen?

❽ Brechts Leben spiegelt sich in der Gestalt des Lao-tse wider. Suche Parallelen!

❾ Welche Aussage will Brecht mit seiner „Legende“ treffen?

„Legende von der Entstehung des Buches Tao-te-king auf dem Weg des Lao-tse in die Emigration“ (Bertolt Brecht)

❻ Die Spannung zwischen ruhigem Erzählen und innerer Dramatik spiegelt sich auch in der Sprachform und im Bau der Strophen wider. Erkläre näher!

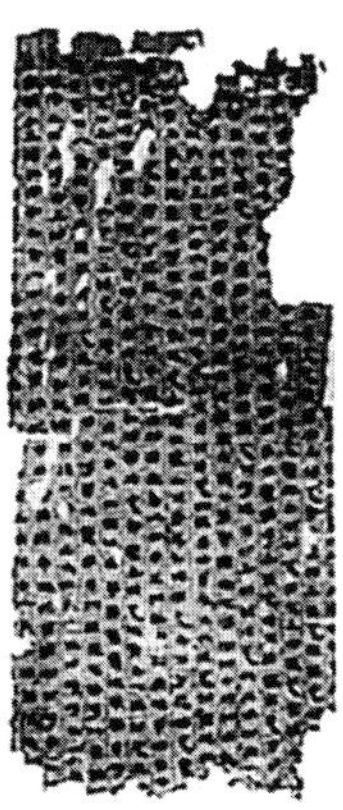

Brecht wechselt zwischen alter Sprechweise und Alltagssprache. Ebenfalls wechseln sich einfache syntaktische Reihungen (17 Verse beginnen mit „und“) mit abwechslungsreich eingeleiteten Satzgefügen („doch“, „als“, „während“, „denn“) ab. Brecht verwendet einen Kreuzreim, wobei der 1. und 3. Vers weibliche (klingende), der 2. und 4. Vers männliche (stumpfe) Endungen aufweist. Das Reimschema ist a-b-a-b-b.

❼ Welche Aufgabe und Wirkung hat die jeweils 5. Verszeile in den einzelnen Strophen?

Der fünfte Vers spielt eine besondere Rolle. Er ist überleitend (I), nachtragend (II), glossierend (III/IV), zusammenfassend (V/XI), auffordernd (VI/VII), fragend (VIII/XII), feststellend (IX), pointierend und abschließend (X/XIII). Er bringt sowohl Ruhe wie auch Bewegung in das erzählende und dramatische Geschehen.

❽ Brechts Leben spiegelt sich in der Gestalt des Lao-tse wider. Suche Parallelen!

Im Leben beider spielt die Emigration eine große Rolle, denn beide müssen aus politischen Gründen ihr Land verlassen. Brecht wie Lao-tse hinterlassen der Nachwelt in ihren Werken wichtige Erkenntnisse über das Leben und die Gesellschaft. Für beide sind die Schwachen und Niedrigen besonders wichtig, da nur durch sie die bestehende Gesellschaftsordnung verändert werden kann.

❾ Welche Aussage will Brecht mit seiner „Legende“ treffen?

Brecht lenkt, wie in den meisten seiner Werke, den Blick auf die ungenannten, namenlosen Personen, ohne die Geschichte nicht stattfinden kann. Ohne den Zöllner und seine Hartnäckigkeit gäbe es das Buch Tao-te-king überhaupt nicht. Sowohl die Wissenden (Lao-tse bzw. Brecht), vor allem aber die Wissbegierigen (Zöllner bzw. die Schicht der arbeitenden Klasse) leisten Entscheidendes. Brecht glaubt an die Stärke und Unbeugsamkeit der Schwachen und Ohnmächtigen, an den Siegeswillen der Besiegten, an die Heiterkeit und Freundlichkeit, die das Unmenschliche überwinden wird.

Arbeitsblatt: „Legende von der Entstehung des Buches Tao-te-king“ (Bertolt Brecht)

„Legende von der Entstehung des Buches Tao-te-king auf dem Weg des Lao-tse in die Emigration“ (Bertolt Brecht)

老子道德經

Der 78. Spruch des Tao-te-king lautet in deutscher Übersetzung:

Auf der ganzen Welt gibt es nichts Weicheres und Schwächeres als das Wasser.
Und doch in der Art, wie es dem Harten zusetzt, kommt nichts ihm gleich.
Es kann durch nichts verändert werden.
Dass Schwaches das Starke besiegt und Weiches das Harte besiegt,
weiß jedermann auf Erden, aber niemand vermag danach zu handeln.

Bertolt Brecht formulierte das in seiner V. Strophe so:

Daß das weiche Wasser in Bewegung
mit der Zeit den mächtigen Stein besiegt.
Du verstehst, das Harte unterliegt.

Der Spruch beschreibt zunächst einen natürlichen physikalischen Vorgang. Dahinter steckt aber ein Bild, aus dem man eine ethische Maxime ableiten kann. Das Weiche und Schwache muss dem Harten und Starken zusetzen, damit es besiegt wird und überall Frieden herrscht. Es ist einleuchtend, dass genau diese Strophe der politisch-marxistischen Ideologie Brechts entspricht und von ihm in den Mittelpunkt gerückt wird.

das weiche Wasser	**in Bewegung**	**besiegt den mächtigen Stein**
⇩	⇩	⇩
Meereswellen	____________	____________ ____________
⇩	⇩	⇩
Regentropfen	____________	____________ ____________
⇩		⇩
das Weiche		____________
⇩	⇩	⇩
das Schwache		____________
⇩		⇩
die Unterlegenen, die Unterdrückten	____________ ____________	____________ ____________ ____________ ____________
⇩	⇩	⇩
„Angreifer“ ⇨	____________ ____________ ⇨	____________ ____________

„Legende von der Entstehung des Buches Tao-te-king auf dem Weg des Lao-tse in die Emigration“ (Bertolt Brecht)

老子道德經

Der 78. Spruch des Tao-te-king lautet in deutscher Übersetzung:

Auf der ganzen Welt gibt es nichts Weicheres und Schwächeres als das Wasser.
Und doch in der Art, wie es dem Harten zusetzt, kommt nichts ihm gleich.
Es kann durch nichts verändert werden.
Dass Schwaches das Starke besiegt und Weiches das Harte besiegt,
weiß jedermann auf Erden, aber niemand vermag danach zu handeln.

Bertolt Brecht formulierte das in seiner V. Strophe so:

Daß das weiche Wasser in Bewegung
mit der Zeit den mächtigen Stein besiegt.
Du verstehst, das Harte unterliegt.

Der Spruch beschreibt zunächst einen natürlichen physikalischen Vorgang. Dahinter steckt aber ein Bild, aus dem man eine ethische Maxime ableiten kann. Das Weiche und Schwache muss dem Harten und Starken zusetzen, damit es besiegt wird und überall Frieden herrscht. Es ist einleuchtend, dass genau diese Strophe der politisch-marxistischen Ideologie Brechts entspricht und von ihm in den Mittelpunkt gerückt wird.

das weiche Wasser	**in Bewegung**	**besiegt den mächtigen Stein**
⇩	⇩	⇩
Meereswellen	branden immer	an die felsige Küste und zerstören sie
⇩	⇩	⇩
Regentropfen	fallen stetig	auf Stein und höhlen ihn aus
⇩		⇩
das Weiche		besiegt das Harte
⇩	⇩	⇩
das Schwache		besiegt das Starke
⇩		⇩
die Unterlegenen, die Unterdrückten	in politischer/sozialer Bewegung	besiegen die Herrschenden, die Mächtigen, die Schuld an dem Elend sind
⇩	⇩	⇩
„Angreifer“ ⇨	erzielen durch stetes Tun ⇨	im Laufe der Zeit Wirkungen

Ballade: „Ballade von des Cortez Leuten“ (Bertolt Brecht)

Lernziele

- Kennenlernen des Inhaltes der Ballade
- Erfassen der Form der Ballade
- Wissen um den geschichtlichen Hintergrund
- Herausfinden der Aussage, die Brecht durch seiner Ballade mitteilen will
- Vergleich der klassischen Ballade mit dem modernen Erzählgedicht

Arbeitsmittel / Medien / Literaturhinweise

- Textblatt
- Arbeitsblatt mit Lösung
- Folien (Zeitungsartikel; Karte Mexiko; Bilder von der Eroberung des Aztekenreiches)

Tafelbild/Folien

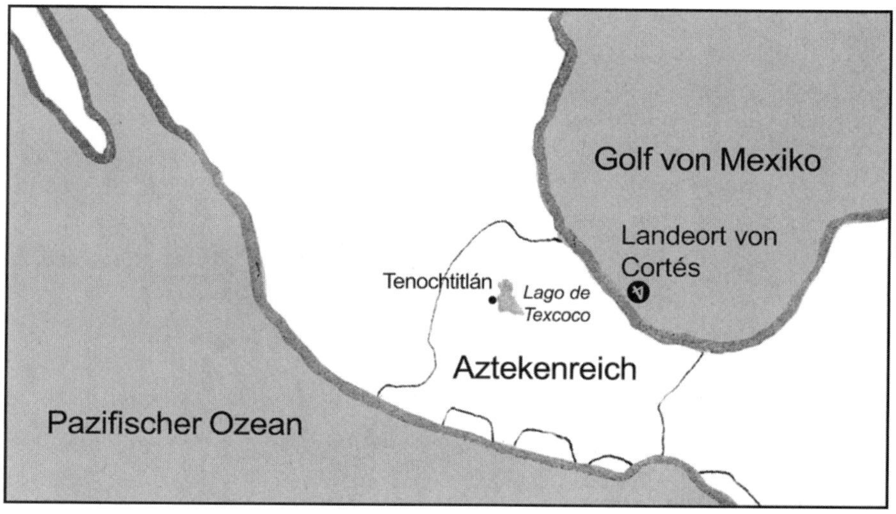

Cortés wird bei der Landung von Indios empfangen.

Aztekische Abgesandte überbringen Cortés Geschenke.

Spanier rauben das Gold der Azteken.

Aztekische Opfergaben

Spanier töten Azteken.

Spanier töten Montezuma und Adeligen.

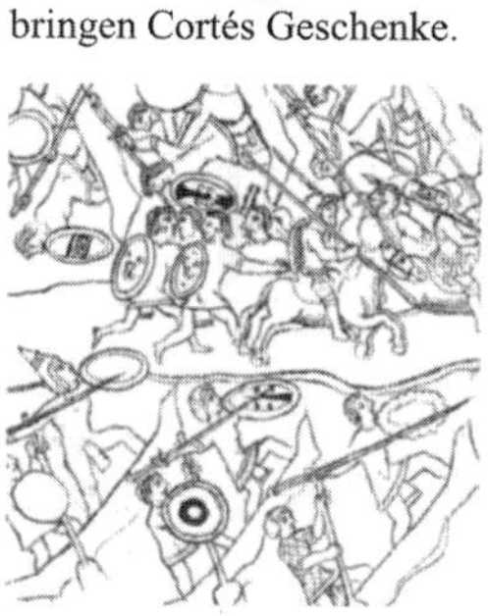
Cortés Leute fliehen aus Tenochtitlán.

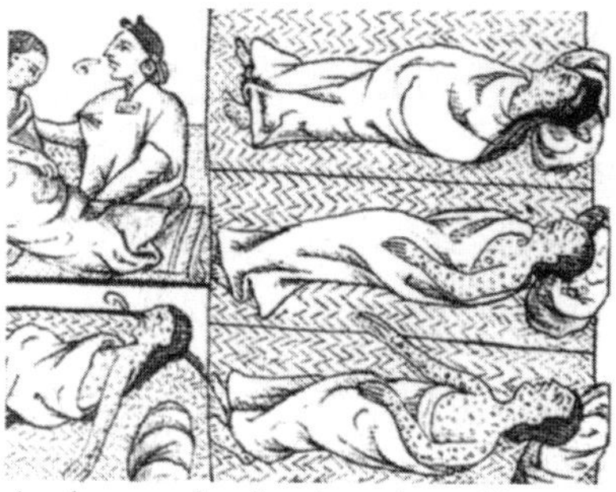
An den von den Spaniern eingeschleppten Pocken sterben ein Drittel der Azteken.

Elf Monate nach ihrer Flucht erobern die Spanier Tenochtitlán endgültig.

Die Spanier brennen den Tempel von Tlatelolco nieder.

Stundenbild: (2 UE)

I. Hinführung	
Stummer Impuls TA	Hernán Cortés (1485-1547)
Aussprache Ergebnis	Spanischer Eroberer des Reiches der Azteken, auch als Hernando Cortez bekannt
Lehrerinformation mit Folien	Geografische Lage des Aztekenreiches Zehn Bilder zur Eroberung des Aztekenreiches
Aussprache *Zielangabe*	*Kennenlernen einer Ballade von Bertolt Brecht, die diese Thematik unter einem anderen Blickwinkel sieht.*
TA	„Ballade von des Cortez Leuten" (Bertolt Brecht)
II. Textbegegnung	
Lehrervortrag Schüler lesen auf dem Textblatt mit Spontanäußerungen	„Ballade von des Cortez Leuten" (Bertolt Brecht)
III. Arbeit am Text	
1. Teilziel: Impuls Aussprache mit TA	**Inhaltliche Klärung** L: Gib kurz den Inhalt dieser Ballade wieder. Brecht beschreibt in einer Szene das Schicksal des ganzen Cortez'schen Heeres auf dem Rückzug vor den Azteken durch den dichten Urwald. Trotz Wagen tragen die ermatteten und durch Branntwein entkräfteten „Leute" einen vergeblichen Kampf gegen das undurchdringliche Gewirr des Urwaldes aus. Zum Schluss sterben alle Soldaten.
2. Teilziel: Leitfragen	**Klärung des Gehaltes** ① Aus welchem Blickwinkel sieht Brecht die Eroberung des Aztekenreiches? ② Mit welchen Bildern wird der „Kampf" der Leute gegen den Urwald dargestellt? ③ Welche Bedeutung hat der häufige Zeitenwechsel? ④ Was will Brecht mit seiner Ballade aussagen?
Aussprache	
IV. Sicherung	
Zsf. Arbeitsblatt Kontrolle Folie (Lösung Arbeitsblatt)	
Schüler lesen Ballade	Sinngestaltendes Lesen
V. Ausweitung	
Folie Zeitungsartikel Schüler lesen Aussprache	Er brachte Leid über Mexiko

„Ballade von des Cortez Leuten“ (Bertolt Brecht)

Am siebten Tage unter leichten Winden
wurden die Wiesen heller. Da die Sonne gut war,
gedachten sie zu rasten. Rollen Branntwein
von den Gefährten, koppeln Ochsen los.
Die schlachten sie gen Abend. Als es kühl ward,
schlug man vom Holz des nachbarlichen Sumpfes
armdicke Äste, knorrig, gut zu brennen.
Dann schlingen sie gewürztes Fleisch hinunter
und fangen singend um die neunte Stunde
mit Trinken an. Die Nacht war kühl und grün.
Mit heisrer Kehle, tüchtig vollgesogen,
mit einem letzten, kühlen Blick nach großen Sternen
entschliefen sie gen Mitternacht am Feuer.
Sie schlafen schwer, doch mancher wußte morgens,
daß er die Ochsen einmal brüllen hörte.
Erwacht gen Mittag, sind sie schon im Wald.
Mit glasigen Augen, schweren Gliedern, heben
sie ächzend sich aufs Knie und sehen staunend
armdicke Äste, knorrig, um sie stehen
höher als mannshoch, sehr verwirrt, mit Blattwerk
und kleinen Blüten süßlichen Geruchs.
Es ist sehr schwül schon unter ihrem Dach,
das sich zu dichten scheint. Die heiße Sonne
ist nicht zu sehen, auch der Himmel nicht.
Der Hauptmann brüllte wie ein Stier nach Äxten.
Die lagen drüben, wo die Ochsen brüllten.
Man sah sie nicht. Mit rauhem Fluchen stolpern
die Leute im Geviert, ans Astwerk stoßend,
das zwischen ihnen durchgekrochen war.
Mit schlaffen Armen werfen sie sich wild
in die Gewächse, die leicht zitterten,
als ginge leichter Wind von außen durch sie.
Nach Stunden Arbeit pressen sie die Stirnen
schweißglänzend finster an die fremden Äste.
Die Äste wuchsen und vermehrten langsam
das schreckliche Gewirr. Später, am Abend,
der dunkler war, weil oben Blattwerk wuchs,
sitzen sie schweigend, angstvoll und wie Affen
in ihren Käfigen, von Hunger matt.
Nachts wuchs das Astwerk. Doch es mußte Mond sein:
es war noch ziemlich hell, sie sahn sich noch.
Erst gegen Morgen war das Zeug so dick,
daß sie sich nimmer sahen, bis sie starben.
Den nächsten Tag stieg Singen aus dem Wald.
Dumpf und verhallt. Sie sangen sich wohl zu.
Nachts ward es stiller. Auch die Ochsen schwiegen.
Gen Morgen war es, als ob Tiere brüllten,
doch ziemlich weit weg. Später kamen Stunden,
wo es ganz still war. Langsam fraß der Wald
in leichtem Wind, bei guter Sonne, still
die Wiesen in den nächsten Wochen auf.

Hernando Cortez (1485-1547):
Er brachte Leid über Mexiko

„Leben im Himmel des weißen Mannes auch Spanier?“, fragt der Indianer den Missionar, und als dieser bejaht, meint jener: „Dann will ich nicht dorthin ...“. Ein oft gehörtes Zitat, das auch Eingang in die Geschichtsbücher gefunden hat. Ob auf einer wirklichen Begebenheit beruhend oder erfunden, es erhellt schlaglichtartig die grausame Politik der Konquistadoren des 15. und 16. Jahrhunderts. Eine Hand voll Männer eroberte vor allem den Kronen Portugals und Spaniens ganze Kontinente. Menschenleben zählten bei diesen Eroberungen so gut wie nichts.

Einer der wohl bekanntesten „Eroberer“ (Konquistadoren) bis auf den heutigen Tag war Hernando Cortez (Hernán Cortés). Vor über 500 Jahren wurde er „zu Anfang des Jahres“ – ein genaues Geburtsdatum ist nicht überliefert – 1485 in Medellin in Estremadura in Spanien geboren. Er entstammte dem sogenannten niederen Adel (Hidalgo).

In Salamanea studierte Cortez Rechtswissenschaften, hielt es dabei aber nicht lange aus, brach das Studium ab und schiffte sich nach Westindien ein. Sein Ziel war der Stadthalter der spanischen Krone auf Haiti, einer seiner Verwandten. Der Entschluss sollte sich bezahlt machen. Cortez wurde in spanische Dienste genommen. Als Sekretär machte er den Zug von Diego Velasquez nach Kuba mit, wo er bis 1511 blieb.

Doch erst acht Jahre später machte Cortez von sich reden. Obwohl ihm sein herrisches Wesen viel Streit mit Velasquez einbrachte, erkannte der die Führungsqualität des Aufsässigen und betraute ihn mit einer Expedition nach Mexiko, dem sagenhaften Goldland. Am 4. März 1519 landete Cortez an der mexikanischen Küste. Seine Streitmacht bestand aus 670 Mann, darunter aber nur 400 spanische Soldaten. Dazu kamen noch 14 Feldgeschütze und als stärkste Waffe 16 Reiter. Die Furcht der Eingeborenen vor diesen Tieren, die sie nicht kannten, war viel größer als vor den Feuerwaffen.

Dass das Unternehmen dennoch nicht scheiterte, lag zum einen an den Ureinwohnern: Die von den Azteken unterjochten Menschen hatten nicht viel Lust, sich für ihre Unterdrücker den „vierbeinigen“ Wesen (Pferde) und den Gewehren der Spanier auszusetzen. Außerdem hielten sie die Eroberer für Götter, angelehnt an ihren Glauben an die Wiederkehr des weißen Gottes Quetzalcoatl. Der sollte über das Ostmeer kommen und sein Reich wieder in Besitz nehmen. Obwohl die Azteken Tausende von Kriegern aufboten, war ihre Hauptstadt Mexiko schon ein halbes Jahr später in den Händen der Spanier, auch der Gott-Herrscher Montezuma. Die Schätze und das unermessliche Gold führten zu blutigen Auseinandersetzungen unter den Eroberern. Aber Cortez setzte sich durch. In einem Rachefeldzug – die Mexikaner hatten die Spanier in Vera Cruz, dem wichtigen Hafen, überfallen – eroberte Cortez das Land endgültig. Montezuma, den er zwang, das Christentum anzunehmen und Kaiser Karl V. den Treueeid zu schwören, wurde in seinem Palast ermordet. Es hieß, einige Eseltreiber aus der Heimatprovinz von Cortez, aus Estremadura, hätten ihn erwürgt.

Der Kaiser ernannte Cortez zum Statthalter und Generalkapitän von „Neuspanien“. Doch Cortez unstillbarer Ehrgeiz und seine Grausamkeit, vor allem aber die gegen ihn am spanischen Hof geführten Intrigen, ließen ihn in Ungnade fallen. Cortez teilte das Schicksal der meisten Konquistadoren: Die Früchte seiner kühnen Unternehmungen ernteten andere. Cortez wählte die Einsamkeit seines Landgutes in der Nähe von Sevilla, um dort seinen Lebensabend zu verbringen. Er starb am 2. Dezember 1547. Seine Gebeine wurden später in Mexiko beigesetzt. Dort verschwanden sie 1823 spurlos.

Arbeitsblatt: „Ballade von des Cortez Leuten“ (Bertolt Brecht)

„Ballade von des Cortez Leuten“ (Bertolt Brecht)

❶ Berichte kurz über den geschichtlichen Hintergrund der Ballade!

❷ Gib kurz den Inhalt der Ballade Brechts wieder!

❸ Verwirrt und erfolglos kämpfen Cortez Leute gegen den Urwald. Mit welchen Bildern wird der „Kampf“ dargestellt?

❹ Wie oft wechselt in der Ballade die Zeitstufe? Welche Bedeutung hat dieser häufig stattfindende Zeitenwechsel?

❺ Welche Aussage will Brecht mit seiner Ballade treffen?

❻ Wie unterscheidet sich dieses moderne Erzählgedicht von der klassischen Ballade?

„Ballade von des Cortez Leuten“ (Bertolt Brecht)

❶ Berichte kurz über den geschichtlichen Hintergrund der Ballade!

Hernando Cortez (1485-1547) zerstörte 1519 bis 1521 das Reich der Azteken. Sein Heer bestand aus goldgierigen Söldnern und Abenteurern. 1520 musste Cortez mit seinen Soldaten fliehen, nachdem sich die Azteken gegen die brutale Unterdrückung zur Wehr gesetzt hatten. Statt Proviant wurde nur Gold mitgenommen. Erst 1521 gelang Cortez mit frischen Kräften die Rückeroberung Tenochtitláns.

❷ Gib kurz den Inhalt der Ballade Brechts wieder!

Brecht beschreibt in einer Szene das Schicksal des ganzes Heeres von Cortez auf dem Rückzug vor den Azteken durch den dichten Urwald. Trotz Wagen tragen die ermatteten und durch Branntwein entkräfteten „Leute“ einen vergeblichen Kampf gegen das undurchdringliche Gewirr des Urwaldes aus. Zum Schluss sterben alle Soldaten.

❸ Verwirrt und erfolglos kämpfen Cortez´ Leute gegen den Urwald. Mit welchen Bildern wird der „Kampf“ dargestellt?

Brecht personifiziert den Urwald: „Die Äste sind durchgekrochen“, „Äste wuchsen und vermehrten langsam das schreckliche Gewirr“, „der Wald frisst auf“. Der Wald besitzt mehr Individualität und ist viel konkreter als die Soldaten, die nur als Kollektiv angesprochen werden und anonym bleiben.

❹ Wie oft wechselt in der Ballade die Zeitstufe? Welche Bedeutung hat dieser häufig stattfindende Zeitenwechsel?

Insgesamt wechselt 14-mal die Zeitstufe zwischen Präsens und Imperfekt. Dadurch entsteht der Eindruck von Chaos und Ungeordnetheit, die den Untergang schon andeuten. Halb noch am Leben (Präsens), mehr schon tot und damit ihre eigene Sage (Imperfekt), versuchen Cortez’ „Leute“, dem Tod zu entrinnen.

❺ Welche Aussage will Brecht mit seiner Ballade treffen?

Der Urwald straft die Soldaten stellvertretend für die nicht mehr handlungsfähigen Indios. Die goldgierigen Eroberer sind von dem Land vernichtet worden, das sie seinen Bewohnern entreißen wollten. Brecht steht eindeutig auf Seiten der Unterdrückten, denen er den Sieg wünscht.

❻ Wie unterscheidet sich dieses moderne Erzählgedicht von der klassischen Ballade?

In klassischen Balladen steht der Held im Mittelpunkt, der in dramatischer Zuspitzung mit Numinosem oder gesellschaftlichen Kräften in einen unaufhebbaren, oft tödlichen Konflikt gerät. Bei Brecht steht das Kollektiv im Mittelpunkt. Das Schicksal ist für Brecht eine erkennbare politische Gewalt. Eine Veränderung dieser Verhältnisse ist prinzipiell möglich, oft sogar wünschenswert.

Ballade: „Die Ballade von dem Briefträger William L. Moore aus Baltimore“ (Wolf Biermann)

Lernziele

- Kennenlernen des Inhaltes der Ballade
- Erfassen der Form der Ballade
- Wissen um den geschichtlichen Hintergrund
- Herausfinden der Aussage, die Biermann durch seine Ballade mitteilen will
- Kennenlernen der allgemeinen Kennzeichen von kritischen Liedern und Protestsongs

Arbeitsmittel / Medien / Literaturhinweise

- Textblatt
- Arbeitsblatt mit Lösung
- Informationsblatt: Kritische Lieder / Protestsongs
- Folien (Bilder: Sklavenhandel; Bild: „Roots“; Texte zur Rassenproblematik Schwarz-Weiß)

Tafelbild/Folien

„Gott wollte, dass die Weißen für sich lebten und die Farbigen für sich lebten. Der weiße Mann hat Amerika für euch aufgebaut. Weiße gründeten die Vereinigten Staaten, daher konnten sie die Gesetze machen. Der weiße Mann hat weite Wälder gerodet. Der weiße Mann ist immer freundlich zu den Negern gewesen. Wir müssen die Dinge so bewahren, wie Gott sie gemacht hat. Wir glauben nicht, dass Gott will, dass wir zusammenleben. – Wisst ihr, dass etliche Leute wollen, dass wir unglücklich werden. Sie sagen, dass wir zusammen schwimmen gehen und die gleichen Duschräume benutzen sollen. Gott hat uns verschieden geschaffen, und Gott weiß es am besten. Diese Leute wollen unser Land schwächen.“

Dieses in den Schulen von Mississippi verteilte Flugblatt stammt nicht aus dem 18. oder 19. Jahrhundert, sondern aus dem Jahre 1962. Das Vorurteil vieler Weißer, der Schwarze sei minderwertig, scheint kaum ausrottbar. Es begann, als vor 300 Jahren die Negersklaven aus Afrika nach Nordamerika gebracht wurden. Dort arbeiteten sie auf den Baumwollfarmen des Südens. Die Menschenrechte galten für sie nicht; sie wurden als Dinge behandelt, über die der Besitzer frei verfügen konnte. Noch Generationen nach der Aufhebung der Sklaverei galt die Auffassung, die „Segregation“ – das ist die Trennung der Rassen in Schule, Kirche, in Verkehrsmitteln, in Gaststätten und vielen anderen Bereichen des öffentlichen Lebens – entspreche einer natürlichen Ordnung. Demgegenüber bemühen sich seit Jahren amerikanische Politiker um die „Integration“ der Schwarzen, um ihre volle Gleichberechtigung und Einbeziehung in die Gesellschaft.

Darüber sagte am 15. März 1966 der damalige Präsident der Vereinigten Staaten, L. B. Johnson: „Und wenn wir jeden Feind besiegten und wenn wir unseren Reichtum verdoppelten und die Sterne eroberten und scheiterten doch an dieser Aufgabe, so werden wir als Volk und Nation gescheitert sein.“

Wolf Biermann

Er wurde am 15. November 1936 in Hamburg geboren. Seine Gedichte und Balladen in der Tradition Bertolt Brechts wenden sich gegen Unterdrückung und Ausbeutung in allen Gesellschaftssystemen. 1953 siedelte Biermann nach Ostberlin über, kam aber in den 60er-Jahren in Konflikt mit dem SED-Regime. 1976 wurde er zwangsweise aus der DDR ausgebürgert, was dort zu heftigen Protesten und zu Ausreisewellen führte. Zu seinen wichtigsten Werken zählen die Gedichtbände „Die Drahtharfe“ (1965) und „Mit Marx- und Engelszungen“ (1968). 1991 wurde Biermann der Büchnerpreis verliehen.

Stundenbild: (1 UE)

I. Hinführung	
Stummer Impuls Folie	Bild: Angekettete Schwarze hinter Holzgittern
Aussprache	
Folie	Flugblatt: Gott wollte ...
Aussprache	
Folie	Text: Dieses in den Schulen ...
Aussprache	
Zielangabe	*Kennenlernen einer Ballade mit Rassenproblematik*
TA	„Die Ballade von dem Briefträger William L. Moore aus Baltimore" (Wolf Biermann)
Lehrer gibt kurze Verfasserinformation	
II. Begegnung mit dem Text	
Lehrervortrag	„Die Ballade von dem Briefträger William L. Moore aus Baltimore" (Wolf Biermann)
Schüler lesen auf der Folie mit	
Spontanäußerungen	
III. Arbeit am Text	
Schüler lesen die Ballade	
Arbeitsaufgaben zur Gruppenarbeit	① Wie ist die Ballade dargestellt? ② Was wird in den Begegnungen mit anderen Leuten deutlich? ③ Beurteile die Aktion des Briefträgers. ④ Was sagst du zum Schluss der Ballade?
Gruppenarbeit	
Zsf. Gruppenberichte	
Lehrerinformation	L: Den Briefträger William L. Moore hat es tatsächlich gegeben. Er wurde am 24. April 1963 von einem weißen Rassenfanatiker erschossen.
Stummer Impuls TA	• Martin Luther King • Malcolm X
Aussprache	
Impuls	L: Informiere dich näher über beide Personen mithilfe des Internets und eines Lexikons.
Zsf. TA	
IV. Sicherung	
Zsf. Arbeitsblatt	
Kontrolle Folie (Lösung Arbeitsblatt)	
V. Ausweitung	
Informationsblatt	Kritische Lieder / Protestsongs
Schüler lesen	
Aussprache mit Lehrerinformation	

Die Ballade von dem Briefträger William L. Moore aus Baltimore

der im Jahre 63 allein in die Südstaaten wanderte.
Er protestierte gegen dieVerfolgung der Neger.
Er wurde erschossen nach einer Woche.
Drei Kugeln trafen ihn in die Stirn.

SONNTAG
Sonntag, da ruhte William L. Moore
von seiner Arbeit aus.
Er war ein armer Briefträger nur,
in Baltimore stand sein Haus.

MONTAG
Montag, ein Tag in Baltimore,
sprach er zu seiner Frau:
„Ich will nicht länger Briefträger sein,
ich geh nach Süden auf Tour (that's sure)
BLACK AND WHITE, UNITE! UNITE!
schrieb er auf ein Schild.
White and black - die Schranken weg!
Und er ging ganz allein.

DIENSTAG
Dienstag, ein Tag im Eisenbahnzug,
fragte William L. Moore
manch einer nach dem Schild,
das er trug und wünscht ihm Glück für die Tour.
BLACK AND WHITE, UNITE! UNITE!
stand auf seinem Schild ...

MITTWOCH
Mittwoch, in Alabama ein Tag,
ging er auf der Chaussee,
weit war der Weg nach Birmingham,
taten die Füße ihm weh.
BLACK AND WHITE, UNITE! UNITE!

DONNERSTAG
Donnerstag hielt der Sheriff ihn an,
sagte „Du bist doch weiß!"
Sagte „Was gehn die Nigger dich an?
Junge, bedenke den Preis!"
BLACK AND WHITE, UNITE! UNITE!

FREITAG
Freitag lief ihm ein Hund hinterher,
wurde sein guter Freund.
Abends schon trafen Steine sie schwer –
sie gingen weiter zu zweit.
BLACK AND WHITE, UNITE! UNITE!

SONNA'MT
Sonna'mt, ein Tag, war furchtbar heiß,
kam eine weiße Frau, gab ihm ein'n Drink, und heimlich sprach sie:
„Ich denk wie Sie ganz genau."
BLACK AND WHITE, UNITE! UNITE!

LAST DAY
Sonntag, ein blauer Sommertag,
lag er im grünen Gras –
blühten drei rote Nelken blutrot
auf seiner Stirne, so blass.
BLACK AND WHITE, UNITE! UNITE!
steht auf seinem Schild.
White and black - die Schranken weg!
Und er starb ganz allein.
Und er bleibt nicht allein.

Wolf Biermann

Den Briefträger William L. Moore hat es tatsächlich gegeben. Er wollte dem Gouverneur des Staates Mississippi, Ross Barnett, eine Bittschrift zur Anerkennung der Bürgerrechte der Schwarzen überreichen.
William L. Moore wurde am 24. April 1963 von einem weißen Rassenfanatiker erschossen.

Kritische Lieder / Protestsongs

Das politische Chanson – je nach Inhalt und Schärfe auch „zeitkritisches Lied“, „engagierter Song“ oder „Protestsong“ genannt – ist keine Erfindung unserer Zeit. Seine Tradition reicht bis ins Mittelalter zurück, wo sich (vor allem in Frankreich) entsprechend der feudalen Gesellschaftsordnung zwei Arten des politischen Chansons bildeten: das von königstreuen Rittern verfasste und vorgetragene, deshalb überwiegend regierungsfreundliche „höfische Lied“ und das bissig-spöttische Vagantenlied, das von fahrenden Sängern auf Marktplätzen und Festen gesungen wurde und das als das eigentliche Barometer für die politische Stimmung des Volkes angesehen werden kann. Auch in späteren Jahrhunderten, vor allem in so turbulenten Zeiten wie denen der Fronde* (1648-1653), der Französischen Revolution (1789-1795) und der industriellen Revolution (um 1830/40) lebte das politische Chanson immer wieder auf.

Seit dem 19. Jahrhundert gewann es einen neuen Akzent: Es berichtete und glossierte nicht mehr nur die Ereignisse, sondern wurde selbst zum Propagandamittel, zur politischen Waffe, mit deren Hilfe man das Volk für oder gegen eine Sache aufwiegelte. Diese agitatorische Komponente ist ein wesentliches Merkmal auch des zeitgenössischen politischen Chansons. Wie in den Vereinigten Staaten Pete Seeger, Joan Baez und Bob Dylan, so begehren auch in Deutschland engagierte Sänger gegen die bestehenden wirtschaftlichen, sozialen und politischen Verhältnisse auf.

Der politisch dezenteste unter ihnen ist **Reinhard Mey**. Sein vielseitiges Repertoire umfasst neben grotesken Moritaten („Der Mörder ist immer der Gärtner“, „Das Geheimnis im Hefeteig“), zarten Liebesliedern („Ich wollte wie Orpheus singen“) und fein gezeichneten Milieuschilderungen („Das Canapé“, „Ich trag den Staub von deinen Straßen“, „Trilogie auf Frau Pohl“) auch Chansons mit sozialkritischer Anklage, wie „Kaspar“ und „Abscheuliches Lied für abscheuliche Leute“.

Entschieden „politischer“ ist **Dieter Süverkrüp**, der in seinen Chansons häufig zu damals aktuellen Problemen (Notstandsgesetze, Vietnamkrieg) Stellung nimmt und sein Singen als ein Mittel politisch-ideologischer „Aufklärung“ auffasst – wie z. B. „An alle leichtfertig gutgläubigen SPD-Wähler“, „Erschröckliche Moritat vom Kryptokommunisten“, „Partisanenbekämpfung“.

Die profilierteste Persönlichkeit des politischen Chansons in Deutschland aber ist **Franz Josef Degenhardt**. Verstand er sich anfangs mehr als „Bänkelsänger“ skurriler Moritaten und pfiffig-gemütvoller Milieuschilderungen („Rumpelstilzchen“, „Tarantella“, „Weintrinker“, „Deutscher Sonntag“), so wurde er seit 1965 immer mehr zum aggressiven Sozialkritiker, der mit beißender Schärfe „die Stumpfheit und verlogene Biederkeit der bundesdeutschen Kleinbürgerwelt“ aufzudecken suchte („Spiel nicht mit den Schmuddelkindern“, „Tonio Schiavo“, „Horsti Schmandhoff“, „Wenn der Senator erzählt“). Die Lieder gegen Ende der 60er-Jahre schließlich zeigen ihn als linksradikalen Agitator („Progressiv dynamisch“, „Monopoly“, „Dass das bloß solche Geschichte bleiben“, „Das Ereignis am Mondfalterfluss“, „Fiesta Peruana“, „Zu Prag“); sie wollen das Publikum „politisieren“. Sie lassen sich nicht mehr schmunzelnd „goutieren“, sondern fordern unmissverständlich zum Klassenkampf, zur Aktion gegen die bestehende Gesellschaftsordnung auf. Ein sowohl musikalisch als auch inhaltlich typisches Agitations-Chanson Degenhardts ist „Ausdiskutiert“.

Nicht minder engagiert als Degenhardt und inzwischen viel bekannter ist **Wolf Biermann**. Als überzeugtem Kommunisten galt seine Kritik den Staatssystemen im Osten wie im Westen. Die aufschlussreichsten politischen Chansons Biermanns sind: „Größe des Menschen“, „Wann ist denn endlich Frieden“, „Die Legende vom Soldaten im dritten Weltkrieg“, „Großes Gebet der alten Kommunistin Oma Meume in Hamburg“ und „Drei Kugeln auf Rudi Dutschke“ u. a.

*Fronde: Bezeichnung für oppositionelle Bewegungen und Aufstände gegen den Absolutismus in Frankreich

„Die Ballade von dem Briefträger William L. Moore aus Baltimore“ (Wolf Biermann)

❶ Was fällt dir bei der Darstellung der Ballade auf!

❷ Was wird in den Begegnungen mit anderen Leuten deutlich? Führe einige Textstellen an!

❸ Wie wird der Tod William L. Moores symbolisch ausgedrückt?

❹ Wie beurteilst du die Aktion des Briefträgers?

❺ Was sagst du zum Schluss der Ballade?

❻ Protestaktionen und Friedensbewegungen gab es in der Geschichte früher und gibt es auch noch heute. Weißt du einige Beispiele?

❼ Die Personen unten sind Martin Luther King (links) und Malcolm X (rechts). Was haben beide mit der Thematik der Ballade von Biermann zu tun? Informiere dich näher darüber!

„Die Ballade von dem Briefträger William L. Moore aus Baltimore“ (Wolf Biermann)

❶ Was fällt dir bei der Darstellung der Ballade auf!

Im Vorspann wird schon auf den Tod Moores hingewiesen. Die chronologische Gliederung nach Wochentagen zeigt die einzelnen Stationen des Marsches.

❷ Was wird in den Begegnungen mit anderen Leuten deutlich? Führe einige Textstellen an!

Die Menschen zeigen keine Solidarität. Deutlich wird in den Begegnungen die zunehmende Isolierung Moores bis hin zu seinem einsamen Tod herausgestellt. Zum Schluss folgt ihm nur noch ein Hund.

❸ Wie wird der Tod William L. Moores symbolisch ausgedrückt?

Die Metapher „drei rote Nelken blühen auf seiner Stirne“ und Idyllen wie „blauer Sommertag“ und „grünes Gras“ verstärken eher noch den Kontrast zum blutigen Mord an Moore.

❹ Wie beurteilst du die Aktion des Briefträgers?

William Moore beweist Mut und Zivilcourage, trotz Warnungen und Gewalt an seinem Ziel festzuhalten.

❺ Was sagst du zum Schluss der Ballade?

Das Sterben Moores war nicht umsonst. Sein Tod stand am Anfang einer inzwischen mächtigen Bewegung, die heute ein wichtiger Faktor in der Politik und in der Gesellschaft der USA ist.

❻ Protestaktionen und Friedensbewegungen gab es in der Geschichte früher und gibt es auch noch heute. Weißt du einige Beispiele?

Weltweite Protest- und Friedenskundgebungen gegen den geplanten Irak-Krieg (2003); Proteste gegen die beiden Golfkriege; Massendemonstrationen am 17. Juni 1953 in der DDR; Protestaktionen und Lichterketten gegen den NATO-Doppelbeschluss (Raketennachrüstung) u. a.

❼ Die Personen unten sind Martin Luther King (links) und Malcolm X (rechts). Was haben beide mit der Thematik der Ballade von Biermann zu tun? Informiere dich näher darüber!

Martin Luther King (1929-1968), amerikanischer Baptistenpfarrer und Bürgerrechtler; Symbolfigur und charismatischer Führer der schwarzen Bürgerrechtsbewegung; gewaltloser Widerstand gegen Rassendiskriminierung und Benachteilung der Schwarzen; 1964 Nobelpreis; mehrmals im Gefängnis; 1968 erschossen

Malcolm X (1925-1965), Führer der 1932 gegründeten Black Muslims, eines radikalen Flügels der schwarzen Bürgerrechtsbewegung; Rückbesinnung auf eigene Traditionen (Black Power, Black Panther); 1965 durch eigene Leute ermordet

Ballade: „Abscheuliches Lied für abscheuliche Leute“ (Reinhard Mey)

Lernziele

- Kennenlernen des Inhaltes der Ballade
- Herausfinden der Aussage, die Mey durch seine Ballade mitteilen will
- Wissen um weitere Themenkreise von Protestsongs
- Kennenlernen der Vertonung

Arbeitsmittel / Medien / Literaturhinweise

- Arbeitsblatt mit Lösung
- Folien (Bild: R. Mey; Gedicht: Spielzeug; Bilder Hunger/Atombombe; Lösung Arbeitsblatt)
- CD: R. Mey: Ich wollte wie Orpheus singen (EMI Capitol Music 835030)

Tafelbild/Folien

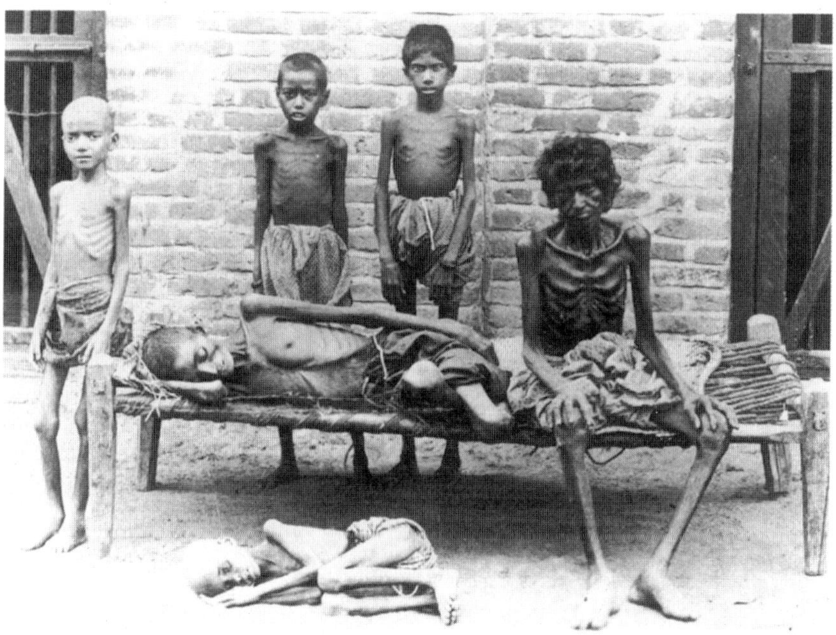

Spielzeug (Wolf Biermann)

Mit der Eisenbahn lernen wir zur Oma fahrn. Das macht Spaß.
Mit der Puppe essen wir gerne unsere Suppe. Das macht Spaß.
Mit dem Ball schmeißen wir Peters Bären um. Der ist dumm.
Mit den Muschikatzen lernt der Paul die Anne kratzen. Das macht Spaß.
Mit dem Panzer lernen wir:
Wie man
Eisenbahn, Puppe, Suppe, Ball und Bär,
Muschikatzen und noch mehr,
Anne, Papa, Haus und Maus
einfach kaputt macht.

Stundenbild: (1 UE)

I. Hinführung	
Folie	Bild: Reinhard Mey
Lehrererzählung	Er wurde am 21. Dezember 1942 in Berlin geboren. Er besuchte das französische Gymnasium in Berlin, das er mit dem Abitur verließ. Anschließend absolvierte er eine Lehre als Industriekaufmann, dann folgte ein Studium der Betriebswirtschaft, das er abbrach. In mehr als 40 Jahren etablierte er sich zu einem der populärsten und beliebtesten deutschen Sänger. 1992 erhielt er den Deutschen Schallplattenpreis „Echo" für sein Lebenswerk.
Zielangabe	*Kennenlernen einer Ballade mit dem Titel*
TA	„Abscheuliches Lied für abscheuliche Leute" (Reinhard Mey)
Vermutungen	
II. Textbegegnung	
Hören der Ballade, CD	
Spontanäußerungen	
III. Arbeit am Text	
Schüler lesen Text auf der Folie	
Impuls	L: Schwierige Begriffe?
Aussprache	
Zsf. TA	• Supersabre, Starfighter, Mig, Mirage: Flugzeuge (veraltet) • Napalm: hochwirksamer Füllstoff für Benzinbrandbomben • Flak: Flugzeugabwehrkanone
Leitfragen	① Was kritisiert Reinhard Mey mit seiner Ballade? ② Heute gibt es auch noch andere Arten von „Kriegsspielzeug". Welche?
Aussprache	
Zsf. TA	zu ① Reinhard Mey kritisiert den Verkauf von Kriegsspielzeug. Der ursprüngliche Sinn des Weihnachtsfestes wird vergessen, worauf R. Mey in vielen ironischen Passagen hinweist. Moralische oder ethische Bedenken werden beiseite geschoben, was letztendlich zählt, ist das Geschäft.
Folie	Spielzeug (Wolf Biermann)
Aussprache	zu ② Heute wird das „Kriegspielen" vorwiegend in Form von Computerspielen angeboten.
IV. Sicherung	
Zsf. Arbeitsblatt	
Kontrolle Folie (Lösung Arbeitsblatt)	
V. Ausweitung	
Impuls	L: Weitere Themenkreise von Protestsongs?
Aussprache	
Folien mit Aussprache	Hunger, Atombombe
Zsf. TA	Politische Ungerechtigkeiten (Unterdrückung, Folter), Gewalt und Aggression, Krieg und Leiden der Zivilbevölkerung, Umweltverschmutzung, atomare Bedrohung, soziale Ungerechtigkeit (Armut, Hunger ⇔ Überflussgesellschaft), Ausländerhass, Rechtsradikalismus u. a.

Arbeitsblatt: „Abscheuliches Lied für abscheuliche Leute“ (Reinhard Mey)

„Abscheuliches Lied für abscheuliche Leute“ (Reinhard Mey)

① Im Warenhaus im dritten Stock, stehn Drakula und Frankenstein, laden zu Kauf und Nervenschock, zur Spielwarenausstellung ein. Dort steht alles aufgereiht, was ein Kinderherz erfreut: Nagelbrett und Daumenschrauben lehr'n das Kind ans Christkind glauben. Folterwerkzeug, Messer sind Lohn nur für ein braves Kind!

② Seht! Am Tischlein-deck-dich dort, verkauft ein ausgedienter Legionär, zeigt Vater-, Mutter-, Kindermord mit Katapult und Schießgewehr; Starkstromtod, Elektrofalle aus dem Baukasten für alle. Schreibt, wollt ihr noch mehr davon, der Warenhausdirektion. Eierchen mit Napalm und Gas, legt euch dann der Osterhas'!

③ Alle Vöglein sind schon da: Supersabre, Starfighter, Mig, Mirage, juchheirassa, zeigt voll Stolz der Abteilungsleiter: Kleine Bomben und Granaten, wirft er auf die Zinnsoldaten. Raus: Aladins Wunderlampe! Rein: Raketenabschussrampe! Panzerfaust und Zimmerflak trägt der Nikolaus in seinem Sack!

④ Im Warenhaus im dritten Stock roll'n D-Mark, Dollar, Frank im Überfluss. Endlich kommt die Bilanz heraus: Vom Reingewinn der Überschuss fließt, wie der Präsident beteuert, laut Aktiengesetz, unversteuert, dem Bau von Knastanstalten zu. Der Rest fließt, für die Seelenruh, (dass jeder sich vor Rührung schneuz'!) als Spende an das Rote Kreuz.
Im Warenhaus fiel drauf ein Schuss; da ward unschuldig Blut vergossen, da ward laut Aufsichtsratbeschluss der Weihnachtsmann erschossen.

❶ Kommt dir die Melodie bekannt vor? Merkmale?

____

____

❷ Welche Kritik offenbart die Ballade?

____

____

____

____

❸ Suche weitere Bereiche, die von Protestsongs kritisiert werden!

____

____

____

Lösungsblatt: „Abscheuliches Lied für abscheuliche Leute“ (Reinhard Mey)

„Abscheuliches Lied für abscheuliche Leute“ (Reinhard Mey)

① Im Warenhaus im dritten Stock, stehn Drakula und Frankenstein, laden zu Kauf und Nervenschock, zur Spielwarenausstellung ein. Dort steht alles aufgereiht, was ein Kinderherz erfreut: Nagelbrett und Daumenschrauben lehr'n das Kind ans Christkind glauben. Folterwerkzeug, Messer sind Lohn nur für ein braves Kind!

② Seht! Am Tischlein-deck-dich dort, verkauft ein ausgedienter Legionär, zeigt Vater-, Mutter-, Kindermord mit Katapult und Schießgewehr; Starkstromtod, Elektrofalle aus dem Baukasten für alle. Schreibt, wollt ihr noch mehr davon, der Warenhausdirektion. Eierchen mit Napalm und Gas, legt euch dann der Osterhas'!

③ Alle Vöglein sind schon da: Supersabre, Starfighter, Mig, Mirage, juchheirassa, zeigt voll Stolz der Abteilungsleiter: Kleine Bomben und Granaten, wirft er auf die Zinnsoldaten. Raus: Aladins Wunderlampe! Rein: Raketenabschussrampe! Panzerfaust und Zimmerflak trägt der Nikolaus in seinem Sack!

④ Im Warenhaus im dritten Stock roll'n D-Mark, Dollar, Frank im Überfluss. Endlich kommt die Bilanz heraus: Vom Reingewinn der Überschuss fließt, wie der Präsident beteuert, laut Aktiengesetz, unversteuert, dem Bau von Knastanstalten zu. Der Rest fließt, für die Seelenruh, (dass jeder sich vor Rührung schneuz'!) als Spende an das Rote Kreuz.
Im Warenhaus fiel drauf ein Schuss; da ward unschuldig Blut vergossen, da ward laut Aufsichtsratbeschluss der Weihnachtsmann erschossen.

❶ Kommt dir die Melodie bekannt vor? Merkmale?

Die Melodie verwendet Bauteile des Weihnachtsliedes „Morgen kommt der Weihnachtsmann“. Sie ist sehr einfach,einprägsam und steht vorwiegend in Dur.

❷ Welche Kritik offenbart die Ballade?

Reinhard Mey kritisiert den Verkauf von Kriegsspielzeug. Heute wird das „Kriegspielen“ vorwiegend in Form von Computerspielen angeboten. Moralische oder ethische Bedenken werden beiseite geschoben, was letztendlich zählt, ist das Geschäft. Der ursprüngliche Sinn des Weihnachtsfestes wird vergessen, worauf R. Mey in vielen ironischen Passagen hinweist.

❸ Suche weitere Bereiche, die von Protestsongs kritisiert werden!

Politische Ungerechtigkeiten (Unterdrückung, Folter), Gewalt und Aggression, Krieg und Leiden der Zivilbevölkerung, Umweltverschmutzung, atomare Bedrohung, soziale Ungerechtigkeit (Armut, Hunger ⇔ Überflussgesellschaft), Ausländerhass, Rechtsradikalismus u. a.

Ballade: „Tonio Schiavo“ (Franz-Josef Degenhardt)

Lernziele

- Kennenlernen des Inhaltes der Ballade
- Herausfinden der Aussage, die Degenhardt durch seine Ballade mitteilen will
- Wissen, dass es auch heute noch „Tonios“ gibt
- Kennenlernen der Vertonung

Arbeitsmittel / Medien / Literaturhinweise

- Arbeitsblatt 1 mit Lösung
- Arbeitsblatt 2 (Mindmap)
- Folien (Bild: F.-J. Degenhardt; Bilder: Gastarbeiter; Text: Gastarbeiter in Deutschland; Lösung Arbeitsblatt)
- CD: F.-J. Degenhardt: Spiel nicht mit den Schmuddelkindern (831630-2 Polydor)

Tafelbild/Folien

Gastarbeiter haben das Recht auf

- menschenwürdiges Wohnen
- einen sicheren Arbeitsplatz
- freundliche Behandlung
- Freunde
- Fairness
- Familie und Familienleben
- Freizeit
- angemessene Bezahlung

Gastarbeiter finden vor

- Ausbeutung (Niedrigstlöhne)
- schwere Arbeitsbedingungen
- miserable Wohnbedingungen
- Isoliertheit
- Vereinsamung
- Vorurteile
- Beschimpfungen
- Rassismus, Gewalt
- Kontakt zur Heimat bricht ab

Franz-Josef Degenhardt

Er ist am 3. Dezember 1931 in Schwelm/Westfalen geboren. Nach dem Jurastudium promoviert er 1966 zum Dr. jur. und arbeitet ab 1969 als Anwalt in Hamburg. 1971 wird er aus der SPD ausgeschlossen, weil er die DKP im holsteinischen Landeswahlkampf unterstützt hat. Sein erster großer Erfolg ist 1965 „Spiel nicht mit den Schmuddelkindern“. Mit den Ereignissen des Jahres 1967 (Studentenbewegung, Notstandsgesetzgebung) drängen seine Lieder auf Veränderung. Seit dieser Zeit bleibt Degenhardt eine Art „poetisches Megaphon der westdeutschen Linken“. Daneben ist er als Schriftsteller tätig und veröffentlicht mehrere sozialkritische Romane. Seit 1971 Mitglied im PEN-Zentrum, wird Degenhardt mit zahlreichen Preisen und Auszeichnungen bedacht, u. a. Deutscher Schallplattenpreis (1970), Preis der deutschen Schallplattenkritik (1980), Deutscher Kleinkunstpreis (1983) und SWF-Liederpreis (1986/1988).

Stundenbild: (1 UE)

I. Hinführung	
Stummer Impuls TA	Gastarbeiter
Aussprache	
Zielangabe	*Kennenlernen einer Ballade mit dieser Thematik*
TA	„Tonio Schiavo“ (Franz-Josef Degenhardt)
Folien	Gastarbeiter
Vermutungen	
II. Textdarbietung	
Hören der Ballade, CD	„Tonio Schiavo“ (Franz-Josef Degenhardt)
Spontanäußerungen	
III. Arbeit am Text	
Arbeitsblatt	
Schüler lesen Ballade	
Arbeitsaufgaben zur Gruppenarbeit	① Personen? ② Orte? ③ Inhalt? ④ Was erfahren Gastarbeiter im „Paradies“ Deutschland? ⑤ Was will Degenhardt aussagen? ⑥ „Wir holten Arbeitskräfte, es kamen Menschen.“ Beurteile diese Aussage von Max Frisch!
Gruppenarbeit	
Zsf. Gruppenberichte	
Zsf. Arbeitsblatt	
Kontrolle Folie (Lösung Arbeitsblatt)	
IV. Vertiefung	
Arbeitsblatt	Mindmap
Gruppenarbeit	
Zsf. Gruppenberichte	
Zsf. TA	• Gastarbeiter haben das Recht auf • Gastarbeiter finden vor
Eintrag Arbeitsblatt	
Nochmaliges Hören der Ballade, CD	
Folie	Kurzinformation über den Verfasser
Aussprache	
V. Zusammenfassung	
Folie	Gastarbeiter in Deutschland
Schüler lesen Text	
Aussprache	
Lehrerfrage	L: Gibt es noch heute „Tonios“?
Aussprache	
Ergebnis	Das Problem der „Tonios“ besteht noch immer. Viele ausländische Mitbürger, Flüchtlinge, Asylbewerber und Aussiedler gehören zu dieser „Gruppe“.
VI. Ausweitung	
Erstellen einer Wandzeitung	„Tonios heute“

„Tonio Schiavo“
(Franz-Josef Degenhardt)

Dieses Lied ist dem italienischen Gastarbeiter Tonio Schiavo gewidmet. Er lebte nur kurze Zeit in der westdeutschen Stadt Herne.

① Das ist die Geschichte von Tonio Schiavo,
geboren, verwachsen im Mezzogiorno.
Frau und acht Kinder, und drei leben kaum,
und zweieinhalb Schwestern in einem Raum.
Tonio Schiavo ist abgehaun.
Zog in die Ferne
ins Paradies, und das liegt irgendwo bei Herne.

② Im Kumpelhäuschen oben auf dem Speicher,
mit zwölf Kameraden vom Mezzogiorno
für hundert Mark Miete und Licht aus um neun,
da hockte er abends und trank seinen Wein.
Manchmal schienen zum Dachfenster rein
richtige Sterne
ins Paradies, und das liegt irgendwo bei Herne.

③ Richtiges Geld schickte Tonio nach Hause.
Sie zählten's und lachten im Mezzogiorno.
Er schaffte und schaffte für zehn auf dem Bau.
Und dann kam das Richtfest und alle waren blau.
Der Polier, der nannte ihn „I-ta-ker-Sau“.
Das hört er nicht gerne
im Paradies, und das liegt irgendwo bei Herne.

④ Tonio Schiavo, der zog sein Messer,
das Klappmesser war's aus dem Mezzogiorno.
Er hieb's in den fetten Bauch vom Polier,
und daraus floss sehr viel Blut und viel Bier.
Tonio Schiavo, den schnappten gleich vier.
Er sah unter sich Herne,
das Paradies, und das lag gar nicht mehr so ferne.

⑤ Und das ist das Ende von Tonio Schiavo,
geboren, verwachsen im Mezzogiorno.
Sie warfen ihn siebzig Meter hinab,
er schlug auf das Pflaster und zwar nur ganz knapp
vor zehn dünne Männer, die war'n müde und schlapp,
kamen grad' aus der Ferne
aus dem Mezzogiorno, ins Paradies,
und das liegt irgendwo bei Herne.

❶ Personen:

____

____

❷ Orte:

____

❸ Inhalt:

____

____

____

____

____

❹ Was erfahren Gastarbeiter im „Paradies“ Deutschland?

____

____

____

❺ Was will Degenhardt aussagen?

____

____

____

____

____

❻ „Wir holten Arbeitskräfte, es kamen Menschen.“ Beurteile diese Aussage von Max Frisch!

____

____

____

____

❼ Gibt es noch heute „Tonios“?

____

____

____

____

Lösungsblatt: „Tonio Schiavo“ (Franz-Josef Degenhardt)

„Tonio Schiavo“ (Franz-Josef Degenhardt)

Dieses Lied ist dem italienischen Gastarbeiter Tonio Schiavo gewidmet. Er lebte nur kurze Zeit in der westdeutschen Stadt Herne.

① Das ist die Geschichte von Tonio Schiavo,
geboren, verwachsen im Mezzogiorno.
Frau und acht Kinder, und drei leben kaum,
und zweieinhalb Schwestern in einem Raum.
Tonio Schiavo ist abgehaun.
Zog in die Ferne
ins Paradies, und das liegt irgendwo bei Herne.

② Im Kumpelhäuschen oben auf dem Speicher,
mit zwölf Kameraden vom Mezzogiorno
für hundert Mark Miete und Licht aus um neun,
da hockte er abends und trank seinen Wein.
Manchmal schienen zum Dachfenster rein
richtige Sterne
ins Paradies, und das liegt irgendwo bei Herne.

③ Richtiges Geld schickte Tonio nach Hause.
Sie zählten's und lachten im Mezzogiorno.
Er schaffte und schaffte für zehn auf dem Bau.
Und dann kam das Richtfest und alle waren blau.
Der Polier, der nannte ihn „I-ta-ker-Sau“.
Das hört er nicht gerne
im Paradies, und das liegt irgendwo bei Herne.

④ Tonio Schiavo, der zog sein Messer,
das Klappmesser war's aus dem Mezzogiorno.
Er hieb's in den fetten Bauch vom Polier,
und daraus floss sehr viel Blut und viel Bier.
Tonio Schiavo, den schnappten gleich vier.
Er sah unter sich Herne,
das Paradies, und das lag gar nicht mehr so ferne.

⑤ Und das ist das Ende von Tonio Schiavo,
geboren, verwachsen im Mezzogiorno.
Sie warfen ihn siebzig Meter hinab,
er schlug auf das Pflaster und zwar nur ganz knapp
vor zehn dünne Männer, die war'n müde und schlapp,
kamen grad' aus der Ferne
aus dem Mezzogiorno, ins Paradies,
und das liegt irgendwo bei Herne.

❶ Personen:
Tonio Schiavo, andere Gastarbeiter, Polier, deutsche Arbeiter

❷ Orte:
Italien, Herne

❸ Inhalt:
Tonio wird zur Weißglut getrieben und rächt sich an einem seiner Peiniger, indem er ihn mit dem Messer schwer verletzt. Tonio wird daraufhin zum Opfer der Lynchjustiz der Deutschen.

❹ Was erfahren Gastarbeiter im „Paradies“ Deutschland?
Isolation, Ausgegrenztheit, Spott, Anfeindungen, Vorurteile, blinder Rassismus, Intoleranz, Ausbeutung, Gewalt

❺ Was will Degenhardt aussagen?
Besonders in der Schlussstrophe verdeutlicht Degenhardt die Entwürdigung des Menschen. Der Gastarbeiter ist als reine Arbeitskraft beliebig austauschbar.

❻ „Wir holten Arbeitskräfte, es kamen Menschen.“ Beurteile diese Aussage von Max Frisch!
Durch unsere Vorurteile (Spaghettifresser, Itakersau) verlieren wir den Blick für den Menschen, der hinter der „Arbeitermaske“ steckt.

❼ Gibt es noch heute „Tonios“?
Das Problem der „Tonios“ besteht noch immer. Viele ausländische Mitbürger, Flüchtlinge, Asylbewerber und Aussiedler gehören zu dieser „Gruppe“.

Arbeitsblatt: „Tonio Schiavo“
(Franz-Josef Degenhardt)

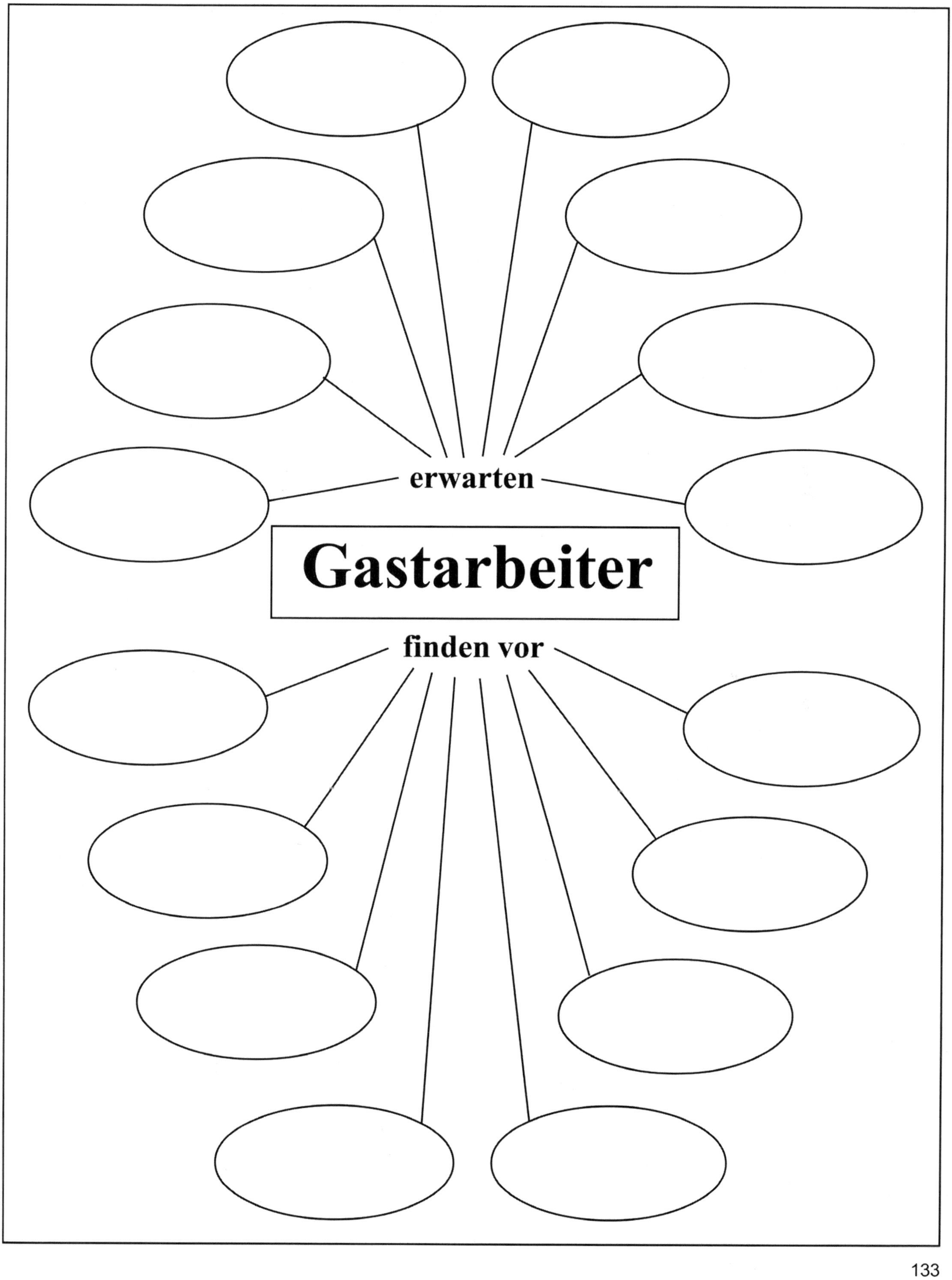

Gastarbeiter in Deutschland

Mit „großem Bahnhof" wurde der Schlosser Mehmet Akkaya aus dem türkischen Burs in Deutschland empfangen: eine Empfangskapelle begrüßte ihn. „Der Chef" persönlich holte ihn damals ab vom Bahnhof, „im Mercedes", erinnert sich Akkaya, der zu den dienstältesten türkischen Arbeitern der Bundesrepublik gehört. 1961 war er einer der ersten türkischen Arbeiter in Deutschland. Am 30. Oktober 1961 wurde das deutsch-türkische „Anwerbeabkommen" unterzeichnet.

Das Wirtschaftswunder boomte, Arbeitskräfte wurden dringend gebraucht. Geburtenschwache Jahrgänge verstärkten den Arbeitskräftemangel. Durch längere Ausbildungszeiten der Lehrlinge (Azubis/Auszubildende) und die Herabsetzung des Rentenalters sowie die Verringerung der Wochenarbeitszeit konnten viele Unternehmen Arbeitsplätze nicht besetzen.

Heute leben über zwei Millionen Menschen mit türkischer Staatsangehörigkeit in Deutschland. Mehmet Akkaya wollte nur ein paar Jahre bleiben. Inzwischen wurden es 40.

Anfangs wurden die Menschen noch „Fremdarbeiter" genannt, wie Zwangsarbeiter zu Zeiten des Nazi-Regimes. Dieser Begriff wurde durch „Gastarbeiter" ersetzt. Diese „Gastarbeiter" trugen zum deutschen Wohlstand wesentlich bei. Aus dem Bonner Arbeitsministerium hieß es 1966: „So tragen die ausländischen Arbeitnehmer, von denen 90 Prozent in bestem Schaffensalter zwischen 18 und 45 Jahren stehen, einerseits erheblich zur Gütervermehrung bei."

Das Bundesarbeitsministerium weiter: „ ... man (kann) hiernach wohl sagen, dass die Beschäftigung ausländischer Arbeitskräfte nicht nur für die Wirtschaft selbst ein Gewinn ist, sondern auch für die Allgemeinheit weitaus mehr Vorteile als Nachteile bringt."

Damit verwies das Ministerium auf den Umstand, dass Gastarbeiter anfangs weder Ausbildungskosten verursachten, noch Kindergarten- oder Schulplätze brauchten, denn die meisten waren kinderlos. Nachwuchs, wo es welchen gab, blieb in den allermeisten Fällen in der Heimat.

Der millionste „Gastarbeiter", Hernado Rodrigues de Sá aus Portugal wurde 1964 von der Bundesvereinigung der Arbeitgeberverbände mit einem Moped als Willkommensgeschenk begrüßt. „Offenbar hat er noch nicht verstanden, dass er für den deutschen Wohlstand unentbehrlich ist", kommentierte ein Reporter die Reaktionen des überraschten Gefeierten.

Die meisten der Gastarbeiter arbeiteten an Arbeitsplätzen mit hohen körperlichen und oft auch gesundheitlichen Belastungen oder Gefährdungen. Ihnen wurden Tätigkeiten, die Deutsche nicht mehr ausüben wollten, zugewiesen. Anfangs mussten die Gastarbeiter weit unter dem Lohnniveau der deutschen Kollegen und Kolleginnen arbeiten.

Für eine gerechtere Bezahlung sorgten nach und nach die Gewerkschaften. Sie wollten ein Lohndumping (Unterbieten der gesetzlich und tariflich vorgeschriebenen Lohnhöhe) unterbinden, das alle, auch die deutschen Arbeitskräfte, getroffen hätte.

Max Frisch, ein bekannter Schriftsteller, rief uns angesichts der schlimmen Lebensbedingungen ins Gewissen: „Wir holten Arbeitskräfte, es kamen Menschen." Damit umschrieb er die menschen-verachtende Einstellung und das Verhalten vieler Deutscher (und Menschen anderer Staaten mit „Gastarbeitern"): Das Wohnen war für viele Gastarbeiter eine Tortur. Profitgierige Vermieter (oftmals der Arbeitgeber selbst) pferchten die Menschen in Wohncontainer, in abgewohnte Räume ohne ausreichende Sanitärausstattung – zu horrenden Mieten. Fälle mit vier, sechs oder gar acht Menschen in einem Raum, keine Intim- und Privatsphäre. Eine Mieteinnahme, die ein Mehrfaches des Üblichen überstieg. Wohnungen, die von Deutschen abgelehnt wurden.

Das Ausländergesetz aus dem Jahr 1965 legte fest, dass Ausländer aus Nicht-EU-Staaten zunächst nur ein auf ein Jahr befristetes Aufenthaltsrecht erhalten durften. Zudem waren sie an den Arbeitgeber in Deutschland gebunden. Die Verlängerung war Ermessenssache der Behörden. Gastarbeiter wurden nicht als Menschen, sondern in erster Linie als „Konjunkturpuffer" gesehen: In Zeiten des Wirtschaftswachstums erwünscht, sollten sie bei schwächerer Wirtschaft Deutschland wieder rasch verlassen müssen. Die Stimmung gegenüber den ausländischen Mitarbeitern schlug prompt schon während der ersten größeren Wirtschaftskrise um: 1966 wurden ausländerfeindliche Sprüche und rassistische Äußerungen zunehmend offener geäußert. Ausländern wurde unterstellt, organisiert krankzufeiern, öfter kriminell zu sein. Gastarbeiter wurden zu „Sündenböcken" für deutsche Probleme. Dennoch stieg durch die ansteigende Konjunktur der Zuwachs an Gastarbeitern an: 1973 waren schließlich knapp 2,6 Millionen „Ausländer" beschäftigt.

Ein „Anwerbestopp" erfolgte. Die Aufenthaltsdauer der Einzelnen nahm zu, die Zahl der „nicht erwerbstätigen Ausländer" wurde größer, weil die Familien „nachgeholt" wurden. Auch die Arbeitgeber hatten gemerkt, wie unsinnig es war, einmal angelernte Kräfte fortwährend austauschen zu müssen. Viele nicht deutsche Arbeitnehmer, die vorhatten, nach einigen Jahren in ihre Heimatländer zurückzukehren, wollten in die oftmals krisengeschüttelten Herkunftsländer nicht mehr zurück.

Gedicht: „Uns hât der winter geschât über al“ (Walther von der Vogelweide)

Lernziele

- Kennenlernen eines mittelalterlichen Gedichts
- Fähigkeit, den Inhalt wiedergeben zu können
- Herausfinden der kunstvollen Form
- Erkennen des „lyrischen Ichs“ und seiner Rolle

Arbeitsmittel / Medien / Literaturhinweise

- Arbeitsblatt mit Lösung
- Folien (Lebensbild: Walther von der Vogelweide; Bilder: Winter, Frühling; Lösung Arbeitsblatt)

Tafelbild/Folien

Walther von der Vogelweide

Der bedeutendste Sänger mittelhochdeutscher Lyrik ist zweifellos Walther von der Vogelweide (um 1170 bis um 1230). Er führte ein Wanderleben und verkehrte an den wichtigsten Fürstenhöfen, bis er vom Stauferkaiser Friedrich II. ein Lehen empfing.

Seine Liebeslieder orientieren sich an der Idee der sogenannten Hohen Minne. In seiner politischen Dichtung verfocht er eine deutsche Reichsidee und bekämpfte die Kirche als weltliche Macht. Die Wiederentdeckung von Walther von der Vogelweide als Urheber einer Dichtung offener Weltlichkeit und Sinnesfreuden geschah im 18. und 19. Jahrhundert. Sowohl im wilhelminischen Kaiserreich wie auch im Dritten Reich wurde er als Prophet des deutschen Nationalismus missbraucht.

Stundenbild: (1 UE)

I. Hinführung	
Stummer Impuls TA	„Uns hât der winter geschât über al“
Aussprache	
Ergebnis	Mittelhochdeutsche Sprache
Zielangabe	*Kennenlernen dieses Gedichtes, dessen Verfasser Walther von der Vogelweide ist.*
TA	„Uns hât der winter geschât über al“ (Walther von der Vogelweide)
Folie	Walther von der Vogelweide
Schüler lesen	
Aussprache	
II. Textdarbietung	
1. Lehrervortrag	
Folien	Bilder: Winter/Frühling
Spontanäußerungen	
Lehrerfrage	L: Was hast du bisher verstanden?
2. Lehrervortrag	
Schüler lesen auf der Folie den Text mit	
Aussprache	
III. Arbeit am Text	
Impuls	L: Versuche eine Übertragung ins Neuhochdeutsche.
Aussprache	
Ergebnis TA	Uns hat der Winter über alles Schaden zugefügt. Heide und Wald sind leer, die einst so süß widerhallten von tausend Vogelstimmen. Sähe ich erst die Mädchen auf der Straße den Ball werfen, dann käme uns der Vogelsang zurück. Könnte ich doch den Winter verschlafen! Bin ich indessen wach, so hasse ich ihn, weil seine Herrschaft sich weit und breit erstreckt. Aber weiß Gott, eines Tages wird er doch dem Mai das Feld räumen. Dann pflück ich Blumen dort, wo jetzt der Reif liegt.
Leitfragen	① Welche Grunderfahrung gestaltet Walther von der Vogelweide in seinem Gedicht? ② Zwischen welchen Stimmungen schwankt das fünfmal verwendete Wort „Ich“? ③ Wie beschreibt Walther von der Vogelweide die Vergegenwärtigung des Frühlings im Winter? ④ Was ist das „lyrische Ich“? Welche Rolle spielt es im vorliegenden Gedicht?
Aussprache	
IV. Sicherung	
Zsf. Arbeitsblatt	
Kontrolle Folie (Lösung Arbeitsblatt)	
V. Vertiefung	
Lesen des Gedichtes	• Treffen zwei Vokale aufeinander, wird der erste Vokal weggelassen und das erste Wort zum zweiten „hingebunden“. Bsp.: heide unde ⇨ heid(e) unde Tipp: „Anbindungen“ vorher kennzeichnen! • Ein „^“ über einem Vokal bedeutet, dass dieser lang gesprochen wird.

Lösungsblatt: „Uns hât der winter geschât über al“ (Walther von der Vogelweide)

„Uns hât der winter geschât über al“ (Walther von der Vogelweide)

Uns hât der winter geschât über al:
heide unde walt sint beide nû val.
dâ manic stimme vil suoze inne hal.
sæhe ich die megde an der strâze den bal
werfen: sô kæme uns der vogele schal.

Möhte ich verslâfen des winters zît!
wache ich die wîle, sô hân ich sîn nît,
daz sîn gewalt ist sô breit und sô wît.
weiz got er lât ouch dem meien den strît!
sô lise ich bluomen dâ rîfe nû lît.

❶ Welche Grunderfahrung gestaltet Walther von der Vogelweide in seinem Gedicht?

❷ Zwischen welchen Stimmungen schwankt das fünfmal verwendete Wort „Ich“ ?

❸ Wie beschreibt Walther von der Vogelweide die Vergegenwärtigung des Frühlings im Winter?

❹ Was bedeutet oftmals das „lyrische Ich“? Welche Rolle spielt es im vorliegenden Gedicht ?

❺ Übertrage das Gedicht aus dem Mittelhochdeutschen ins Neuhochdeutsche!

„Uns hât der winter geschât über al“
(Walther von der Vogelweide)

Uns hât der winter geschât über al:
heide unde walt sint beide nû val.
dâ manic stimme vil suoze inne hal.
sæhe ich die megde an der strâze den bal
werfen: sô kæme uns der vogele schal.

Möhte ich verslâfen des winters zît!
wache ich die wîle, sô hân ich sîn nît,
daz sîn gewalt ist sô breit und sô wît.
weiz got er lât ouch dem meien den strît!
sô lise ich bluomen dâ rîfe nû lît.

❶ Welche Grunderfahrung gestaltet Walther von der Vogelweide in seinem Gedicht?

Durch die bedrohende und unerfüllte Gegenwart des unwirtlichen Winters pendelt Walther von der Vogelweide zwischen der schöneren Vergangenheit und verheißungsvollen Zukunft. In der ersten Strophe wird der Sprung in die Zukunft als Wunsch, in der zweiten Strophe als Gewissheit dargestellt.

❷ Zwischen welchen Stimmungen schwankt das fünfmal verwendete Wort „Ich“ ?

Das fünfmal verwendete „Ich“ schwankt zwischen Klage und Wunsch, Verbitterung und hoffnungsvoller Zuversicht.

❸ Wie beschreibt Walther von der Vogelweide die Vergegenwärtigung des Frühlings im Winter?

Der Dichter erinnert sich im Winter an die schöne Frühlingszeit zurück, an den Gesang der Vögel, an das Ballspiel der Mädchen und an das Pflücken von bunten Blumen.

❹ Was bedeutet oftmals das „lyrische Ich“? Welche Rolle spielt es im vorliegenden Gedicht ?

Das „lyrische Ich“ ist der Ich-Sprecher des Gedichts, der nicht mit dem Verfasser gleichgesetzt werden kann. Es drückt ein Gefühl, eine Erfahrung oder Erkenntnis aus, die objektiviert und symbolisch verdichtet über das subjektive Erlebnis des Autors hinausgeht. Dadurch bietet das „lyrische Ich“ dem Leser viele Identifikationsmöglichkeiten.

Im vorliegenden Gedicht steht das „lyrische Ich“ im Mittelpunkt, um den sich alles Betrachten zwischen Erleben und Reflexion dreht.

❺ Übertrage das Gedicht aus dem Mittelhochdeutschen ins Neuhochdeutsche!

Uns hat der Winter über alles Schaden zugefügt. Heide und Wald sind leer, die einst so süß widerhallten von tausend Vogelstimmen. Sähe ich erst die Mädchen auf der Straße den Ball werfen, dann käme uns der Vogelsang zurück.

Könnte ich doch den Winter verschlafen! Bin ich indessen wach, so hasse ich ihn, weil seine Herrschaft sich weit und breit erstreckt. Aber weiß Gott, eines Tages wird er doch dem Mai das Feld räumen. Dann pflück ich Blumen dort, wo jetzt der Reif liegt.

Gedicht: „Tränen des Vaterlandes, anno 1636“ (Andreas Gryphius)

Lernziele

- Kennenlernen eines Gedichts aus der Barockzeit
- Fähigkeit, den Inhalt wiedergeben zu können
- Herausfinden der Form des Sonetts und ihrer Funktion
- Kenntnis des geschichtlichen Hintergrundes (Dreißigjähriger Krieg)
- Herausfinden der Aussage des Dichters

Arbeitsmittel / Medien / Literaturhinweise

- Arbeitsblatt mit Lösung
- Folien (Lebensbild: Andreas Gryphius; Das Sonett; Bilder: Dreißigjähriger Krieg)

Tafelbild/Folien

Das Sonett

Die Herkunft des Sonetts ist nicht genau bekannt. Vielleicht kommt es aus dem Arabischen, dessen Kultur den Europäern im Mittelalter bekannt war. Die ersten Sonette stammen aus Sizilien zur Zeit des Stauferkaisers Friedrich II. (1194-1250). Bedeutende Dichter wie Dante, Petrarca, Lope de Vega und Shakespeare haben diese streng gebaute Gedichtform berühmt gemacht. Die erste Blütezeit der deutschen Sonettdichtung fällt in das 17. Jahrhundert mit Vertretern wie M. Opitz, P. Fleming, A. Gryphius u. a. In der Aufklärung und im Sturm und Drang wird das Sonett wegen seiner Formstrenge als zu starr abgelehnt. Erst in der Vorromantik kommt es vor allem durch G. A. Bürger zu einer Wiederbelebung der Sonettdichtung, die in der Romantik mit A. W. Schlegel, A. v. Platen, K. Immermann, F. Rückert und auch – zuerst widerstrebend – mit J. W. v. Goethe ihren zweiten Höhepunkt hat.
Die Grundform des Sonetts bildet ein 14-zeiliges Gedicht, das sich aus zwei Vierzeilern (Quartetten) und zwei Dreizeilern (Terzetten) zusammensetzt. Quartette und Terzette sind durchgereimt, wobei es hier verschiedene Reimschemata gibt. Eines der häufigsten ist: abba - abba - cdc - dcd. Das gängigste Versmaß im Barock ist der Alexandriner, ein sechshebiger jambischer Vers mit einer Zäsur (Einschnitt; Pause) nach der dritten Hebung.
Beispiel: *Vertreib die dicke Nacht, die meine Seel umgibt*

x x́ x x́ x x́ / x x́ x x́ x x́

Der äußeren Form des Sonetts entspricht die innere Struktur. Die Quartette stellen in These und Antithese die Themen des Gedichts auf, die Terzette führen diese Themen in konzentrierter Form durch und bringen die Gegensätze schließlich zur Synthese.

Andreas Gryphius,

mit ursprünglichem Namen Andreas Greif, wurde am 2. Oktober 1616 in Glogau/Schlesien geboren und starb dort am 16. Juli 1664. Im Alter von 12 Jahren war er schon Vollwaise. 1636 hatte er eine Anstellung als Hauslehrer auf dem Landgut des Grafen von Schönborn in Fraustadt/Polen inne. Ein Jahr später wurde er zum „poeta laureatus“ (Lorbeer gekrönter Dichter) ernannt. Von 1638 bis 1643 studierte er in Leiden und unternahm 1644 bis 1647 eine Bildungsreise nach Italien und Frankreich. Anschließend lehrte er als Professor Philosophie, Naturwissenschaften und Geschichte. Er beherrschte zehn Sprachen.
Gryphius ist der bedeutendste deutsche Lyriker und Dramatiker des Hochbarocks. Seine Sonette, Epigramme und Oden stehen ganz im Zeichen der christlichen Heilslehre. Beeinflusst von antiker (Seneca) und französischer (Corneille) Tragödie, begründete Gryphius das barocke deutsche Trauerspiel mit Werken wie „Catharina von Georgien“ (1647), „Carolus Stuardus“ (1650) und „Papinianus“ (1659). Er schrieb auch Komödien wie „Peter Squentz“ (1657) und „Horribilicribrifax“ (1663).

Stundenbild: (1 UE)

I. Hinführung

Stummer Impuls TA	Andreas Gryphius (1616-1664)
Aussprache	
Impuls	L: Von ihm stammt folgende Aussage:
Folie	„Indem unser ganzes Land sich nunmehr in seiner eigenen Asche verscharrt und in einen Schauplatz der Eitelkeiten verwandelt, bin ich geflissen, die Vergänglichkeit menschlicher Sachen darzustellen.“
Aussprache	
Ergebnis	Deutschland im 30-jährigen Krieg (1618-1648)
Zielangabe	*Darüber hat Andreas Gryphius ein Gedicht geschrieben.*
TA	„Tränen des Vaterlandes, anno 1636“ (Andreas Gryphius)

II. Begegnung mit dem Text

Lehrervortrag	„Tränen des Vaterlandes, anno 1636“ (Andreas Gryphius)
Folien	Zwei Szenen aus dem Dreißigjährigen Krieg
Spontanäußerungen	

III. Arbeit am Text

Schüler lesen Gedicht auf der Folie	
	L: Schwierige Begriffe?
Aussprache mit TA	Posaun(e) = Blechblasinstrument Kartaun = Geschütz Schanz(e) = geschlossene Verteidigungsanlage
Leitfragen	① Welche Schrecken des Krieges stellt Gryphius dar? ② Mit welchen Bildern arbeitet er? ③ Was ist für Gryphius am schlimmsten?
Aussprache	
Zsf. TA	
Impuls	L: Phänomen „Krieg“! Gibt es Parallelen zur Gegenwart?
Aussprache	
Impuls	L: Dieses Gedicht hat eine besondere Form.
Aussprache	
Ergebnis TA	• Zwei Strophen mit je vier Verszeilen, zwei Strophen mit je drei Verszeilen ⇨ Sonett • Reim: abba - abba - ccd - eed • Stetige Steigerung bis zur wichtigen Schlussaussage
Folie	Das Sonett
Schüler lesen den Text	
Aussprache	
Schüler lesen das Gedicht	

IV. Sicherung

Zsf. Arbeitsblatt	
Kontrolle Folie (Lösung Arbeitsblatt)	

V. Ausweitung

Folie	Andreas Gryphius
Schüler lesen Text	
Aussprache	
Kurzreferate	Der Dreißigjährige Krieg

„Tränen des Vaterlandes, anno 1636“ (Andreas Gryphius)

Wir sind doch nunmehr ganz, ja mehr denn ganz verheeret!
Der frechen Völker Schar, die rasende Posaun,
Das vom Blut fette Schwert, die donnernde Kartaun
Hat aller Schweiß und Fleiß und Vorrat aufgezehret.

Die Türme stehn in Glut, die Kirch ist umgekehret,
Das Rathaus liegt im Graus, die Starken sind zerhaun,
Die Jungfraun sind geschänd't, und wo wir hin nur schaun,
Ist Feuer, Pest und Tod, der Herz und Geist durchfähret.

Hier durch die Schanz und Stadt rinnt allzeit frisches Blut.
Drei Mal sind schon sechs Jahr, als unser Ströme Flut
Von Leichen fast verstopft, sich langsam fort gedrungen.

Doch schweig' ich noch von dem, was ärger als der Tod,
Was grimmer denn die Pest und Glut und Hungersnot,
Dass auch der Seelenschatz so vielen abgezwungen.

❶ Welches geschichtliche Ereignis liegt dem Gedicht zugrunde? Was weißt du darüber?

❷ Welche Schrecken des Krieges führt Gryphius an? Welche Bilder benutzt er?

❸ Was ist für den Verfasser „ärger als der Tod“? Begründe!

❹ Das Gedicht ist ein Sonett. Untersuche Form, Reim und Funktion!

„Tränen des Vaterlandes, anno 1636“ (Andreas Gryphius)

Wir sind doch nunmehr ganz, ja mehr denn ganz verheeret!
Der frechen Völker Schar, die rasende Posaun,
Das vom Blut fette Schwert, die donnernde Kartaun
Hat aller Schweiß und Fleiß und Vorrat aufgezehret.

Die Türme stehn in Glut, die Kirch ist umgekehret,
Das Rathaus liegt im Graus, die Starken sind zerhaun,
Die Jungfraun sind geschänd't, und wo wir hin nur schaun,
Ist Feuer, Pest und Tod, der Herz und Geist durchfähret.

Hier durch die Schanz und Stadt rinnt allzeit frisches Blut.
Drei Mal sind schon sechs Jahr, als unser Ströme Flut
Von Leichen fast verstopft, sich langsam fort gedrungen.

Doch schweig' ich noch von dem, was ärger als der Tod,
Was grimmer denn die Pest und Glut und Hungersnot,
Dass auch der Seelenschatz so vielen abgezwungen.

❶ Welches geschichtliche Ereignis liegt dem Gedicht zugrunde? Was weißt du darüber?

Der Dreißigjährige Krieg dauerte von 1618 bis 1648. Anlass war der Prager Fenstersturz. Als Glaubens- und Religionskrieg beginnend, weitete er sich schnell zum europäischen Krieg mit politischen Motiven aus. Deutschland mit Kaiser Ferdinand und seinen Feldherren Tilly und Wallenstein sowie Dänemark (Christian), Schweden (Gustav Adolf) und Frankreich (Richelieu) beteiligten sich an den Kämpfen.

❷ Welche Schrecken des Krieges führt Gryphius an? Welche Bilder benutzt er?

Die Zivilbevölkerung leidet unter den plündernden, vergewaltigenden und brandschatzenden Soldaten. Bilder: „rasende Posaun“, „das vom Blut fette Schwert“, „die donnernde Kartaun“ (Geschütz), „Türme in Glut“, „Kirche umgekehrt“, „Starke zerhauen“, „Jungfrauen geschändet“, frische Blutströme, Flüsse voller Leichen u. a.

❸ Was ist für den Verfasser „ärger als der Tod“? Begründe!

Das „Abzwingen des Seelenschatzes“ ist für Gryphius am schlimmsten. Mit dem Verlust des christlichen Glaubens angesichts der Greuel, die von Liga und Union im Namen der Religion verübt wurden, ging für die Menschen im Barock auch das Anrecht auf Erlösung verloren. Zudem musste die Religion des Landesfürsten angenommen werden („cuius regio, eius religio“).

❹ Das Gedicht ist ein Sonett. Untersuche Form, Reim und Funktion!

Das Sonett ist ein 14-zeiliges Gedicht mit zwei Quartetten und zwei Terzetten. Es verlangt eine konsequente Steigerung der Aussage. Reim: abba - abba - ccd - eed. Die Gegensätze werden am Ende in einer Synthese vereint, die Klage gewinnt religiöse Dimension.

Gedicht: „Die Hirtenstrophe“ (Peter Huchel)

Lernziele

- Kennenlernen des Inhalts
- Kenntnis des religiösen Hintergrunds (Lukasevangelium)
- Herausfinden der Kritik des Dichters
- Untersuchung der Form des Gedichts

Arbeitsmittel / Medien / Literaturhinweise

- Arbeitsblatt mit Lösung
- Folien (Lebensbild: Peter Huchel; Bild: Geburt Jesu Christi; Text Lukasevangelium)
- CD: Heinrich Schütz: Historia der Geburt Jesu Christi, Titel 2, Taverner Consort, Andrew Parott (EMI 7476332)

Tafelbild/Folien

Evangelium nach Lukas

Es begab sich aber zu derselbigen Zeit, dass ein Gebot von dem Kaiser Augusto ausging, dass alle Welt geschätzet würde, und diese Schätzung war die erste und geschah zu der Zeit, da Cyrenius Landpfleger in Syrien war, und jedermann ging, dass er sich schätzen ließe, ein jeglicher in seine Stadt.
Da machte sich auch auf Joseph aus Galilaea, aus der Stadt Nazareth, in das jüdische Land zu der Stadt David, die da heißet Bethlehem, darum dass er von dem Hause und Geschlechte Davids war, auf dass er sich schätzen ließe mit Maria, seinem vertrauten Weibe, die war schwanger. Und als sie daselbst waren, kam die Zeit, dass sie gebären sollte, und sie gebar ihren ersten Sohn und wickelte ihn in Windeln und legte ihn in eine Krippen, denn sie hatten sonst keinen Raum in der Herberge.
Und es waren Hirten in derselbigen Gegend auf dem Felde, die hüteten des Nachts ihre Herde, und siehe, des Herren Engel trat zu ihnen, und die Klarheit des Herren leuchtet um sie, und sie fürchteten sich sehr, und der Engel sprach zu ihnen:
Fürchtet euch nicht. Siehe, ich verkündige euch große Freude, die allem Volke widerfahren wird. Denn euch ist heute der Heiland geborn, welcher ist Christus, der Herr in der Stadt David. Und dies habet zum Zeichen, ihr werdet finden das Kind in Windeln gewickelt und in einer Krippen liegen.
Und alsbald war da bei dem Engel die Menge der himmlischen Heerscharen, die lobeten Gott und sprachen:
Ehre sei Gott in der Höhe, Friede auf Erden und den Menschen ein Wohlgefallen.
Und da die Engel von ihnen gen Himmel fuhren, sprachen die Hirten untereinander:
Lasset uns nun gehen gen Bethlehem und die Geschichte sehen, die da geschehen ist, und der Herr uns kund getan hat.
Und sie kamen eilend und fanden beide, Marien und Joseph, darzu das Kind in der Krippen liegend, da sie es aber gesehen hatten, breiteten sie das Wort aus, welches zu ihnen von diesem Kinde gesaget war, und alle, für die es kam, verwunderten sich der Rede, die ihnen die Hirten gesaget hatten.
Maria aber behielt alle diese Wort und beweget sie in ihrem Herzen, und die Hirten kehreten wieder um, preiseten und lobeten Gott um alles, das sie gesehen und gehöret hatten, wie denn zu ihnen gesaget war.
Und da acht Tage um waren, dass das Kind beschnitten würde, da ward sein Name genennet Jesus, welcher genennet war von dem Engel, ehe denn er im Mutterleibe empfangen ward.

Peter Huchel

Er wurde am 3. April 1903 in Berlin geboren und starb am 1. Mai 1981 in Staufen. Als Schriftsteller schuf er Hörspiele und Gedichte, in denen er sich mit Kriegserfahrungen und dem Leben in einem repressiven System auseinandersetzte. 1962 erhielt er wegen seiner Kritik am Sozialismus in der DDR Publikationsverbot. Zugleich wurde ihm die Chefredaktion der Zeitschrift „Sinn und Form“ entzogen. 1971 siedelte Peter Huchel in die Bundesrepublik über.

Stundenbild: (1 UE)

I. Hinführung	
CD	Heinrich Schütz: Historia der Geburt Jesu Christi (Titel 2)
Hören	
Aussprache	Geburt Jesu Christi
Folie	Evangelium nach Lukas
Schüler lesen Text	
Aussprache	
Zielangabe	*Kennenlernen eines Gedichtes zu diesem Themenkreis*
TA	„Die Hirtenstrophe“ (Peter Huchel)
II. Textbegegnung	
Lehrervortrag	„Die Hirtenstrophe“ (Peter Huchel)
Schüler lesen auf der Folie mit	
Spontanäußerungen	
III. Arbeit am Text	
Schüler lesen Gedicht	
Arbeitsaufgaben zur Gruppenarbeit	① Was erhoffen sich die Hirten von der Geburt Jesu? ② Die Armut wird in Huchels Gedicht nicht verklärt. Wo wird sie erkennbar? ③ Wo zeigt sich die Enttäuschung der Hirten, als deren unmittelbare Hoffnungen nicht erfüllt werden? ④ Warum wählt Huchel diese Überschrift?
Gruppenarbeit	
Zsf. Gruppenberichte	
Zsf. TA	
Lehrerfrage	L: Warum kann man Huchels Gedicht als radikal kritisch bezeichnen?
Aussprache	
Zsf. TA	Huchel zeigt die Störung der Beziehung zwischen den Hirten und dem Christkind. Es fragt nach der Bewährung des Christentums vor den Hirten, stellvertretend für alle armen Menschen. Das christliche Glücksversprechen einer besseren, gerechteren Welt wird in Frage gestellt.
Lehrerfrage	L: Worin unterscheidet sich der biblische Text von Huchels Gedicht?
Folien	• Evangelium nach Lukas • Gedicht von Peter Huchel
Nochmaliges Lesen	
Aussprache	
IV. Sicherung	
Zsf. Arbeitsblatt	
Kontrolle Folie (Lösung Arbeitsblatt)	
V. Ausweitung	
Folie	Peter Huchel
Aussprache	
CD	Heinrich Schütz: Historia der Geburt Jesu Christi (Titel 1-8)
Hören	
Aussprache	

„Die Hirtenstrophe“ (Peter Huchel)

Wir gingen nachts gen Bethlehem
und suchten über Feld
den schiefen Stall aus Stroh und Lehm,
von Hunden fern umbellt.

Und drängten auf die morsche Schwell
und sahen an das Kind.
Der Schnee trieb durch die Luke hell
und draußen Eis und Wind.

Ein Ochs nur blies die Krippe warm,
der nah der Mutter stand.
Wie war ihr Kleid, ihr Kopftuch arm,
wie mager ihre Hand.

Ein Esel hielt sein Maul ins Heu,
fraß Dorn und Distel sacht.
Er rupfte weich die Krippenstreu,
o bitterkalte Nacht.

Wir hatten nichts als unsern Stock,
kein Schaf, kein eigen Land,
geflickt und fasrig war der Rock,
nachts keine warme Wand.

Wir standen scheu und stummen Munds:
Die Hirten, Kind, sind hier.
Und beteten und wünschten uns
Gerät und Pflug und Stier.

Und standen lang und schluckten Zorn,
weil uns das Kind nicht sah.
Griff nicht das Kind dem Ochs ans Horn
und lag dem Esel nah?

Es brannte ab der Span aus Kien.
Das Kind schrie und schlief ein.
Wir rührten uns, feldein zu ziehn.
Wie waren wir allein!

Dass diese Welt nun besser wird,
so sprach der Mann der Frau,
für Zimmermann und Knecht und Hirt,
das wisse er genau.

Ungläubig hörten wirs – doch gern.
Viel Jammer trug die Welt.
Es schneite stark. Und ohne Stern
ging es durch Busch und Feld.

Gras, Vogel, Lamm und Netz und Hecht,
Gott gab es uns zu Lehn.
Die Erde aufgeteilt gerecht,
wir hättens gern gesehn.

❶ Welche Episode aus dem Lukasevangelium beschreibt Peter Huchel in seinem Gedicht?

❷ Was erhoffen sich die Hirten von der Geburt Jesu?

„Er stößet die Gewaltigen vom Stuhl und erhebet die Niedrigen. Die Hungrigen füllet er mit Gütern und lässt die Reichen leer.“ (Lukas 1, 53/54)

❸ Die Armut wird in Huchels Gedicht nicht verklärt. Wo wird sie erkennbar?

❹ Wo zeigt sich die Enttäuschung der Hirten, als deren unmittelbare Hoffnungen nicht erfüllt werden?

❺ Warum wählt Huchel diese Überschrift?

❻ Warum kann man Huchels Gedicht als radikal kritisch bezeichnen?

„Die Hirtenstrophe“ (Peter Huchel)

Wir gingen nachts gen Bethlehem
und suchten über Feld
den schiefen Stall aus Stroh und Lehm,
von Hunden fern umbellt.

Und drängten auf die morsche Schwell
und sahen an das Kind.
Der Schnee trieb durch die Luke hell
und draußen Eis und Wind.

Ein Ochs nur blies die Krippe warm,
der nah der Mutter stand.
Wie war ihr Kleid, ihr Kopftuch arm,
wie mager ihre Hand.

Ein Esel hielt sein Maul ins Heu,
fraß Dorn und Distel sacht.
Er rupfte weich die Krippenstreu,
o bitterkalte Nacht.

Wir hatten nichts als unsern Stock,
kein Schaf, kein eigen Land,
geflickt und fasrig war der Rock,
nachts keine warme Wand.

Wir standen scheu und stummen Munds:
Die Hirten, Kind, sind hier.
Und beteten und wünschten uns
Gerät und Pflug und Stier.

Und standen lang und schluckten Zorn,
weil uns das Kind nicht sah.
Griff nicht das Kind dem Ochs ans Horn
und lag dem Esel nah?

Es brannte ab der Span aus Kien.
Das Kind schrie und schlief ein.
Wir rührten uns, feldein zu ziehn.
Wie waren wir allein!

Dass diese Welt nun besser wird,
so sprach der Mann der Frau,
für Zimmermann und Knecht und Hirt,
das wisse er genau.

Ungläubig hörten wirs – doch gern.
Viel Jammer trug die Welt.
Es schneite stark. Und ohne Stern
ging es durch Busch und Feld.

Gras, Vogel, Lamm und Netz und Hecht,
Gott gab es uns zu Lehn.
Die Erde aufgeteilt gerecht,
wir hättens gern gesehn.

❶ Welche Episode aus dem Lukasevangelium beschreibt Peter Huchel in seinem Gedicht?

Gang der Hirten zum gerade geborenen Kind

❷ Was erhoffen sich die Hirten von der Geburt Jesu?

„Er stößet die Gewaltigen vom Stuhl und erhebet die Niedrigen. Die Hungrigen füllet er mit Gütern und lässt die Reichen leer.“ (Lukas 1, 53/54)

Die Hirten erhoffen eine sofortige Verbesserung ihrer wirtschaftlichen und sozialen Lage (Revolution).

❸ Die Armut wird in Huchels Gedicht nicht verklärt. Wo wird sie erkennbar?

Am Gebäude (schief, morsch), an der Kleidung (armes Kleid/Kopftuch), am Aussehen (mager), bei den Hirten (kein Schaf, kein eigenes Land)

❹ Wo zeigt sich die Enttäuschung der Hirten, als deren unmittelbare Hoffnungen nicht erfüllt werden?

Die Hirten sehen sich getäuscht, sind zornig, sehen keinen Stern, fühlen sich allein gelassen.

❺ Warum wählt Huchel diese Überschrift?

Die Geburt Jesu wird aus der Sicht der Hirten in schlichten Worten erzählt.

❻ Warum kann man Huchels Gedicht als radikal kritisch bezeichnen?

Huchel zeigt die Störung der Beziehung zwischen den Hirten und dem Christkind. Es fragt nach der Bewährung des Christentums vor den Hirten, stellvertretend für alle armen Menschen. Das christliche Glücksversprechen einer besseren, gerechteren Welt wird in Frage gestellt.

Lernziele
- Kennenlernen des Inhalts
- Merkmale des „Gleichnisses“
- Herausfinden der Aussage des Verfassers
- Kenntnis des Aufbaus des Gedichts

Arbeitsmittel / Medien / Literaturhinweise
- Arbeitsblatt mit Lösung
- Folien (Text: Gedicht; Text: Gleichnis; Lösung Arbeitsblatt)
- Wortkarten (Zug, Leben)

Tafelbild/Folien

Das Eisenbahngleichnis (Erich Kästner)

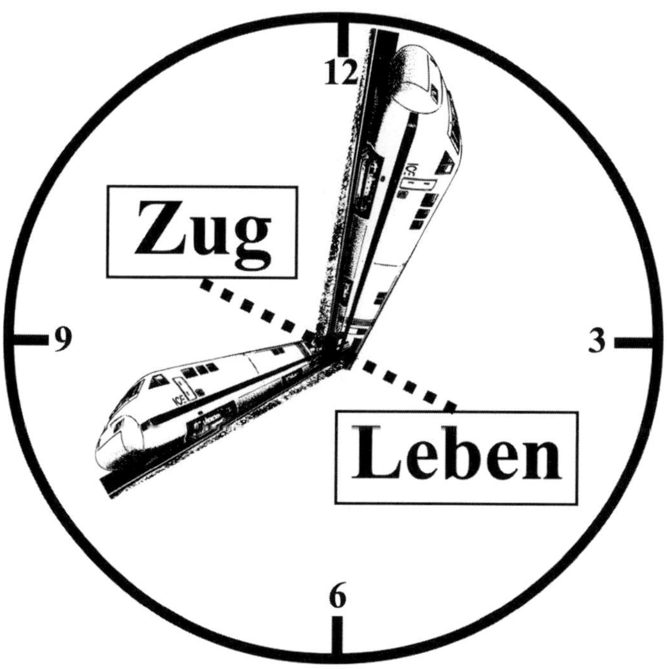

feist:	fett
Plüsch:	Florgewebe (samtartig)
Holz:	Holzbänke (III. Klasse)
in spe:	in der Hoffnung, zukünftig
Coupé:	Wagenabteil

Reise:
nach einem Ort ⇔ durch die Zeit
Ziel:
Ort/Stadt ⇔ kein Ziel
Zug:
Eisenbahnzug ⇔ Leben
Stationen:
Haltepunkte ⇔ Lebensstationen
Coupé:
Wagenabteil ⇔ Lebensraum, Lebenssituation

Leben:
Ziellosigkeit, Sinnlosigkeit, Starrheit, Eintönigkeit, Leiden, Rastlosigkeit, Hoffnungslosigkeit

Das Gleichnis
Das Gleichnis ist ein sprachliches Gestaltungsmittel, bei dem eine Vorstellung, ein Vorgang oder Zustand (Sachsphäre) zur Veranschaulichung und Intensivierung mit einem entsprechenden Sachverhalt aus einem anderen, meist sinnlich-konkreten Bereich (Bildsphäre) verglichen wird. Bild- und Sachsphäre decken sich nicht in möglichst vielen Einzelzügen, sondern berühren sich nur in einem einzigen, für die Aussage wesentlichen Vergleichsmoment.

Stundenbild: (1 UE)

I. Hinführung	
Stummer Impuls TA	Was ist ein Gleichnis?
Aussprache	
Folie	Das Gleichnis
Schüler lesen Text	
Aussprache	
Zielangabe	*Kennenlernen eines Gleichnisses*
TA	„Das Eisenbahngleichnis“ (Erich Kästner)
II. Begegnung mit dem Text	
Lehrervortrag	„Das Eisenbahngleichnis“ (Erich Kästner)
Schüler lesen auf der Folie mit	
Spontanäußerungen	
III. Arbeit am Text	
Schüler lesen das Gedicht nochmals	
	L: Schwierige Begriffe?
Zsf. TA	feist = fett Plüsch = Florgewebe (samtartig) Holz = Holzbänke (III. Klasse) in spe = in der Hoffnung, zukünftig Coupé = Wagenabteil
Leitfragen	① Das Leben als Fahrt oder Reise zu versinnbildlichen, hat lange Tradition. Auf welche Weise tut das Kästner?
Aussprache	
TA	Uhr mit Zügen als Zeiger
Wortkarten	Zug / Leben
Leitfragen	② Was erfährst du über die Ziele der Reisenden? ③ Wie deutest du die Überschrift? ④ Was erfährt der Leser jeweils in der fünften Verszeile? ⑤ Was ist die Absicht des Autors?
Aussprache	
Zsf. TA	**Reise:** nach einem Ort ⇔ durch die Zeit **Ziel:** Ort/Stadt ⇔ kein Ziel **Zug:** Eisenbahnzug ⇔ Leben **Stationen:** Haltepunkte ⇔ Lebensstationen **Coupé:** Wagenabteil ⇔ Lebensraum, Lebenssituation **Leben:** Ziellosigkeit, Sinnlosigkeit, Starrheit, Eintönigkeit, Leiden, Rastlosigkeit, Hoffnungslosigkeit
IV. Sicherung	
Zsf. Arbeitsblatt	
Kontrolle Folie (Lösung Arbeitsblatt)	
Schüler lesen Gedicht	Singgestaltendes Lesen

„Das Eisenbahngleichnis“ (Erich Kästner)

Wir sitzen alle im gleichen Zug
und reisen quer durch die Zeit.
Wir sehen hinaus. Wir sahen genug.
Wir fahren alle im gleichen Zug.
Und keiner weiß, wie weit.

Ein Nachbar schläft, ein andrer klagt,
ein dritter redet viel.
Stationen werden angesagt.
Der Zug, der durch die Jahre jagt,
kommt niemals an sein Ziel.

Wir packen aus. Wir packen ein.
Wir finden keinen Sinn.
Wo werden wir wohl morgen sein?
Der Schaffner schaut zur Tür herein
und lächelt vor sich hin.

Auch er weiß nicht, wohin er will.
Er schweigt und geht hinaus.
Da heult die Zugsirene schrill!
Der Zug fährt langsam und hält still.
Die Toten steigen aus.

Ein Kind steigt aus. Die Mutter schreit.
Die Toten stehen stumm
am Bahnsteig der Vergangenheit.
Der Zug fährt weiter, er jagt durch die Zeit.
Und niemand weiß, warum.

Die I. Klasse ist fast leer.
Ein feister Herr sitzt stolz
im roten Plüsch und atmet schwer.
Er ist allein und spürt das sehr.
Die Mehrheit sitzt auf Holz.

Wir reisen alle im gleichen Zug
zur Gegenwart in spe.
Wir sehen hinaus. Wir sahen genug.
Wir sitzen alle im gleichen Zug.
Und viele im falschen Coupé.

❶ Das Leben als Fahrt oder Reise zu versinnbildlichen, hat lange Tradition. Auf welche Weise tut das Kästner?

____
____
____
____

❷ Was erfährst du über die Ziele der Reisenden?

____
____
____
____

❸ Wie deutest du die Überschrift?

____
____
____
____

❹ Was erfährt der Leser jeweils in der 5. Verszeile?

____
____
____
____
____
____

❺ Was ist die Absicht des Autors?

____
____
____
____
____
____

❻ Welche Form weist das Gedicht auf?

____
____
____

Lösungsblatt: „Das Eisenbahngleichnis“ (Erich Kästner)

„Das Eisenbahngleichnis“ (Erich Kästner)

Wir sitzen alle im gleichen Zug
und reisen quer durch die Zeit.
Wir sehen hinaus. Wir sahen genug.
Wir fahren alle im gleichen Zug.
Und keiner weiß, wie weit.

Ein Nachbar schläft, ein andrer klagt,
ein dritter redet viel.
Stationen werden angesagt.
Der Zug, der durch die Jahre jagt,
kommt niemals an sein Ziel.

Wir packen aus. Wir packen ein.
Wir finden keinen Sinn.
Wo werden wir wohl morgen sein?
Der Schaffner schaut zur Tür herein
und lächelt vor sich hin.

Auch er weiß nicht, wohin er will.
Er schweigt und geht hinaus.
Da heult die Zugsirene schrill!
Der Zug fährt langsam und hält still.
Die Toten steigen aus.

Ein Kind steigt aus. Die Mutter schreit.
Die Toten stehen stumm
am Bahnsteig der Vergangenheit.
Der Zug fährt weiter, er jagt durch die Zeit.
Und niemand weiß, warum.

Die I. Klasse ist fast leer.
Ein feister Herr sitzt stolz
im roten Plüsch und atmet schwer.
Er ist allein und spürt das sehr.
Die Mehrheit sitzt auf Holz.

Wir reisen alle im gleichen Zug
zur Gegenwart in spe.
Wir sehen hinaus. Wir sahen genug.
Wir sitzen alle im gleichen Zug.
Und viele im falschen Coupé.

❶ Das Leben als Fahrt oder Reise zu versinnbildlichen, hat lange Tradition. Auf welche Weise tut das Kästner?

Das Leben ist mit einer Eisenbahnfahrt vergleichbar, es rast dahin, allerdings starr, eintönig, leidvoll, ziel- und sinnlos und ohne Hoffnung. Wer stirbt, muss aussteigen und bleibt „am Bahnsteig der Vergangenheit“ zurück.

❷ Was erfährst du über die Ziele der Reisenden?

Die Reisenden suchen zwar den Sinn der Fahrt, packen aus und ein, finden ihn aber nicht. Sie kennen kein Wohin, kein Wozu und auch kein Warum. Es sind eher „Hineingeworfene“ und „Mitgerissene“ als Reisende.

❸ Wie deutest du die Überschrift?

Diese Eisenbahn fährt nicht durch den Raum, sondern durch die Zeit – ein „Lebenszug“. Er ist als Sinnbild für das eigene Dasein zu deuten, in dem Leere und Sinnlosigkeit vorherrschen.

❹ Was erfährt der Leser jeweils in der 5. Verszeile?

Er erfährt das für Kästner besonders Wichtige, z. B. dass keiner weiß, wohin die Reise geht, der Zug niemals an sein Ziel gelangt, das Tagesziel unbekannt ist, nur die Toten aussteigen, niemand den Grund der Reise kennt, die Mehrheit in der untersten Wagenklasse reist und vielen eigentlich ein besserer Platz zustünde.

❺ Was ist die Absicht des Autors?

Kästner weist auf die existenzielle Rat- und Ziellosigkeit des Menschen hin. Indem ihm die Begrenztheit und Endlichkeit des Lebens und die ungerechten sozialen Verhältnisse aufgezeigt werden, fordert der Verfasser ihn auf, Sinngebung durch Engagement und Eigeninitative im jetzigen Leben zu versuchen.

❻ Welche Form weist das Gedicht auf?

Es hat 7 Strophen zu je 5 Versen. Reimform: abaab. 13-mal sind Satz- und Verslänge identisch, 8 Sätze füllen genau einen halben Vers, ein starres Schema wie „auf Schienen“.

Gedicht: „Chronik“ (Christine Busta)

Lernziele

- Kennenlernen des Inhalts
- Vergleich mit der Vorlage, dem Bild Pieter Bruegels d. Ä.
- Herausfinden der Aussage der Verfasserin
- Kenntnis des Aufbaus des Gedichts

Arbeitsmittel / Medien / Literaturhinweise

- Arbeitsblatt mit Lösung
- Textblatt
- Folien (Bild: Gemälde von P. Bruegel; Text: Bildbeschreibung; Text: Lebensbeschreibung von Christine Busta; vier Bilder zu den verschiedenen zeitlichen Fixpunkten des Gedichts)
- Bild (Tafel): Hans Schäufflein (um 1480/85 - um 1538/40): Große Kreuztragung (um 1507)

Tafelbild/Folien

Bildinterpretation

Dieses Werk (1564 entstanden) bildet die Vorlage des Gedichts von Christine Busta, „Chronik“. So wie die Dichterin sich nicht scheut, Bruegels Bild auf unsere „Welt voll Alarm“ zu beziehen, so liebt es auch Bruegel, die Passion Christi anachronistisch in die Vorstellungswelt seiner Zeit zu übertragen. Die roten Kavalleristen sind die wallonischen Reiter von einst, in spanischen Diensten, deren Zinnoberröcke sich wie eine Korallenkette durch den Bildteppich ziehen. Die feuchte Landschaft, über die vor Kurzem ein Frühlingsgewitter niederging, liegt in strahlendem Sonnenschein. Die sensationshungrige Menge – Spaziergänger, Tagediebe, Händler, Kinder – begleitet den Delinquenten. Ein dichter Kranz von Menschen hat sich an der Richtstätte auf der Höhe des Galgenbergs schon die Plätze gesichert. Im Vordergrund rechts eine „Gruppe / abgewandter Losgelöster“, die als einzige wissen, was wirklich geschieht, und „menschlich“ trauern: Maria und die Freunde Jesu. Einsam und klein, im Schnittpunkt der Bilddiagonalen, fällt der Herr unter dem Kreuz.

Christine Busta

Christine Busta, eigentlich Christine Dimt, wurde am 23. April 1914 in Wien geboren und starb dort am 3. Dezember 1987. Sie schrieb zahlreiche Gedichte und Kinderbücher und arbeitete als Bibliothekarin von 1950 bis 1975 in Wien. Ihre Gedichte zeichnen sich durch schlichte lyrische Formen aus. Sie vertrat einen undogmatischen Katholizismus und stellte die Bewältigung von Leid in das Zentrum ihres Werkes. 1969 erhielt Christine Busta den Großen Österreichischen Staatspreis, 1981 das Österreichische Ehrenabzeichen für Wissenschaft und Kunst.

Kreuztragung Christi
(Hieronymus Bosch)

Bruegels Zeit
Konfessionskriege

Bustas Zeit
Atombombe

Unsere Zeit
11. September 2001

Stundenbild: (1 UE)

I. Hinführung

Stummer Impuls TA	Chronik
Aussprache	
Ergebnis mit TA	Aufzeichnung geschichtlicher Ereignisse nach ihrer Zeitfolge
Zielangabe	*Kennenlernen eines schwierigen Gedichtes mit gleichem Titel*
TA	„Chronik“ (Christine Busta)
Lehrererzählung	Kurze Verfasserinformation

II. Textbegegnung

TA	Bild: Große Kreuztragung, um 1507 (Hans Schäufflein)
Aussprache	
Impuls	L: Christine Busta beschreibt in ihrem Gedicht ein Gemälde von Pieter Bruegel, der seine Kreuztragung 1564 malte.
Folie	Die Kreuztragung Christi
Bildbetrachtung mit Aussprache	
Textblatt mit Gemälde	
Lehrervortrag	„Chronik“ (Christine Busta)
Schüler lesen mit	
Spontanäußerungen	

III. Arbeit am Text

Schüler lesen Gedicht nochmals	
Schrittweises Erlesen mit Leitfragen	① Finde mithilfe der Grafik den Aufbau des Gedichtes heraus!
Folie (siehe Arbeitsblatt)	
Aussprache	② Im Gedicht sind starke Gegensätze zu finden. Welche? ③ Welche Bedeutung hat der Begriff „Chronik“ für die Autorin?
Aussprache mit TA	zu ③ Ein historisches Ereignis wird in vier verschiedene Zeitabschnitte projiziert. Das Böse ist dabei permanent wirksam.
Folien	Kreuztragung/Konfessionskriege/Atombombe/Terroraktionen
Aussprache	④ Wo zeigt sich im Gedicht Hoffnung?
Aussprache mit TA	zu ④ Symbole der Hoffnung sind Distel und Dornen, die „alten Zeichen des Fluchs“ (1. Mose 3,-18). Sie erinnern die Wissenden an den Anfang, aber auch an das Ende des Fluchs. ⑤ Welche Aussage will Christine Busta treffen? zu ⑤ Der Leser soll die Rolle des blind Ausführenden ablegen und zu einem wissenden Beobachter werden. Da Böses über alle Zeiten hinweg wirksam ist, bleibt dem Wissenden bei allem Schrecken zumindest die Hoffnung. Vielleicht werden Wissende sich aber auch gegen das Böse zur Wehr setzen.
Aussprache mit TA	

IV. Sicherung

Zsf. Arbeitsblatt	
Kontrolle Folie (Lösung Arbeitsblatt)	
Schüler lesen das Gedicht	Singestaltendes Lesen
Impuls	L: Betrachte die Ausdruckskraft und Dynamik der Sprache!
Aussprache	z. B. in der II. Strophe die Alliteration mit „r“ und den harten Konsonanten „k“, „ck“ und „t“.

„Chronik“ (Christine Busta)

Auch fünfzehnhundertundvierundsechzig,
als Pieter Bruegel die Kreuztragung malte,
war die Welt voll Alarm.
Es wuchs kein Atompilz aus den Städten,
die Windmühlen schaufelten unbekümmert
paradiesische Luft den Wäldern,
aber die Menschen gärten voll Unheil.

Rote Röcke berittener Schergen
flackerten durch die stille Landschaft,
unersättliche Gier nach Spektakel
trieb das Volk zum zertrampelten Hügel,
dürr bewachsen mit schwanken Hainen
knarrender Rad- und Galgenbäume.

Mitten im ärgsten Tumult brach einer
lautlos nieder. Der durfte zur Richtstatt
nicht einmal mit den Schächern fahren,
denn er war anders. Und nur eine Gruppe
abgewandter Losgelöster
aus der bösen Bewegung wusste,
was wirklich geschah, und trauerte menschlich.

Als fünfzehnhundertundvierundsechzig
Pieter Bruegel die Kreuztragung malte,
malte er nicht nur das Entsetzen.
Er wusste, die Welt war schön und schrecklich,
und malte ganz vorn ins Bild ihr die alten
Zeichen des Fluchs als ergreifendes Wunder:
links die Zartheit der Dornenranke,
rechts die Stärke der blassen Distel.

Pieter Bruegel d. Ä. (um 1525-1569): Die Kreuztragung Christi (1564)

„Chronik“ (Christine Busta)

Das 1958 entstandene Gedicht wurde zu einem 1564 gemalten Bild von Pieter Bruegel dem Älteren (um 1525-1569) geschrieben.

❶ Finde mithilfe der Grafik unten den Aufbau des Gedichts heraus!

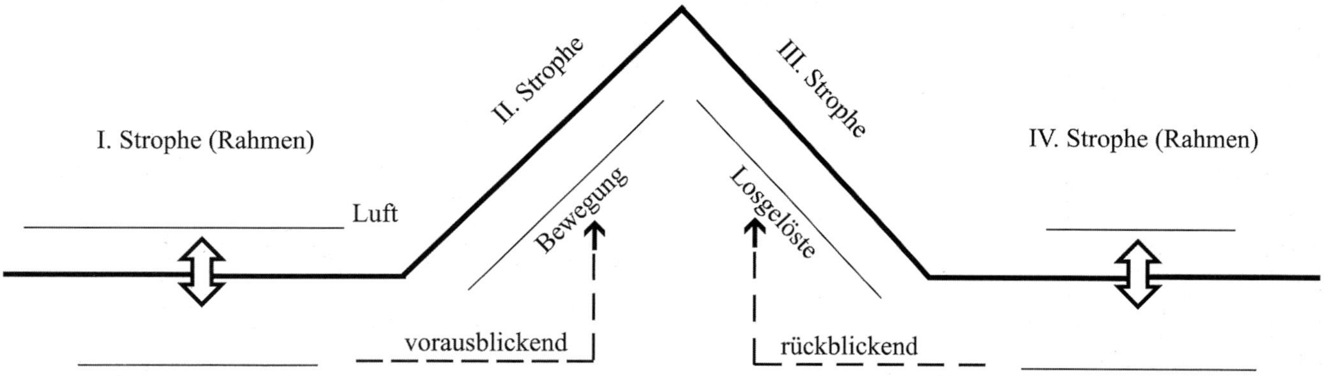

❷ Wo findest du im Gedicht starke Gegensätze? Zähle sie auf!

- ______________________ ⇔ ______________________
- ______________________ ⇔ ______________________
- ______________________ ⇔ ______________________
- ______________________ ⇔ ______________________
- ______________________ ⇔ ______________________
- ______________________ ⇔ ______________________

❸ Was bedeutet die Überschrift „Chronik“? Welche Bedeutung hat sie für die Verfasserin?

____

____

❹ Welche vier zeitlichen Fixpunkte sind zu finden? Welche Personen sind diesen zugeordnet?

① ____

② ____

③ ____

④ ____

❺ Welche Aussage will Christine Busta mit ihrem Gedicht treffen?

____

____

____

____

❻ Worin unterscheiden sich die Gestaltungsmöglichkeiten eines Malers von denen eines Dichters?

____

____

____

„Chronik“ (Christine Busta)

Das 1958 entstandene Gedicht wurde zu einem 1564 gemalten Bild von Pieter Bruegel dem Älteren (um 1525-1569) geschrieben.

❶ Finde mithilfe der Grafik unten den Aufbau des Gedichts heraus!

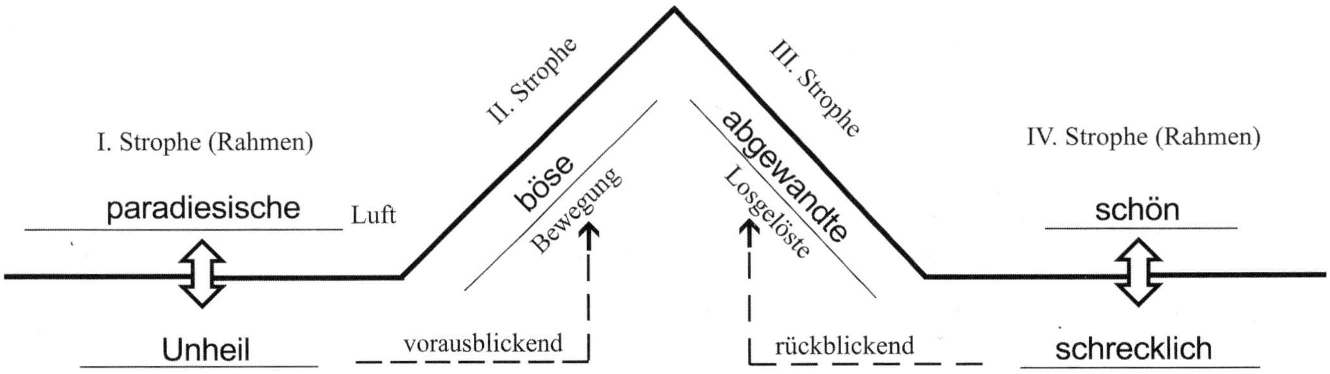

❷ Wo findest du im Gedicht starke Gegensätze? Zähle sie auf!

- Menschen gärten voll Unheil ⇔ paradiesische Luft
- ärgster Tumult (Masse) ⇔ lautlos (ein Einzelner)
- böse Bewegung ⇔ menschliche Trauer
- Zeichen des Fluchs (Disteln/Dornen) ⇔ ergreifendes Wunder (Stärke/Zartheit)
- unersättliche Gier nach Spektakel ⇔ eine Gruppe wusste, was wirklich geschah
- schrecklich ⇔ schön

❸ Was bedeutet die Überschrift „Chronik“? Welche Bedeutung hat sie für die Verfasserin?

Eine Chronik ist eine Aufzeichnung geschichtlicher Ereignisse nach ihrer Zeitfolge. Christine Busta projiziert die Kreuzigung Christi in verschiedene Zeitabschnitte.

❹ Welche vier zeitlichen Fixpunkte sind zu finden? Welche Personen sind diesen zugeordnet?

① Kreuzigung Christi (1. Jh.) - Gruppe der Wissenden (Maria/Jünger)
② Zeit der Glaubenskriege (16. Jh.) - Pieter Bruegel
③ Atomares Zeitalter (20. Jh.) - Christine Busta
④ Heute, z. B. „11. September“ (21. Jh.) - der Leser des Gedichts

❺ Welche Aussage will Christine Busta mit ihrem Gedicht treffen?

Der Leser soll die Rolle des blind Ausführenden ablegen und zu einem wissenden Beobachter werden. Da Böses über alle Zeiten hinweg wirksam ist, bleibt dem Wissenden bei allem Schrecken zumindest das Wunder der Hoffnung. Vielleicht werden Wissende sich aber auch gegen das Böse zur Wehr setzen.

❻ Worin unterscheiden sich die Gestaltungsmöglichkeiten eines Malers von denen eines Dichters?

Der Maler kann Stimmungen z. B. in intensiven Farben wiedergeben und Zustände besser ausdrücken. Dem Dichter ist es möglich, Vorgänge besser auszudrücken, z. B. in fesselnder Rhythmik und Lautmalerei.

Gedicht: „Fahrend in einem bequemen Wagen“ (Bertolt Brecht)

Lernziele
- Kennenlernen des Inhalts
- Herausfinden der Aussage des Verfassers
- Kenntnis des Aufbaus des Gedichts

Arbeitsmittel / Medien / Literaturhinweise
- Arbeitsblatt mit Lösung
- Folien (Bilder: Bettler; Gedicht: An die Nachgeborenen; Bild: K. Kollwitz - Helft Russland, 1921)

Tafelbild/Folien

An die Nachgeborenen

Ach wir,
die wir den Boden bereiten wollten für Freundlichkeit,
konnten selber nicht freundlich sein.
Ihr aber, wenn es soweit sein wird,
daß der Mensch dem Menschen ein Helfer ist,
gedenkt unser
mit Nachsicht.

Bertolt Brecht

Stundenbild: (1 UE)

I. Hinführung	
Stummer Impuls TA	„Fahrend in einem bequemen Wagen“
Aussprache	
Zielangabe	*Kennenlernen eines Gedichts mit diesem Titel* L: Verfasser ist Bertolt Brecht.
TA	„Fahrend in einem bequemen Wagen“ (Bertolt Brecht)
II. Textbegegnung	
Lehrervortrag Schüler lesen Gedicht auf der Folie mit Spontanäußerungen	„Fahrend in einem bequemen Wagen“ (Bertolt Brecht)
III. Arbeit am Text	
Impuls	L: Betrachte den Aufbau des Gedichts!
Aussprache	
Zsf. Folie	Drei Teile: • 4 Verszeilen: Begegnung mit dem Zerlumpten ⇨ „wir“ • 3 Verszeilen: „Nein“ des Ich-Sprechers ⇨ „wir“/„mich“ • 4 Verszeilen: Reflexion des Ich-Sprechers ⇨ „ich“
Leitfragen	① In Brechts Gedicht erschrickt der Ich-Sprecher am Ende über drei Dinge. Welche Dinge sind das? ② Inwiefern kann man dieses Gedicht als ein Gleichnis für die Verhältnisse in unserer Gesellschaft nehmen? ③ Finde die Aussage Brechts heraus!
Aussprache	
Zsf. TA	zu ① Er erschrickt „über diese meine Stimme, dies mein Verhalten und diese ganze Welt“. zu ② In unserer Gesellschaft gibt es auch heute noch verschiedene Klassen bzw. Schichten mit verschiedenen Rechten und unterschiedlichen wirtschaftlichen Möglichkeiten. Zur untersten Schicht, dem Proletariat, gehört der Zerlumpte. Der Ich-Sprecher erschrickt über sein gedankenlos-kaltes Verhalten.
Folie	Bild von Käthe Kollwitz
Aussprache	
	zu ③ Mit der Einsicht über unser Fehlverhalten ist es noch nicht getan, was folgen müsste, wäre aktive Hilfe. Brecht glaubt nicht, dass in „dieser Welt“ individuelle Hilfe und Nächstenliebe ausreichen. Barmherzigkeit allein, so notwendig sie ist, genügt nicht. Geändert werden müsste „diese ganze Welt“, die das Elend und das beziehungslose Verhalten dem Elend gegenüber ständig reproduziert. Ein Aufstand der Massen nach dem Motto „Proletarier aller Länder, vereinigt euch!“, wie Marx in seinem kommunistischen Manifest forderte, kommt der Intention Brechts sehr nahe.
IV. Sicherung	
Zsf. Arbeitsblatt Kontrolle Folie (Lösung Arbeitsblatt)	
V. Vertiefung	
Folie	An die Nachgeborenen (Bertolt Brecht)
Schüler lesen Aussprache	

Arbeitsblatt: „Fahrend in einem bequemen Wagen“ (Bertolt Brecht)

„Fahrend in einem bequemen Wagen“ (Bertolt Brecht)

Fahrend in einem bequemen Wagen
auf einer regnerischen Landstraße
sahen wir einen zerlumpten Menschen bei Nachtanbruch,
der uns winkte, ihn mitzunehmen, sich tief verbeugend.
Wir hatten ein Dach und wir hatten Platz und wir fuhren vorüber
und wir hörten mich sagen, mit einer grämlichen Stimme: Nein,
wir können niemand mitnehmen.
Wir waren schon weit voraus, einen Tagesmarsch vielleicht,
als ich plötzlich erschrak über diese meine Stimme,
dies mein Verhalten und diese
ganze Welt.

Bertolt Brechts Gedicht ist 1937 entstanden.

❶ Es besteht aus drei Teilen. Finde Überschriften!

① ______________________________

② ______________________________

③ ______________________________

❷ In Brechts Gedicht erschrickt der Ich-Sprecher am Ende über drei Dinge. Welche Dinge sind das?

____

____

❸ Inwiefern kann man dieses Gedicht als ein Gleichnis für die Verhältnisse in unserer Gesellschaft nehmen?

____

____

____

____

❹ Finde die Aussage Brechts heraus!

____

____

____

____

____

____

____

____

____

____

„Fahrend in einem bequemen Wagen“ (Bertolt Brecht)

1. Teil: „wir“	Fahrend in einem bequemen Wagen auf einer regnerischen Landstraße sahen **wir** einen zerlumpten Menschen bei Nachtanbruch, der uns winkte, ihn mitzunehmen, sich tief verbeugend.	5 Verszeilen ⇧
2. Teil: „wir“ / „mich“	Wir hatten ein Dach und wir hatten Platz und **wir** fuhren vorüber und wir hörten **mich** sagen, mit einer grämlichen Stimme: Nein, wir können niemand mitnehmen.	⇦ Mitte
3. Teil: „Ich“	Wir waren schon weit voraus, einen Tagesmarsch vielleicht, als **ich** plötzlich erschrak über diese meine Stimme, dies mein Verhalten und diese ganze Welt.	⇩ 5 Verszeilen

Bertolt Brechts Gedicht ist 1937 entstanden.

❶ Es besteht aus drei Teilen. Finde Überschriften!

① Begegnung mit dem Zerlumpten

② „Nein“ des Ich-Sprechers

③ Reflexion des Ich-Sprechers

❷ In Brechts Gedicht erschrickt der Ich-Sprecher am Ende über drei Dinge. Welche Dinge sind das?

Er erschrickt „über diese meine Stimme, dies mein Verhalten und diese ganze Welt“.

❸ Inwiefern kann man dieses Gedicht als ein Gleichnis für die Verhältnisse in unserer Gesellschaft nehmen?

In unserer Gesellschaft gibt es auch heute noch verschiedene Klassen bzw. Schichten mit verschiedenen Rechten und unterschiedlichen wirtschaftlichen Möglichkeiten. Zur untersten Schicht, dem Proletariat, gehört der Zerlumpte. Der Ich-Sprecher erschrickt über sein gedankenlos-kaltes Verhalten.

❹ Finde die Aussage Brechts heraus!

Mit der Einsicht über unser Fehlverhalten ist es noch nicht getan, was folgen müsste, wäre aktive Hilfe. Brecht glaubt nicht, dass in „dieser Welt“ individuelle Hilfe und Nächstenliebe ausreichen. Barmherzigkeit allein, so notwendig sie ist, genügt nicht. Geändert werden müsste „diese ganze Welt“, die das Elend und das beziehungslose Verhalten dem Elend gegenüber ständig reproduziert. Ein Aufstand der Massen nach dem Motto „Proletarier aller Länder, vereinigt euch!“, wie Marx in seinem kommunistischen Manifest forderte, kommt der Intention Brechts sehr nahe.

Gedicht: „Die Verstreuten“ (Heinz Piontek)

Lernziele
- Kennenlernen des Inhalts
- Verstehen des Gehalts
- Herausfinden der Aussage des Verfassers
- Finden von Parallelen zur Gegenwart

Arbeitsmittel / Medien / Literaturhinweise
- Arbeitsblatt mit Lösung
- Textblatt mit Gedicht
- Folie: Das Jahrhundert der Flüchtlinge aus: Zeitlupe 22 © Bundeszentrale für politische Bildung
- Folien (Bilder: Flüchtlinge; Verfasserinformation; Grafik: Auf der Flucht)

Tafelbild/Folien

Kriege, Verfolgung und Hungerkatastrophen

Kriege, Verfolgung, Hungerkatastrophen – rund zwölf Millionen Menschen waren Anfang 2002 weltweit auf der Flucht. Erster Anlaufpunkt der Flüchtlinge ist häufig die Hilfsorganisation UNHCR (das Amt des Hohen Flüchtlingskommissars der Vereinten Nationen), die derzeit insgesamt 19,8 Millionen Menschen Schutz und Hilfe bietet. Dazu zählen neben den zwölf Millionen Flüchtlingen 6,3 Millionen Binnenvertriebene (Flüchtlinge im eigenen Land), etwa 941 000 Asyl Suchende und 463 000 Rückkehrer in ihre Heimatländer. Nach über zwei Jahrzehnten Bürgerkrieg waren die Afghanen Anfang 2002 mit mehr als 3,8 Millionen Menschen die größte Flüchtlingsgruppe der Welt. Die ethnischen Unruhen in Burundi, die 1996 in Massenmorden gipfelten, halten bis heute 554 000 Menschen auf der Flucht. Der drittgrößte Flüchtlingsstrom stammt aus dem Irak: Politische Verfolgung und Kriege vertrieben letztes Jahr 530 000 Iraker aus ihrem Heimatland.

Heinz Piontek

Er wurde am 15. November 1925 in Kreuzburg/Oberschlesien geboren, zog aber dann nach München. 1943 war er von der Schulbank weg Soldat im 2. Weltkrieg. Nach seiner Gefangenschaft (1945) zog er 1947 von München nach Lauingen und bestand dort sein Abitur. Anschließend studierte er Germanistik, Kunstgeschichte und Philosophie an der Hochschule in Dillingen/ Donau. Seit 1948 ist Heinz Piontek freier Schriftsteller und lebt seit 1961 wieder in München. Piontek ist Mitglied im PEN und erhielt für sein umfangreiches Schaffen – er veröffentlichte mehrere Romane, Gedichtbände, Essays, Hörspiele und Übersetzungen – bislang zahlreiche Auszeichnungen, z. B. den Berliner Literaturpreis der jungen Generation (1957), die Ehrengabe der Bayerischen Akademie der Schönen Künste (1958), den Münchner Literaturpreis (1967), den Georg-Büchner-Preis der Stadt Darmstadt (1976) u. a.

Stundenbild: (1 UE)

I. Hinführung	
Stummer Impuls Folie	Das Jahrhundert der Flüchtlinge
Aussprache	
Zielangabe	*Kennenlernen eines 1955 entstandenen Gedichts zu dieser Thematik*
TA	„Die Verstreuten“ (Heinz Piontek)
Kurze Lehrererzählung zum Verfasser	
II. Begegnung mit dem Text	
Lehrervortrag	„Die Verstreuten“ (Heinz Piontek)
Textblatt	
Schüler lesen mit	
Spontanäußerungen	
III. Arbeit am Text	
Impuls	L: Wir klären schwierige Begriffe!
Aussprache mit TA	Hader = Streit, Zank Planen = Abdeckungen für Wagen untilgbar = nicht löschbar biwakieren = lagern, zelten Rute = früheres Längenmaß, etwa 3 bis 5 Meter barbarisch = ungesittet, roh
Leitfragen Textbezüge	① Was erfährst du in den Zweizeilern? ② Was erfährst du in den Vierzeilern? ③ Welche geschichtlichen Andeutungen gibt der Verfasser?
Aussprache Zsf. TA	zu ① Jede Verszeile beginnt mit dem Wort „Wir“. Allgemein wird über Entbehrungen, Einschränkungen und Verbote berichtet. Die letzten beiden Verszeilen geben der Hoffnung Ausdruck, dass alle Flüchtlinge ein Ziel haben und es auch erreichen werden. zu ② Fluchtartiger Aufbruch im Winter (Str. II/III); viele Menschen erleiden den Tod (Str. V/VI); Rückblick auf andere Züge und Vertreibungen (Str. VIII/IX); Auflösung des vom Osten kommenden Flüchtlingszuges, Zuversicht (Str. XI/XII) zu ③ • Ostflüchtlinge nach dem 2. Weltkrieg • Ostbesiedlung im 13. Jahrhundert, dem „frommen“ Jahrhundert • Zug der Juden von Ägypten nach Kanaan, dem gelobten Land • Flucht der Trojaner (Aeneas mit Vater Priamos und Sohn)
Impuls	L: Was will Piontek aussagen?
Aussprache	
Impuls	L: „Verstreute“ heute?
Aussprache	
Folien	Grafik: Auf der Flucht Text: Kriege, Verfolgung und Hungerkatastrophen
Aussprache	
IV. Sicherung	
Zsf. Arbeitsblatt	
Kontrolle Folie (Lösung Arbeitsblatt)	
Schüler lesen Gedicht	Singestaltendes Lesen

„Die Verstreuten“ (Heinz Piontek)

Wir haben Wind unter den Sohlen.
Wir haben Wind im Nacken.

Des Nachbarn Stimme fing sich in Netzen Schnees.
Da stopften wir Silber und Brot in die Säcke, entriegelten die Tür.
Als die Nacht anhub zu flackern, liefen wir waffenlos zu den Ställen
und hinaus auf Straßen von wandernden Ratten.

Zerstoßenes Blech und Kälte: das Land der Geschlagenen.
Wir fuhren im Schritt. Ein Mädchen kam nieder
zwischen den Speichen. Ein Blinder stolperte hinter barmherzigen Leuten
an einem Strick, und er schrie zu den Lüften: Wo sind wir?

Wir müssen vor den Kreuzungen warten.
Wir besitzen keine Dokumente.

Mancher starb kauernd – im Hader über seine verendeten Pferde,
mancher streckte sich schweigsam und mild unter Planen.
Und als wir einzeln eine getroffene Brücke passierten,
waren viele im Eis zu sehen, grün und wie schwebend.

Der Himmel ein Sieb, und hinter den Karawanen
blieb eine Fährte aus untilgbarer Stille,
ein zugiger Horizont blieb zurück, auf dem wir biwakiert,
der Schläfer, der die Verfolgung nicht mehr fürchtete.

Wir dürfen kein Feuer machen.
Wir dürfen den Zug ohne Erlaubnis nicht verlassen.

Man rief mich: „Erzähle! Wir wissen zu wenig von jenen,
die im April eines frommen Jahrhunderts sich aufgemacht hatten,
um ihre Reiche – zwölfhundert Ruten Wildnis – zu gründen,
vom Mehl der Gebeine auf unseren Friedhöfen erzähle!“

Ich sagte zu ihnen: Es war ein Volk, das auszog
nach dem gelobten Land und es nicht fand und verdarb. –
„Narr, sie erreichten es – süß und barbarisch zwischen Wasserbächen!“
Wir aber müssen nun unsre frühere Heimat erkunden.

Wir beugen die Rücken unter leichte Lasten.
Wir nähren uns von Schnee und Vögeln.

Unsere Scharen lichteten sich und strömten mit dünnen Schatten.
Einer verlor den andern. Der Osten – wie eine feurige Sage –
ging hinter Armeen zugrunde. Jammer war er
und Aschenflug über der Öde und dunkel wie einst.

Doch holte uns ein, der einen Knaben führte: ein rüstiger Mann,
den Waffenrock heftig von Sommern versengt
und einen Alten, den schlaffen Vater, auf den Schultern.
Da wurde es Tag vor unseren Augen mit rosenblättrigem Licht.

Wir werden zu einer festen Stadt kommen im Wind.
Wir werden Frieden finden auf Felsen.

Das Jahrhundert der Flüchtlinge

Das Jahrhundert der Flüchtlinge ist das 20. Jahrhundert. Und in der Tat: Nie zuvor in der Geschichte sind mehr Menschen auf der Flucht gewesen, wurden mehr Menschen von ihrer Heimat gewaltsam getrennt als in diesem Jahrhundert. Die Zahlen, die allein für Europa für die Zeit des Zweiten Weltkrieges (1939 bis 1945) und der unmittelbaren Nachkriegszeit errechnet wurden, übersteigen das Vorstellbare: 50 bis 60 Millionen, jeder zehnte Europäer! Und nach dem Zweiten Weltkrieg bis zum Jahre 2000? Mindestens noch einmal so viele Menschen haben dieses Schicksal erlitten. Und erleiden es weiterhin. Nur der Schwerpunkt hat sich verschoben: von Europa nach Asien, Afrika und Lateinamerika. Nach dem letzten Krieg sind Millionen von Menschen auch zu uns in das Gebiet der heutigen Bundesrepublik Deutschland gekommen und haben hier eine neue Heimat gefunden. Noch immer kommen jährlich Tausende hinzu, die bei uns Zuflucht suchen. Flüchtlinge – sie leben mitten unter uns.

„Die Verstreuten“ (Heinz Piontek)

❶ **Wie ist das Gedicht aufgebaut?**

❷ **Wie unterscheiden sich die zweizeiligen von den vierzeiligen Strophen?**

❸ **Was erfährst du in den zweizeiligen Strophen?**

❹ **Was beschreibt Piontek in den vierzeiligen Strophen?**

❺ **Im Gedicht wird der Osten direkt angesprochen. Welche Ereignisse verbindest du damit?**

❻ **Piontek deutet weitere geschichtliche Vertreibungen an. Um welche könnte es sich handeln?**

❼ **Was will Piontek aussagen?**

„Die Verstreuten“ (Heinz Piontek)

❶ Wie ist das Gedicht aufgebaut?

Piontek verwendet nur zweizeilige und vierzeilige Strophen. Nach jedem Zweizeiler folgen zwei Vierzeiler. Beginnend mit einem Zweizeiler sind zwischen den fünf Zweizeilern acht Vierzeiler eingeschoben.

❷ Wie unterscheiden sich die zweizeiligen von den vierzeiligen Strophen?

Die Zweizeiler stehen im Präsens, die Vierzeiler in der Vergangenheit. Während die Zweizeiler unregelmäßig gebaut sind, herrschen in den Vierzeilern regelmäßige Daktylen vor. Die Zweizeiler sind allgemein gehalten, die Vierzeiler sind geschichtlich gesehen etwas präziser.

❸ Was erfährst du in den zweizeiligen Strophen?

Jede Verszeile beginnt mit dem Wort „Wir“. Allgemein wird über Entbehrungen, Einschränkungen und Verbote berichtet. Die letzten beiden Verszeilen geben der Hoffnung Ausdruck, dass alle Flüchtlinge ein Ziel haben und es auch erreichen werden.

❹ Was beschreibt Piontek in den vierzeiligen Strophen?

Fluchtartiger Aufbruch im Winter (Str. II/III); viele Menschen erleiden den Tod (Str. V/VI); Rückblick auf andere Züge und Vertreibungen wie die Ostbesiedlung und den Zug der Israeliten von Ägypten nach Kanaan (Str. VIII/IX); Auflösung des vom Osten kommenden Flüchtlingszuges, Zuversicht in Erinnerung an den Trojaner Aeneas (Str. XI/XII)

❺ Im Gedicht wird der Osten direkt angesprochen. Welche Ereignisse verbindest du damit?

Zum einen ist die Besiedlung des Ostens im 13. Jahrhundert („frommes Jahrhundert“) durch Bauern und Handwerker gemeint, zum anderen handelt es sich um den Zug der deutschen Ostflüchtlinge am Ende des 2. Weltkrieges („Kälte“, „Eis“, „Schnee“, „Armeen zugrunde gegangen“).

❻ Piontek deutet weitere geschichtliche Vertreibungen an. Um welche könnte es sich handeln?

Piontek spielt auf den Zug der Juden in die KZ an („wir besitzen keine Dokumente“), dann auf den Zug der Juden von Ägypten nach Kanaan („gelobtes Land“) und auf die Flucht der Trojaner unter Führung des Aeneas aus ihrer brennenden Stadt nach Italien („Vater auf den Schultern“).

❼ Was will Piontek aussagen?

Piontek beschreibt die Menschen als Verstreute, die auf der Flucht sind und Not leiden. Das so optimistisch angeführte Ziel ist für Flüchtlinge oft nur schwer oder gar nicht erreichbar. Zumeist sind es politische Gründe (diktatorische Staaten, die Gegner foltern oder töten bzw. Kriege) oder wirtschaftliche Ursachen (Armut/Hunger), die Menschen zur Flucht treiben.

Gedichte: „Konkrete Poesie“ (Ernst Jandl)

Lernziele

- Kennenlernen verschiedener Gedichte von Ernst Jandl
- Verstehen der Intention der Gedichte
- Wissen um die Merkmale konkreter Poesie
- Lyrische Konstruktionen konkreter Poesie in Eigengestaltung anwenden können

Arbeitsmittel / Medien / Literaturhinweise

- Arbeitsblatt mit Lösung
- Folien (Verfasserinformation; Merkmale konkreter Poesie)

Tafelbild/Folien

Merkmale konkreter Poesie

❶ Als Grundprinzip jedes modernen Gedichts soll ein „Schock“ hervorgerufen werden.
❷ Es wird bewusst auf den Reim verzichtet.
❸ Die Rhythmik ist frei gestaltet.
❹ Es besteht ein Bezug zwischen Gedicht und Zeitströmung.
❺ Die Zeitströmung wird häufig durch eine bestimmte Form realisiert.

Ernst Jandl tot

Poet und Autor

75-jährig in Wien gestorben

(AP). Der österreichische Lyriker, Hörspiel- und Dramenautor Ernst Jandl ist Medienberichten zufolge am Freitagabend in Wien gestorben. Wie Franz-Leo Popp von der Litera Mechana, der österreichischen Nachrichtenagentur APA, mitteilte, erlag Jandl kurz vor seinem 75. Geburtstag einem Herzleiden. Ernst Jandl wurde am 1. August 1925 in Wien geboren. Mit seinen lautmalerischen und wortspielerischen Dichtungen, die auf oft kabarettistisch-groteske Weise Sprachkonventionen aufbrechen und verborgene tiefe Schichten freilegen, hatte sich Jandl den Ruf eines der bedeutendsten deutschsprachigen Lyrikers erworben. Es gelang ihm, gleichermaßen mit hohen Auszeichnungen gewürdigt zu werden und ein zahlreiches, junges und vielschichtiges Publikum zu erobern. Nach einem Germanistik- und Anglistikstudium war Jandl in Wien ab 1949 als Gymnasiallehrer tätig, häufig beurlaubt für seine dichterische Arbeit. Sein erster, noch konventionellerer Gedichtband „Andere Augen“ erschien 1956. Beeindruckt von den Sprachexperimenten der „Wiener Gruppe“, aber auch der angelsächsischen Literatur, vor allem von James Joyce, entwickelte er ein Werk, das ihn zum Hauptvertreter der „Konkreten Poesie“ werden ließ und das einen wesentlichen Einfluss auf die Entwicklung deutschsprachiger Literatur gewinnen sollte. Jandl hatte vier verschiedene Grundarten seiner Gedichte definiert: „Das Gedicht in nahezu Alltagssprache; das Stimme verlangende Sprechgedicht; das laute wortlose Lautgedicht; das stille visuelle Gedicht“. Kein Wunder, dass durch Jandls Erforschung der Laut-Dimension der Sprache das Hörspiel revolutionäre Impulse erhielt und eine Reihe Schallplatten erschienen. Erfolge als Dramatiker bescherte ihm seine zur Gänze im Konjunktiv verfasste Sprechoper „Aus der Fremde“. Ernst Jandl wurde vielfach ausgezeichnet. Er wär u. a. Träger des Großen Österreichischen Staatspreises, des Georg-Büchner-Preises, des Mühlheimer Dramatikerpreises, des Georg-Trakl-Preises, des Frankfurter Hörspielpreises, des Deutschen Kleinkunstpreises und des Peter-Huchel-Preises.

aus: Augsburger Allgemeine Zeitung, Juli 2000

Stundenbild: (1 UE)

I. Hinführung	
Stummer Impuls Folie	Ernst Jandl tot
Aussprache	
Zielangabe	*Kennenlernen von zwei Gedichten, die von ihm stammen*
TA	• schtzngrmm • loch
II. Textbegegnung 1	
Lehrervortrag	schtzngrmm
Spontanäußerungen	
III. Arbeit am Text 1	
Schüler lesen das Gedicht auf der Folie	
Aussprache	
Leitfragen	① Was fällt dir beim Bau des Gedichts auf? ② Welches Wort steckt in der Überschrift? ③ Beim lauten Lesen wird etwas schnell deutlich. Was?
Aussprache	
IV. Textbegegnung 2	
Lehrervortrag (bis auf die letzte Zeile)	loch
Spontanäußerungen	
V. Arbeit am Text 2	
Schüler lesen das Gedicht auf der Folie	
Leitfrage	① Was fällt dir bei diesem Gedicht auf?
Lehrer deckt letzte Verszeile auf	„üch loch müch kronk“
Aussprache	„loch“ heißt „lach“ ⇨ Wiener Dialekt: „ich lache mich krank“
Leitfrage	② Was will Jandl mit diesem Gedicht aussagen?
Aussprache	
	L: Diese Art der Dichtung nennt man „konkrete Poesie“.
TA	Konkrete Poesie
Lehrerfrage	L: Merkmale konkreter Poesie?
Aussprache	
Zsf. TA	• nur wenig verschiedene Worte • häufige Wiederholungen • kein Reim • keine Satzzeichen • arbeitet mit Verfremdungstechniken • oft nur optische und akustische Vorgaben • lässt Raum für kreative Lösungen
VI. Sicherung	
Zsf. Arbeitsblatt	
Kontrolle Folie (Lösung Arbeitsblatt)	
VII. Ausweitung	
Schüler schreiben selbst Gedichte in konkreter Poesie	Themenkreise wie Schule, Computer, Fernsehen, Verfolgungsjagd etc.

„Konkrete Poesie“ (Ernst Jandl)

schtzngrmm

schtzngrmm
schtzngrmm
t-t-t-t
t-t-t-t
grrrmmmmm
t-t-t-t
s---------c---------c
tzngrmm
tzngrmm
grrrmmmmm
schtzn
schtzn
t-t-t-t
t-t-t-t
schtzngrmm
schtzgrmm
tssssssssssssssssssss
grrt
grrrrrt
grrrrrrrrrt
scht
scht
t-t-t-t-t-t-t-t-t
scht
tzngrmm
tzngrmm
t-t-t-t-t-t-t-t-t
scht
scht
scht
scht
scht
grrrrrrrrrt
t-tt

loch

loch
loch
loch doch
so loch doch
so loch doch schon
so loch doch
loch doch
loch

üch loch müch kronk

➊ **Was fällt dir beim Bau des ersten Gedichts auf?**

____
____
____

➋ **Welches Wort steckt in der Überschrift?**

____

➌ **Beim lauten Lesen wird etwas schnell deutlich. Was?**

____
____
____
____
____
____
____
____

➍ **Was fällt dir beim zweiten Gedicht auf?**

____
____
____

➎ **Mit dem Lesen der letzten Verszeile wird etwas klar. Was?**

____
____
____

➏ **Was will Jandl mit diesem Gedicht aussagen?**

____
____
____

➍ **Merkmale konkreter Poesie**

- ______________________________
- ______________________________
- ______________________________
- ______________________________
- ______________________________
- ______________________________
- ______________________________

Lösungsblatt: „Konkrete Poesie“ (Ernst Jandl)

„Konkrete Poesie“ (Ernst Jandl)

schtzngrmm

schtzngrmm
schtzngrmm
t-t-t-t
t-t-t-t
grrrmmmmm
t-t-t-t
s---------c---------c
tzngrmm
tzngrmm
grrrmmmmm
schtzn
schtzn
t-t-t-t
t-t-t-t
schtzngrmm
schtzgrmm
tssssssssssssssssssss
grrt
grrrrrt
grrrrrrrrrt
scht
scht
t-t-t-t-t-t-t-t-t-t
scht
tzngrmm
tzngrmm
t-t-t-t-t-t-t-t-t-t
scht
scht
scht
scht
scht
grrrrrrrrrt
t-tt

loch

loch
loch
loch doch
so loch doch
so loch doch schon
so loch doch
loch doch
loch

üch loch müch kronk

❶ Was fällt dir beim Bau des ersten Gedichts auf?

Ernst Jandl hat alle Volkale weggelassen, das Gedicht besteht nur aus den Konsonanten „s“, „c“, „h“, „t“, „z“, „n“, „g“, „r“ und „m“. Diese kombiniert er in unterschiedlichster Art und Weise.

❷ Welches Wort steckt in der Überschrift?

Schtzngrmm ⇨ Schützengraben (im Dialekt ausgesprochen)

❸ Beim lauten Lesen wird etwas schnell deutlich. Was?

Lautmalerisch wird verdeutlicht, was im Krieg passiert: Maschinengewehrfeuer (t-t-t-t), das Abschießen (scht) und Zischen (tssssssss) von Granaten, sich eingraben (grmmm), sich schützen, in Deckung gehen (schtzn) u. a.

❹ Was fällt dir beim zweiten Gedicht auf?

Jandl arbeitet mit dem Wort „loch“, das er stereotyp nach symmetrischen Gesichtspunkten erweitert und wieder reduziert. Die Anrede an den Leser erfolgt im Imperativ, der etwas „lochen“ soll.

❺ Mit dem Lesen der letzten Verszeile wird etwas klar. Was?

Erst mit der letzten Zeile wird klar, dass „lochen“ Wiener Dialekt ist und „lachen“ heißen soll. Mit „üch loch müch kronk“ meint Jandl „ich lache mich krank“.

❻ Was will Jandl mit diesem Gedicht aussagen?

Jemanden zum Lachen zu zwingen, ist nicht möglich, denn auf Befehl kann man nicht lachen. Die letzte Zeile ist von daher eher als Abwehr, als Paradoxon zu verstehen.

❹ Merkmale konkreter Poesie

- nur wenig verschiedene Worte
- häufige Wiederholungen
- kein Reim
- keine Satzzeichen
- arbeitet mit Verfremdungstechniken
- oft nur optische und akustische Vorgaben
- lässt Raum für kreative Lösungen

Gedicht: „Die letzten sieben Tage der Erde“ (Jörg Zink)

Lernziele

- Kennenlernen des Gedichts von Jörg Zink
- Verstehen des Warncharakters des Gedichts
- Herausarbeiten der Gründe, die zum Untergang der Welt führen
- Wissen um die Aktualität des Gedichts
- Vergleich mit dem Schöpfungsbericht

Arbeitsmittel / Medien / Literaturhinweise

- Textblatt 1: Die letzten Tage der Schöpfung
- Textblatt 2: Der Schöpfungsbericht (1. Mose, 1, 1-31; 2, 1-3)
- Folien (Verfasserinformation; Fragen zum Text; Aussage des Autors)

Tafelbild/Folien

Jörg Zink

Jörg Zink hat über 200 Bücher geschrieben, von denen insgesamt über 17 Millionen Exemplare verkauft worden sind. Am 22. November 2000 feierte er seinen 80. Geburtstag. Jörg Zink ist grau geworden. Äußerlich. Doch

innerlich, in seinem Denken und Fühlen, bewegt er sich ungebrochen auf der Höhe der Zeit.

1950 demonstrierte Jörg Zink als erster Kirchenmann Württembergs gegen die Wiederaufrüstung. 1965 drehte er einen Film über Umweltzerstörung. In den 80er-Jahren engagierte er sich in der Friedens- und Ökologiebewegung. Oft genug formulierte er sein Unbehagen an Kirche und Politik. Heute setzt Zink alles daran, von der nach seinen Worten „kargen und kühlen“ protestantischen Theologie wegzukommen.

Der 1922 bei Schlüchtern geborene und in Ulm aufgewachsene Denker gilt damit nicht nur als einer der bekanntesten evangelischen Theologen in der Bundesrepublik, sondern auch als der mit Abstand meistgelesene. Bei seinen Auftritten auf Kirchentagen heißt es regelmäßig: „Halle überfüllt.“ Die Menschen laben sich an seiner Sprachkunst.

Die Wochenzeitschrift „Die Zeit“ formulierte zu seinem 60. Geburtstag, dass seine Worte die Zuhörer „besoffen“ machten.

Dennoch gab er sich in einem seiner jüngsten Interviews auch resigniert wie selten: „Den ganz jungen Leuten habe ich nichts mehr zu sagen. Diese Generation lebt in einer Welt, die nicht mehr meine ist.“

In umgekehrter Reihenfolge zur Schöpfungsgeschichte wird durch den Menschen alles vernichtet:

Leugnen der Gottesebenbildlichkeit ⇨ Vernichtung der Tiere ⇨ Zugrundegehen der Vegetation ⇨ Vernichtung des Menschen durch sich selbst ⇨ Ausgehen des Lichts ⇨ Chaos

Aussage des Autors:

Jörg Zink klagt den Menschen in bitter-ironischer Art an, die ihm von Gott anvertraute Schöpfung und sich selbst vernichtet zu haben. Die vom Autor gewählte Zeitstufe der Vergangenheit vermittelt den Eindruck, dass der Untergang der Erde schon geschehen ist, was den Warncharakter des Gedichts noch verstärkt. Der Verfasser appelliert eindringlich an die Vernunft des Menschen, mit der Vernichtung der Schöpfung durch die Industrialisierung, Verschmutzung der Umwelt, Anhäufung von biologischen, chemischen und atomaren Waffen u. a. aufzuhören. Ob der Mensch in seiner Überheblichkeit und Gottabgewandtheit das beherzigt, bleibt allerdings fraglich.

Stundenbild: (1 UE)

I. Hinführung	
Stummer Impuls TA	Genesis
Aussprache	
Ergebnis TA	Genesis = Schöpfungsgeschichte im 1. Buch Moses des Alten Testaments 1. Mose, 1, 1-31; 2, 1-3 ⇨ die ersten sieben Tage der Schöpfung
Folie Schüler lesen Aussprache	Text: „Der Schöpfungsbericht" des Alten Testaments
Zielangabe	*Kennenlernen eines gedichtähnlichen Textes, der diese Schöpfungsgeschichte aufgreift*
TA	„Die letzten sieben Tage der Erde" (Jörg Zink)
Vermutungen aufgrund des Titels	
II. Textbegegnung	
Textblatt	„Die letzten sieben Tage der Erde" (Jörg Zink)
Lehrervortrag Schüler lesen mit	
III. Arbeit am Text	
1. Teilziel:	**Inhaltliche Klärung**
Lehrerfrage	Was beschreibt Jörg Zink? Wie kommt es zum allmählichen Untergang der Welt?
Aussprache mit Textbezügen	
Zsf. TA	In **umgekehrter Reihenfolge zur Schöpfungsgeschichte** wird durch den Menschen alles vernichtet: Leugnen der Gottesebenbildlichkeit ⇨ Vernichtung der Tiere ⇨ Zugrundegehen der Vegetation ⇨ Vernichtung des Menschen durch sich selbst ⇨ Ausgehen des Lichts ⇨ Chaos
Eintrag Heft/Block Lehrerfrage	Wie reagieren Menschen, Engel und Teufel auf den Weltuntergang?
Aussprache mit Textbezügen	
2. Teilziel:	**Klärung des Gehaltes**
Leitfragen 1 bis 7 (Arbeitsblatt) Aussprache	
Lehrerfrage	Welche Aussage will Jörg Zink treffen?
Aussprache Zsf. TA	Jörg Zink klagt den Menschen in bitter-ironischer Art an, die ihm von Gott anvertraute Schöpfung und sich selbst vernichtet zu haben. Die vom Autor gewählte Zeitstufe der Vergangenheit vermittelt den Eindruck, dass der Untergang der Erde schon geschehen ist, was den Warncharakter des Gedichts noch verstärkt. Der Verfasser appelliert eindringlich an die Vernunft des Menschen, mit der Vernichtung der Schöpfung durch die Industrialisierung, Verschmutzung der Umwelt, Anhäufung von biologischen, chemischen und atomaren Waffen u. a. aufzuhören. Ob der Mensch in seiner Überheblichkeit und Gottabgewandtheit das beherzigt, bleibt allerdings fraglich.
Eintrag Heft/Block	
IV. Ausweitung	Für jeden Tag wird ein Bild gemalt bzw. eine Collage hergestellt.
Aufführung des Textes von Jörg Zink durch 8 Sprecher	

Arbeitsblatt: „Die letzten sieben Tage der Erde“ (Jörg Zink)

„Die letzten sieben Tage der Erde“ (Jörg Zink)

Am Anfang schuf Gott Himmel und Erde. Aber nach vielen Millionen Jahren war der Mensch endlich klug genug. Er sprach: Wer redet hier von Gott? Ich nehme meine Zukunft selbst in die Hand. Er nahm sie und es begannen die letzten sieben Tage der Erde.

Am Morgen des ersten Tages beschloss der Mensch frei zu sein und gut, schön und glücklich. Nicht mehr Ebenbild eines Gottes, sondern ein Mensch. Und weil er etwas glauben musste, glaubte er an die Freiheit und an das Glück, an Zahlen und Mengen, an die Börse und den Fortschritt, an die Planung und seine Sicherheit. Denn zu seiner Sicherheit hatte er den Grund zu seinen Füßen gefüllt mit Raketen und Atomsprengköpfen.

Am zweiten Tag starben die Fische in den Industriegewässern, die Vögel am Pulver aus der chemischen Fabrik, das den Raupen bestimmt war, die Feldhasen an den Bleiwolken von den Straßen, die Schoßhunde an der schönen roten Farbe der Wurst, die Heringe am Öl auf dem Meer und an dem Müll auf dem Grunde des Ozeans. Denn der Müll war aktiv.

Am dritten Tag verdorrte das Gras auf den Feldern und das Laub an den Bäumen, das Moos an den Felsen und die Blumen in den Gärten. Denn der Mensch machte das Wetter selbst und verteilte den Regen nach genauem Plan. Es war nur ein kleiner Fehler in dem Rechner, der den Regen verteilte. Als sie den Fehler fanden, lagen die Lastkähne auf dem trockenen Grund des schönen Rheins.

Am vierten Tag gingen drei von vier Milliarden Menschen zugrunde. Die einen an den Krankheiten, die der Mensch gezüchtet hatte, denn einer hatte vergessen, die Behälter zu schließen, die für den nächsten Krieg bereit standen. Und ihre Medikamente halfen nichts. Die hatten zu lange schon wirken müssen in Hautcremes und Schweinelendchen. Die anderen starben am Hunger, weil etliche von ihnen den Schlüssel zu den Getreidesilos versteckt hatten. Und sie fluchten Gott, der ihnen doch das Glück schuldig war. Er war doch der liebe Gott!

Am fünften Tag drückten die letzten Menschen auf den roten Knopf, denn sie fühlten sich bedroht. Feuer hüllte den Erdball ein, die Berge brannten, die Meere verdampften und die Betonskelette in den Städten standen schwarz und rauchten. Und die Engel im Himmel sahen, wie der blaue Planet rot wurde, dann schmutzig braun und schließlich aschgrau. Und sie unterbrachen ihren Gesang für zehn Minuten.

Am sechsten Tag ging das Licht aus. Staub und Asche verhüllten die Sonne, den Mond und die Sterne. Und die letzte Küchenschabe, die in einem Raketenbunker überlebt hatte, ging zugrunde an der übermäßigen Wärme, die ihr gar nicht gut bekam.

Am siebten Tag war Ruhe. Die Erde war wüst und leer und es war finster über den Rissen und Spalten, die in der trockenen Erdrinde aufgesprungen waren. Und der Geist der Menschen irrlichterte als Totengespenst über dem Chaos. Tief unten, in der Hölle, aber erzählte man sich eine spannende Geschichte von dem Menschen, der seine Zukunft in die Hand nahm, und das Gelächter dröhnte hinauf bis zu den Chören der Engel.

Fragen zum Text:

❶ Welche konkreten Bedrohungen sind im Text benannt? Wie real sind die beschriebenen Bedrohungen?
❷ Welche Fehler unterlaufen den Menschen?
❸ Vergleiche die beschriebenen Tagesfolgen mit der Realität. Bei welchem Tag könnten wir uns dann heute befinden?
❹ Sind alle Menschen auf der Erde in gleichem Maße und in gleicher Weise von den Bedrohungen betroffen?
❺ Wie reagieren verschiedene Bevölkerungsgruppen in verschiedenen Ländern auf die Bedrohungen?
❻ Wie reagieren die Politiker, wie die Wirtschaftsunternehmer?
❼ Wo sind Ansatzpunkte zu finden, die diese bedrohliche Entwicklung aufhalten könnten, die von Jörg Zink beschrieben wurden?

„Der Schöpfungsbericht“

Erster Schöpfungsbericht (1. Mose, 1, 1-31; 2, 1-3)

Im Anfang schuf Gott den Himmel und die Erde. Die Erde aber war wüst und leer. Finsternis lag über dem Abgrund, und der Geist Gottes schwebte über den Wassern. Da sprach Gott: „Es werde Licht!“ Und es ward Licht. Gott sah, dass das Licht gut war, und Gott schied zwischen dem Licht und der Finsternis. Gott nannte das Licht Tag, und die Finsternis nannte er Nacht. Es ward Abend, und es ward Morgen: erster Tag.

Nun sprach Gott: „Es werde ein Firmament inmitten der Wasser und scheide zwischen Wasser und Wasser!“ Und es geschah so. Gott machte das Firmament, und es schied zwischen den Wassern unterhalb des Firmamentes und den Wassern oberhalb des Firmamentes. Gott nannte das Firmament Himmel. Es ward Abend, und es ward Morgen: zweiter Tag.

Nun sprach Gott: „Es sammle sich das Wasser, das unter dem Himmel ist, zu einer Ansammlung, und es erscheine das trockene Land!“ Und es geschah so. Gott nannte das trockene Land Erde, und die Ansammlung des Wassers nannte er Meer. Und Gott sah, dass es gut war. Dann sprach Gott: „Es lasse grünen die Erde Grünes, Kraut, das Samen bringt, und Fruchtbäume, die Früchte auf Erden tragen, in denen ihr Same ist!“ Und es geschah so. Die Erde brachte Grünes hervor, Kraut, das Samen bringt nach seiner Art, und Bäume, die Früchte tragen nach ihrer Art, in denen ihr Same ist. Und Gott sah, dass es gut war. Es ward Abend, und es ward Morgen: dritter Tag.

Nun sprach Gott: „Es sollen Leuchten werden am Firmament des Himmels, damit sie scheiden zwischen dem Tag und der Nacht; sie sollen als Zeichen dienen, für Festzeiten und Tage und Jahre. Sie sollen Leuchten sein am Firmament des Himmels, um über die Erde zu leuchten.“ Und es geschah so. Gott machte die beiden großen Leuchten, die größere Leuchte zur Herrschaft über den Tag, die kleinere Leuchte zur Herrschaft über die Nacht, dazu die Sterne. Gott setzte sie an das Firmament des Himmels, damit sie über die Erde leuchten, damit sie über den Tag und über die Nacht herrschen und zwischen dem Licht und der Finsternis scheiden. Und Gott sah, dass es gut war. Es ward Abend, und es ward Morgen: vierter Tag.

Nun sprach Gott: „Es sollen die Wasser wimmeln vom Gewimmel lebendiger Wesen, und Vögel sollen über die Erde am Firmament des Himmels hinfliegen!“ Und es geschah so. Gott schuf die großen Seetiere und alle lebendigen Wesen, die sich regen und von denen das Wasser wimmelt, nach ihren Arten, und alle geflügelten Vögel nach ihren Arten. Und Gott sah, dass es gut war. Gott segnete sie und sprach: „Seid fruchtbar und mehret euch und erfüllet das Wasser in den Meeren, und die Vögel sollen sich vermehren auf Erden.“ Es ward Abend, und es ward Morgen: fünfter Tag.

Nun sprach Gott: „Es bringe die Erde hervor lebendige Wesen nach ihren Arten: Vieh, Gewürm und Wild des Feldes nach ihren Arten!“ Und es geschah so. Gott machte das Wild des Feldes nach seinen Arten, das Vieh nach seinen Arten und alles Gewürm auf dem Erdboden nach seinen Arten. Und Gott sah, dass es gut war. Nun sprach Gott: „Lasst uns den Menschen machen nach unserem Bilde, uns ähnlich. Sie sollen herrschen über die Fische des Meeres und über die Vögel des Himmels, über das Vieh und über alles Wild des Feldes und über alles Gewürm, das auf dem Erdboden kriecht!“ Und Gott schuf den Menschen nach seinem Bilde, nach dem Bilde Gottes schuf er ihn, als Mann und Frau schuf er sie. Gott segnete sie, und Gott sprach zu ihnen: „Seid fruchtbar und mehret euch und erfüllet die Erde und macht sie euch untertan! Herrschet über die Fische des Meeres und über die Vögel des Himmels und über alles Getier, das sich auf Erden regt!“ Dann sprach Gott: „Seht, ich übergebe euch alles Kraut, das Samen hervorbringt auf der ganzen Erde, und alle Bäume, die Samen tragende Früchte hervorbringen; das sei eure Nahrung. Allem Wild des Feldes, allen Vögeln des Himmels und allem, was sich auf Erden regt und Lebensodem in sich hat, gebe ich alles grüne Kraut zur Nahrung!“ Und es geschah so. Und Gott sah alles, was er gemacht hatte, und siehe, es war sehr gut. Es ward Abend, und es ward Morgen: sechster Tag.

So wurden Himmel und Erde mit ihrem ganzen Heer vollendet. Gott vollendete am siebten Tag sein Werk, das er gemacht hatte, und ruhte am siebten Tag von seinem ganzen Werk, das er gemacht hatte. Und Gott segnete den siebten Tag und heiligte ihn, denn an ihm ruhte er von seinem ganzen Schöpfungswerk.

Dies ist die Entstehungsgeschichte des Himmels und der Erde, als sie erschaffen wurden.

Gedicht: „Abel, steh auf“ (Hilde Domin)

Lernziele

- Kennenlernen des Gedichts von Hilde Domin
- Verstehen der Intention des Gedichts
- Wissen um die Aktualität des Gedichts

Arbeitsmittel / Medien / Literaturhinweise

- Arbeitsblatt mit Lösung
- Folie (Lebenslauf Hilde Domin)
- Folie (Bild: Kain und Abel, um 1553 aus Johann von Schwarzenberg: Memorial der Tugend, Augsburg 1534)
- Folie (Bibel: 1. Mose, 4, 1-16)

Tafelbild/Folien

Kain und Abel (1. Mose 4, 1-16)

Der Mensch erkannte sein Weib Eva. Sie empfing und gebar Kain. Da sprach sie: „Einen Mann habe ich durch Jahwe erhalten.“ Und sie gebar nochmals, seinen Bruder Abel. Abel wurde ein Schafhirt, Kain aber wurde ein Ackerbauer. Nach geraumer Zeit geschah es nun, dass Kain von den Früchten des Feldes Jahwe ein Opfer darbrachte. Auch Abel brachte ein Opfer dar von den Erstlingen seiner Herde, und zwar von ihrem Fett. Und Jahwe schaute gnädig auf Abel und sein Opfer. Auf Kain und sein Opfer aber schaute er nicht. Deshalb wurde Kain sehr zornig und senkte sein Angesicht. Da sprach Jahwe zu Kain: „Warum bist du zornig und senkst du dein Angesicht? Wenn du recht handelst, erhebst du nicht das Haupt? Wenn du aber nicht recht handelst, ist dann nicht die Sünde an der Tür, ein lauerndes Tier, das nach dir verlangt und das du beherrschen sollst?“ Indessen sprach Kain zu seinem Bruder Abel: „Lasst uns aufs Feld gehen!“ Als sie aber auf dem Feld waren, erhob sich Kain wider seinen Bruder Abel und schlug ihn tot. Da sagte Jahwe zu Kain: „Wo ist dein Bruder Abel?“ Er antwortete: „Ich weiß es nicht. Bin ich denn der Hüter meines Bruders?“ Darauf sprach er: „Was hast du getan! Höre, das Blut deines Bruders schreit zu mir von der Erde. Und nun: Verflucht seist du, verbannt von dem Ackerboden, der seinen Mund aufgetan hat, um das Blut deines Bruders von deiner Hand aufzunehmen. Wenn du den Ackerboden bebaust, soll er dir fortan keinen Ertrag mehr geben. Unstet und flüchtig sollst du auf Erden sein.“ Da sprach Kain zu Jahwe: „Zu groß ist meine Strafe, als dass ich sie tragen könnte. Siehe, du treibst mich heute vom Ackerboden weg, und vor deinem Angesicht muss ich mich verbergen. Ich muss unstet und flüchtig auf Erden sein, und jeder, der mich findet, wird mich töten.“ Jahwe aber sprach zu ihm: „Keineswegs! Jeder, der Kain tötet, an dem soll man es siebenfach rächen.“ Und Jahwe machte an Kain ein Zeichen, damit ihn nicht jeder töte, der ihn fände. Kain aber ging von dem Angesicht Jahwes hinweg und ließ sich im Land Nod östlich von Eden nieder.

Hilde Domin

Sie wurde am 27. Juli 1907 als Tochter eines jüdischen Rechtsanwaltes in Köln geboren. 1929 legte sie ihr Abitur am humanistischen Gymnasium in Köln ab und studierte bis 1932 in Heidelberg, Köln und Bonn zunächst Jura, dann Soziologie und Philosophie. Aufgrund des immer stärker werdenden Nationalsozialismus emigrierte sie 1932 nach Rom, promovierte 1935 zum Dr. rer. pol. und gab dort bis 1939 Sprachunterricht. 1936 heiratete sie Erwin Walter Palm. 1939 floh sie nach England, 1940 siedelte sie in die Dominikanische Republik über, wo sie als Übersetzerin und Architekturfotografin tätig war. 1948 bis 1952 war sie Lektorin für Deutsch an der Universität Santo Domingo. Nach dem Tod ihrer Mutter 1951 begann sie unter dem Pseudonym Hilde Domin (nach Santo Domingo) zu schreiben und kehrte 1954 mit ihrem Mann nach Deutschland zurück. Seit 1961 ist sie freie Schriftstellerin. Ihr Werk wurde mit zahlreichen Preisen bedacht, u. a. mit dem Meersburger Droste-Preis (1971), der Heine-Medaille (1972), dem Rilke-Preis (1976), dem Nelly-Sachs-Preis (1983), dem Bundesverdienstkreuz 1. Klasse (1983), der Richard-Benz-Medaille der Stadt Heidelberg (1983), dem Verdienstkreuz des Landes Nordrhein-Westfalen (1988), der Verdienstmedaille des Landes Baden-Württemberg (1990), dem Friedrich-Hölderlin-Preis (1992), der Carl-Zuckmayer-Medaille (1992), dem Sinsheimer-Preis der Stadt Freinsheim (1993), dem Großen Bundesverdienstkreuz (1994), dem Literaturpreis der Konrad-Adenauer-Stiftung (1995), dem Jakob-Wassermann-Literaturpreis (1999) und dem Staatspreis des Landes Nordrhein-Westfalen (1999). Außerdem wurde sie 1993 zur Ehrenprofessorin des Landes Baden-Württemberg ernannt.

Stundenbild: (1 UE)

I. Hinführung	
Stummer Impuls TA	„Abel, steh auf“
Aussprache	
Ergebnis	Abel kann nicht aufstehen, wurde von seinem Bruder Kain erschlagen.
Folie	Holzschnitt (um 1553): Abel und Kain
Aussprache	
Folie	Kain und Abel (1. Mose, 4, 1-16)
Schüler lesen	
Lehrerfrage	L: Ursache für den Mord?
Aussprache	
Ergebnis	Das Opferfeuer von Abel wird von Gott angenommen (gibt das Beste), das von Kain nicht (gibt nur „zweite Wahl“).
Lehrer deutet zur Tafel	
Zielangabe	*Kennenlernen eines Gedichts mit diesem Titel*
TA	„Abel, steh auf“ (Hilde Domin)
Lehrer gibt kurze Information über die Verfasserin	
II. Begegnung mit dem Text	
Lehrervortrag	„Abel, steh auf“ (Hilde Domin)
Schüler lesen auf der Folie mit	
Spontanäußerungen	
III. Arbeit am Text	
Schüler lesen das Gedicht nochmals	
Leitfragen	① Was waren die Folgen des ersten Brudermordes? ② Warum will Domin die Geschichte von Kain und Abel rückgängig machen? ③ Wie sollte die erste falsche Antwort berichtigt werden? ④ Was wären die Folgen, wenn Kain die Frage nach seinem Bruder positiv beantworten könnte?
Aussprache mit Textbezügen	
Zsf. TA	
Lehrerfrage	L: Was bedeutet der letzte Satz?
Aussprache mit Textbezug	
Zsf. TA	Bis in die ferne Zukunft, vielleicht auch auf anderen Planeten, soll Brüderlichkeit herrschen, „die Feuer von Abel“.
Lehrerfrage	L: Form des Gedichts?
Aussprache	
Zsf. TA	Der in gedankliche Abschnitte aufgeteilte Text besteht aus reimlosen Verszeilen. Fast alle Satzzeichen fehlen.
IV. Sicherung	
Zsf. Arbeitsblatt	„Abel, steh auf“ (Hilde Domin)
Kontrolle Folie (Lösung Arbeitsblatt)	
Schüler lesen Gedicht abschließend	Singestaltendes Lesen

„Abel, steh auf" (Hilde Domin)

Abel steh auf
Es muss neu gespielt werden
Täglich muss es neu gespielt werden
täglich muss die Antwort noch vor uns sein
die Antwort muss Ja sein können
Wenn du nicht aufstehst Abel
wie soll die Antwort
diese einzig wichtige Antwort
sich je verändern
wir können alle Kirchen schließen
und alle Gesetzbücher abschaffen
in allen Sprachen der Erde
wenn du nur aufstehst
und es rückgängig machst
die erste falsche Antwort
auf die einzige Frage
auf die es ankommt
steh auf
damit Kain sagt
damit er es sagen kann
Ich bin dein Hüter
Bruder
wie sollte ich nicht dein Hüter sein
Täglich steh auf
damit wir es vor uns haben
dies Ja ich bin hier
ich
dein Bruder.

Damit die Kinder Abels
sich nicht mehr fürchten
weil Kain nicht Kain wird
Ich schreibe dies
ich ein Kind Abels
und fürchte mich täglich
vor der Antwort
die Luft in meiner Lunge wird weniger
wie ich auf die Antwort warte.

Abel steh auf
damit es anders anfängt
zwischen uns allen.

Die Feuer die brennen
das Feuer das brennt auf der Erde
soll das Feuer von Abel sein

und am Schwanz der Raketen
sollen die Feuer von Abel sein.

❶ Berichte kurz über die biblische Geschichte von Kain und Abel!

____

____

____

❷ Was waren die Folgen des ersten Brudermordes?

____

____

❸ Warum will Domin die Geschichte von Kain und Abel rückgängig machen?

____

____

____

❹ Wie sollte die erste falsche Antwort berichtigt werden?

____

❺ Was wären die Folgen, wenn Kain die Frage nach seinem Bruder positiv beantworten könnte?

____

____

____

____

❻ Form des Gedichts?

____

____

Lösungsblatt: „Abel, steh auf" (Hilde Domin)

„Abel, steh auf" (Hilde Domin)

Abel steh auf
Es muss neu gespielt werden
Täglich muss es neu gespielt werden
täglich muss die Antwort noch vor uns sein
die Antwort muss Ja sein können
Wenn du nicht aufstehst Abel
wie soll die Antwort
diese einzig wichtige Antwort
sich je verändern
wir können alle Kirchen schließen
und alle Gesetzbücher abschaffen
in allen Sprachen der Erde
wenn du nur aufstehst
und es rückgängig machst
die erste falsche Antwort
auf die einzige Frage
auf die es ankommt
steh auf
damit Kain sagt
damit er es sagen kann
Ich bin dein Hüter
Bruder
wie sollte ich nicht dein Hüter sein
Täglich steh auf
damit wir es vor uns haben
dies Ja ich bin hier
ich
dein Bruder.

Damit die Kinder Abels
sich nicht mehr fürchten
weil Kain nicht Kain wird
Ich schreibe dies
ich ein Kind Abels
und fürchte mich täglich
vor der Antwort
die Luft in meiner Lunge wird weniger
wie ich auf die Antwort warte.

Abel steh auf
damit es anders anfängt
zwischen uns allen.

Die Feuer die brennen
das Feuer das brennt auf der Erde
soll das Feuer von Abel sein

und am Schwanz der Raketen
sollen die Feuer von Abel sein.

❶ Berichte kurz über die biblische Geschichte von Kain und Abel!

Kain erschlägt seinen Bruder Abel aus Neid. Auf die Frage Gottes nach Abel verleugnet Kain diesen und antwortet: „Bin ich der Hüter meines Bruders?"

❷ Was waren die Folgen des ersten Brudermordes?

Folgen waren Hass, Missgunst und Neid. Bis heute hat sich dieser Brudermord unzählige Male wiederholt.

❸ Warum will Domin die Geschichte von Kain und Abel rückgängig machen?

Abel soll wieder aufstehen, damit sich Kain neu bewähren, sich als richtiger Bruder zeigen und die Frage Gottes richtig beantworten kann.

❹ Wie sollte die erste falsche Antwort berichtigt werden?

„Ich bin der Hüter meines Bruders!"

❺ Was wären die Folgen, wenn Kain die Frage nach seinem Bruder positiv beantworten könnte?

Es wären keine Gesetze notwendig, die Furcht der Kinder Abels, der Verfolgten und der Minderheiten, der Menschen allgemein vor Mord und damit voreinander wäre unbegründet, die Kirchen überflüssig, da „Brüderlichkeit" herrschte.

❻ Form des Gedichts?

Der in gedankliche Abschnitte aufgeteilte Text besteht aus reimlosen Verszeilen. Fast alle Satzzeichen fehlen.

Gedicht: „Der Gott der Stadt“ (Georg Heym)

Lernziele

- Kennenlernen des schwierigen Gedichts von Georg Heym
- Klärung der schwierigen Begriffe (Baal, Korybanten)
- Herausfinden der zahlreichen Chiffren und Metaphern
- Versuche zur Annäherung an den Gehalt des Gedichts

Arbeitsmittel / Medien / Literaturhinweise

- Arbeitsblatt mit Lösung
- Folie (Lebenslauf Georg Heym)
- Folien (Bilder von A. P. Weber: „Die Angst regiert“, „Die große Lähmung“, „Der Großinquisitor“)

Tafelbild/Folien

Georg Heym

Er wurde am 30. Oktober 1887 als Sohn eines Staatsanwaltes im schlesischen Hirschberg geboren und starb am 16. Januar 1912 in Berlin, wo er zusammen mit einem Freund beim Schlittschuhlaufen auf der Havel einbrach und ertrank.

Er wurde auf Drängen seines Vaters Jurist, gab jedoch den ungeliebten Beruf auf, um sich mit Sprachstudien auf eine Diplomatenlaufbahn vorzubereiten. Schon als Jurastudent trug er seine Gedichte in literarischen Clubs vor. In seinen formal strengen Dichtungen wandte er sich mit der Unerbittlichkeit des jugendlichen Genies gegen den Staat und die Familie. In düsteren und dämonischen Bildern beschwor er ein von Chaos und Grauen geprägtes Leben in der Einsamkeit der Großstadt. Weiterhin beschrieb er in apokalyptischen Visionen Katastrophen und das Weltende. Seine Vorbilder waren u. a. die französischen Avantgardisten P. Verlaine und A. Rimbaud.

Zu Lebzeiten Heyms kam nur ein einziger Gedichtband heraus, die Sammlung „Der ewige Tag“ (1911). Posthum erschien ein weiterer Gedichtband „Umbra vitae“ (1912) und 1913 eine Novellensammlung. Bekannt wurde auch sein Drama „Der Athener Ausfahrt“ (1907). Hemys Briefe und Tagebücher zeigen einen äußerlich vitalen, innerlich jedoch gebrochenen Menschen, dem Studien- und Berufsprobleme, erotische Komplikationen und die familiäre Misere den Garaus zu machen drohten. Der Vater erhielt das Prädikat „schweinern“. Die Mutter verabscheute seine Gedichte und meinte, dass „zarte Seelen“ so etwas nicht kaufen würden und warum er, Georgel, denn nicht lieber etwas für „Daheim“ oder „Die Gartenlaube“ schriebe.

Die Angst regiert

Die große Lähmung

Stundenbild: (1 UE)

I. Hinführung

Stummer Impuls TA	Georg Heym (1887-1912)
Aussprache	
Folie	Georg Heym
Schüler lesen	
Aussprache	
Zielangabe	*Kennenlernen eines schwierigen Gedichts von ihm*
TA	„Der Gott der Stadt“ (Georg Heym)
Vermutungen	

II. Begegnung mit dem Text

Lehrervortrag	„Der Gott der Stadt“ (Georg Heym)
Schüler lesen auf der Folie mit	
Spontanäußerungen	

III. Arbeit am Text

Lehrerfrage	L: Schwierige Begriffe?
Zsf. TA	• Baal: orientalischer Gott, der häufig als Stadtgott verehrt wurde, und von der Bibel als Inbild der Abgötterei verstanden wurde • Korybanten-Tanz: ein nach den Priestern einer orientalischen Muttergöttin benannter wilder, ungezügelter Tanz
Leitfragen	① Wo sitzt der Gott der Stadt? Welche Stimmung hat er? Warum? ② Welche Farben verwendet Heym? ③ Welche Bilder verwendet Heym? ④ Finde Wendungen, die sich nicht in Bilder umsetzen lassen können!
Aussprache mit Textbezügen	
Zsf. TA	zu ① Auf einem Häuserblock sitzt er wütend über der Stadt, weil diese ihm vielleicht nicht ganz hörig ist. zu ② dunkle Farben wie Schwarz, Rot, Blau zu ③ „Winde lagern um die Stirn“, „rote(r) Bauch“, „Städte knien um ihn“, „aus schwarzer Türme Meer“, „Fleischerfaust“, „Meer von Feuer“ zu ④ „Kirchenglocken wogen auf ihn zu“, „Duft von Weihrauch blaut“, „das Wetter schwelt in seinen Augenbrauen“, „der dunkle Abend wird in Nacht betäubt“
Lehrerfrage	L: Was meint Heym mit „Gott der Stadt“? Was will er aussagen?
Aussprache mit Textbezügen	
Folien	„Die Angst regiert“, „Die große Lähmung“ (A. P. Weber)
Aussprache	

IV. Sicherung

Zsf. Arbeitsblatt
Kontrolle Folie (Lösung Arbeitsblatt)

V. Ausweitung

Hausaufgabe	L: Zeichne zu diesem Gedicht ein Bild! Denke daran, welche Farben Heym in seinem Gedicht bevorzugt verwendet.
Vergleich der Bilder an der Tafel	
Aushängen an der Pinnwand	

„Der Gott der Stadt“ (Georg Heym)

Georg Heym, ein Dichtergenie des Expressionismus, schrieb dieses Gedicht im Jahre 1910.

Auf einem Häuserblocke sitzt er breit.
Die Winde lagern schwarz um seine Stirn.
Er schaut voll Wut, wo fern in Einsamkeit
die letzten Häuser in das Land verirrn.

Vom Abend glänzt der rote Bauch dem Baal,
die großen Städte knien um ihn her.
Der Kirchenglocken ungeheure Zahl
wogt auf zu ihm aus schwarzer Türme Meer.

Wie Korybanten-Tanz dröhnt die Musik
der Millionen durch die Straßen laut.
Der Schlote Rauch, die Wolken der Fabrik
ziehn auf zu ihm, wie Duft von Weihrauch blaut.

Das Wetter schwelt in seinen Augenbrauen.
Der dunkle Abend wird in Nacht betäubt.
Die Stürme flattern, die wie Geier schauen
von seinem Haupthaar, das im Zorne sträubt.

Er streckt ins Dunkel seine Fleischerfaust.
Er schüttelt sie. Ein Meer von Feuer jagt
durch eine Straße. Und der Glutqualm braust
und frisst sie auf, bis spät der Morgen tagt.

❶ Was geschieht in Heyms Gedicht?

___

___

___

❷ Was bedeuteten ursprünglich folgende Begriffe?

• Baal:

___

• Korybanten/Korybanten-Tanz:

___

❸ Welche Farben verwendet Heym? Welche Empfindungen lösen sie aus?

___

___

❹ Führe Beispiele für Heyms metaphorische Chiffren und Wortkombinationen an!

___

___

___

❺ Was könnte mit der Chiffre „Gott der Stadt“ gemeint sein? Aussage des Gedichts?

___

___

___

___

___

___

„Der Gott der Stadt“ (Georg Heym)

Georg Heym, ein Dichtergenie des Expressionismus, schrieb dieses Gedicht im Jahre 1910.

Auf einem Häuserblocke sitzt er breit.
Die Winde lagern schwarz um seine Stirn.
Er schaut voll Wut, wo fern in Einsamkeit
die letzten Häuser in das Land verirrn.

Vom Abend glänzt der rote Bauch dem Baal,
die großen Städte knien um ihn her.
Der Kirchenglocken ungeheure Zahl
wogt auf zu ihm aus schwarzer Türme Meer.

Wie Korybanten-Tanz dröhnt die Musik
der Millionen durch die Straßen laut.
Der Schlote Rauch, die Wolken der Fabrik
ziehn auf zu ihm, wie Duft von Weihrauch blaut.

Das Wetter schwelt in seinen Augenbrauen.
Der dunkle Abend wird in Nacht betäubt.
Die Stürme flattern, die wie Geier schauen
von seinem Haupthaar, das im Zorne sträubt.

Er streckt ins Dunkel seine Fleischerfaust.
Er schüttelt sie. Ein Meer von Feuer jagt
durch eine Straße. Und der Glutqualm braust
und frisst sie auf, bis spät der Morgen tagt.

❶ Was geschieht in Heyms Gedicht?

Ein mächtiger, wütender und zorniger Gott namens Baal vernichtet mit einer gewaltigen Feuerglut eine ganze Großstadt.

❷ Was bedeuteten ursprünglich folgende Begriffe?

• Baal:
orientalischer Gott, häufig als Stadtgott verehrt

• Korybanten/Korybanten-Tanz:
orientalische Priester ⇨ wilder, zügelloser Tanz

❸ Welche Farben verwendet Heym? Welche Empfinden lösen sie aus?

Nur die Farben „Rot“, „Schwarz“ und „Blau“ sind angesprochen. Sie lösen Assoziationen mit Feuer und Rauch, Dunklem und Dämonischem, Unbehaglichem und Schrecklichem aus.

❹ Führe Beispiele für Heyms metaphorische Chiffren und Wortkombinationen an!

Farbsymbolik ⇨ „Winde lagern schwarz“, „der rote Bauch“, „schwarzer Türme Meer“; Chiffren ⇨ „Bauch dem Baal“, „Städte knien“, „Weihrauch blaut“, „Stürme flattern“, „in Nacht betäubt“, „Fleischerfaust“; Vergleiche ⇨ „Meer von Feuer“, „wie Geier schauen“, „in das Land verirren“

❺ Was könnte mit der Chiffre „Gott der Stadt“ gemeint sein? Aussage des Gedichts?

Der aggressive, zornerfüllte und bedrohlich wirkende Gott der Stadt erscheint als Verkörperung der Zerstörung, der über der hektisch bewegten Stadt thront. Entfesselt tanzt die Masse nicht nur dieser Stadt in den Untergang. Deutlich kommt die Abneigung des Verfassers gegenüber Großstädten zum Ausdruck. Das Gedicht wirkt aber auch so, als habe Heym die apokalyptischen Szenen des sich andeutenden 1. Weltkrieges oder gar prophetisch den Untergang der großen Städte in den Feuerstürmen des 2. Weltkrieges geahnt.

Gedicht: „Augen in der Großstadt“ (Kurt Tucholsky)

Lernziele

- Kennenlernen des Gedichts von Kurt Tucholsky
- Herausfinden besonderer sprachlicher Merkmale
- Herausfinden der Intention

Arbeitsmittel / Medien / Literaturhinweise

- Arbeitsblatt mit Lösung
- Folie (Lebenslauf Kurt Tucholsky)
- Folien (Bilder: Wohngettos in Berlin, Judenverfolgung, Bücherverbrennung)
- CD: Kurt Tucholsky/Gisela May: Chansons, u. a. Augen in der Großstadt. DG (Universal), ASIN B000026BQH

Tafelbild/Folien

Kurt Tucholsky

Tucholsky wurde am 9. Januar 1890 in Berlin als Sohn eines Kaufmanns geboren. Seine Kindheit und Jugend verbrachte er in Stettin und Berlin. Nach dem Abitur 1909 studierte er Jura und promovierte 1915. Seine erste

Veröffentlichung erschien 1907, von 1913 an schrieb er für „Die Schaubühne“, die seit 1918 „Die Weltbühne“ hieß. Von 1915 bis zum Kriegsende war Tucholsky Soldat, arbeitete zeitweise an einer Soldatenzeitschrift mit. 1918 bis 1920 war er Chefredakteur des „Ulk“ in Berlin. Er heiratete 1920 Dr. Else Weil, nach der Scheidung 1924 Mary Gerold, die er 1917 kennengelernt hatte. 1923 bis 1924 arbeitete er als Volontär und Privatsekretär in einem Berliner Bankhaus. Von 1924 bis 1929 lebte Tucholsky überwiegend in Paris, schrieb von dort als Mitarbeiter für die „Weltbühne“ und die „Vossische Zeitung“. 1926 übernahm er nach dem Tod seines Mentors Siegfried Jacobsohn die Leitung der „Weltbühne“, die er 1927 an Carl von Ossietzky abgab. 1929 siedelte Tucholsky nach Schweden über und reiste weiterhin viel. Sein letzter Artikel in der „Weltbühne“ erschien am 17. Januar 1933. Nach der Bücherverbrennung stand sein Name auf der ersten Ausbürgerungsliste des NS-Regimes. Mary Gerold, die sich 1928 von ihm getrennt hatte, suchte er 1933 durch die Scheidung zu schützen. Tucholsky starb nach einem Selbstmordversuch am 21. Dezember 1935 in Göteborg.

Tucholsky zählt zu den bekanntesten Schriftstellern der Weimarer Republik. Sein Lebenswerk galt dem Kampf gegen Korruption, Militarismus und Nationalismus. Er schrieb Satiren, Kabarett-Texte, Essays, Gedichte und Romane, u. a. „Rheinsberg“ (1912) und „Schloss Gripsholm“ (1932).

Wohngettos in Berlin um 1900

Boykott jüdischer Geschäfte

Bücherverbrennung am 10. Mai 1933

Stundenbild: (1 UE)

I. Hinführung	
Folie	Bild: Kurt Tucholsky
Lehrererzählung	
Aussprache	
Zielangabe	*Kennenlernen eines 1930 entstandenen Gedichts von ihm*
TA	„Augen in der Großstadt“ (Kurt Tucholsky)
II. Begegnung mit dem Text	
Lehrervortrag	„Augen in der Großstadt“ (Kurt Tucholsky)
Schüler lesen Gedicht auf der Folie mit Spontanäußerungen	
III. Arbeit am Text	
Leitfragen	① Worum geht es in diesem Gedicht? ② Welche Intention hat der Verfasser?
Aussprache Zsf. TA	zu ① Ein Arbeiter steht am Bahnhof einer Großstadt und sieht viele Menschen an sich vorbeigehen. Aus Blickkontakten erhofft er sich das Lebensglück, aber es bleibt aus. Immer ist der günstige Moment vorbei, ehe der Arbeiter ihn fassen kann. Isoliert und resigniert bleibt er zurück. zu ② Das Gedicht beschreibt die Isolation des modernen Menschen in persönlicher wie auch gesellschaftlicher und politischer Hinsicht. Die namenlose Großstadt saugt wie ein gewaltiger, uniformer Moloch die Individualität des Menschen magisch auf. Nur für wenige Augenblicke ragt ein Einzelwesen aus dieser Menge heraus, um sofort wieder in der Masse zu verschwinden. Hoffnungen und Sehnsüchte sind in diesem Umfeld vergeblich und sinnlos. Tucholsky stellt die Frage nach dem Lebensglück, nach dem Sinn des Lebens und Kämpfens, das erfolglos bleibt, wenn es letztlich keine Gemeinschaft und keine Solidarität gibt.
Lehrerfrage	L: Welche Passage deutet darauf hin, dass das Gedicht einen politischen Hintergrund haben könnte? Autobiografische Züge?
Impuls Folien	Bilder: Wohngettos/Boykott/Bücherverbrennung
Aussprache	... ein Feind sein ... ein Freund sein ... im Kampfe dein Genosse sein ...
Lehrerfrage	Wie ist das Gedicht aufgebaut?
Aussprache Zsf. TA	Das Gedicht besteht aus drei Strophen, die im Wesentlichen identisch konstruiert sind. Es sind jeweils drei Quartette, wobei in der letzten Strophe der mittlere Vierzeiler noch um zwei weitere Verszeilen erweitert wurde und am Schluss noch eine Verszeile angehängt ist. Der letzte Teil der Strophen ist eine Art Refrain, was den Chansoncharakter unterstreicht.
IV. Sicherung	
Zsf. Arbeitsblatt	
Kontrolle Folie (Lösung Arbeitsblatt)	
V. Vertiefung	
Schüler lesen Gedicht	Singgestaltendes Lesen
CD hören	Tucholsky/May: „Augen in der Großstadt“ (Chanson)

„Augen in der Großstadt“ (Kurt Tucholsky)

Wenn du zur Arbeit gehst
am frühen Morgen,
wenn du am Bahnhof stehst
mit deinen Sorgen:
da zeigt die Stadt
dir asphaltglatt
im Menschentrichter
Millionen Gesichter.
Zwei fremde Augen, ein kurzer Blick,
die Braue, Pupillen, die Lider –
was war das? vielleicht dein Lebensglück ...
vorbei, verweht, nie wieder.

Du gehst dein Leben lang
auf tausend Straßen;
du siehst auf deinem Gang,
die dich vergaßen.
Ein Auge winkt,
die Seele klingt;
du hasts gefunden,
nur für Sekunden ...
Zwei fremde Augen, ein kurzer Blick,
die Braue, Pupillen, die Lider;
was war das? kein Mensch dreht die Zeit zurück ...
Vorbei, verweht, nie wieder.

Du mußt auf deinem Gang
durch Städte wandern;
siehst einen Pulsschlag lang
den fremden Andern.
Es kann ein Feind sein,
es kann ein Freund sein,
es kann im Kampfe dein
Genosse sein.
Es sieht hinüber
und zieht vorüber ...
Zwei fremde Augen, ein kurzer Blick,
die Braue, Pupillen, die Lider.
Was war das?
Von der großen Menschheit ein Stück!
Vorbei, verweht, nie wieder.

Dieses chansonähnliche Gedicht entstand im Jahre 1930.

A place in the sun

❶ Inhalt des Gedichts:

❷ Beschreibe die Form des Gedichts!

❸ Welche Intention hat der Verfasser?

Rush

Lösungsblatt: „Augen in der Großstadt“ (Kurt Tucholsky)

„Augen in der Großstadt“ (Kurt Tucholsky)

Wenn du zur Arbeit gehst
am frühen Morgen,
wenn du am Bahnhof stehst
mit deinen Sorgen:
da zeigt die Stadt
dir asphaltglatt
im Menschentrichter
Millionen Gesichter.
Zwei fremde Augen, ein kurzer Blick,
die Braue, Pupillen, die Lider –
was war das? vielleicht dein Lebensglück ...
vorbei, verweht, nie wieder.

Du gehst dein Leben lang
auf tausend Straßen;
du siehst auf deinem Gang,
die dich vergaßen.
Ein Auge winkt,
die Seele klingt;
du hasts gefunden,
nur für Sekunden ...
Zwei fremde Augen, ein kurzer Blick,
die Braue, Pupillen, die Lider;
was war das? kein Mensch dreht die Zeit zurück ...
Vorbei, verweht, nie wieder.

Du mußt auf deinem Gang
durch Städte wandern;
siehst einen Pulsschlag lang
den fremden Andern.
Es kann ein Feind sein,
es kann ein Freund sein,
es kann im Kampfe dein
Genosse sein.
Es sieht hinüber
und zieht vorüber ...
Zwei fremde Augen, ein kurzer Blick,
die Braue, Pupillen, die Lider.
Was war das?
Von der großen Menschheit ein Stück!
Vorbei, verweht, nie wieder.

Dieses chansonähnliche Gedicht entstand im Jahre 1930.

A place in the sun

❶ Inhalt des Gedichts:

Ein Arbeiter steht am Bahnhof einer Großstadt und sieht viele Menschen an sich vorbeigehen. Aus Blickkontakten erhofft er sich das Lebensglück, aber es bleibt aus. Immer ist der günstige Moment vorbei, ehe der Arbeiter ihn fassen kann. Isoliert und resigniert bleibt er zurück.

❷ Beschreibe die Form des Gedichts!

Das Gedicht besteht aus drei Strophen, die im Wesentlichen identisch aufgebaut sind. Es sind jeweils drei Quartette, wobei in der letzten Strophe der mittlere Vierzeiler noch um zwei weitere Verszeilen erweitert wurde und am Schluss noch eine Verszeile angehängt ist. Der letzte Teil der Strophen ist eine Art Refrain, was den Chansoncharakter unterstreicht.

❸ Welche Intention hat der Verfasser?

Das Gedicht beschreibt die Isolation des modernen Menschen in persönlicher wie auch gesellschaftlicher und politischer Hinsicht. Die namenlose Großstadt saugt wie ein gewaltiger, uniformer Moloch die Individualität des Menschen magisch auf. Nur für wenige Augenblicke ragt ein Einzelwesen aus dieser Menge heraus, um sofort wieder in der Masse zu verschwinden. Hoffnungen und Sehnsüchte sind in diesem Umfeld vergeblich und sinnlos. Tucholsky stellt die Frage nach dem Lebensglück, nach dem Sinn des Lebens und Kämpfens, das erfolglos bleibt, wenn es letztlich keine Gemeinschaft und keine Solidarität gibt.

Rush

Textnachweis

Johann Wolfgang von Goethe: Erlkönig, Der Totentanz, Prometheus, aus: ders: Gesammelte Werke, Kommentare und Register, Hamburger Ausgabe in 14 Bänden, hier: Band 1: Gedichte und Epen, München 1981, C.H. Beck Verlag, S. 154, 288, 44.
Friedrich Schiller: Der Handschuh, Die Bürgschaft, Der Ring des Polykrates, aus: Benno von Wiese (Hrsg.): Friedrich Schiller: Schillers Werke in 5 Bänden, hier: Band 4: Gedichte, Prosa, Köln Berlin o. J., Kiepenheuer & Witsch, S. 149, 175, 151.
Heinrich Heine: Belsazer, aus: Jost Perfahl, Werner Bordwieder (Hrsg.): Sämtliche Werke, hier: Band 1, München 1973, Winkler Verlag, S. 85/86.
Theodor Fontane: Gorm Grymme, aus: ders.: Sämtliche Werke, Band 20: Balladen und Gedichte, München 1962, Nymphenburger Verlagshandlung.
Eduard Mörike: Der Feuerreiter, aus: H. G. Göpfert (Hrsg.): Gesammelte Werke, München 1958, Hanser Verlag.
Friedrich Bischoff: Andreasnacht, aus: Das Füllhorn, Lieder und Balladen der Kindheit, Berlin 1943, Propyläen Verlag.
Agnes Miegel: Die Frauen von Nidden, © Deutsche Schillergesellschaft, Marbach am Neckar.
Erich Kästner: Die Ballade vom Nachahmungstrieb, aus: ders.: Gesang zwischen den Stühlen, Zürich (Atrium Verlag) 1985, © Atrium Verlag, Zürich und Erich Kästner.
Bertolt Brecht: Die Seeräuber-Jenny, Legende von der Entstehung des Buches Tao-te-king auf dem Wege des Lao-tse in die Emigration, Ballade von des Cortez Leuten, aus: ders.: Werke. Große kommentierte Berliner und Frankfurter Ausgabe, © Suhrkamp Verlag, Frankfurt am Main 1993.
Wolf Biermann: Die Ballade von dem Briefträger William L. Moore aus Baltimore, Spielzeug, aus: ders.: Nachlaß I, Verlag Kiepenheuer und Witsch, Köln 1977.
Reinhard Mey: Abscheuliches Lied für abscheuliche Leute, aus: ders.: „Alle Lieder", © Reinhard Mey.
Franz-Josef Degenhardt: Tonio Schiavo, © Franz-Josef Degenhardt.
Walther von der Vogelweide: Uns hât der winter geschât über al, aus: ders.: Frau Welt, ich hab von dir getrunken, hrsg. und übertragen von Hubert Witt, Berlin 1998, Aufbau Taschenbuch Verlag.
Andreas Gryphius: Tränen des Vaterlandes, aus: Walther Villy (Hrsg.): Epochen der deutschen Lyrik, hier: Band 4: Gedichte 1600-1700: nach den Erstdrucken in zeitlicher Reihenfolge hrsg. von Christian Wagenknecht, München 1976, DTV, S. 144, 145.
Christine Busta: Chronik, aus: Die Scheune der Vögel, Salzburg 1958, © Müller Verlag.
Peter Huchel: Die Hirtenstrophe, aus: ders.: Die Sternenreuse, © Piper Verlag GmbH, München 1967.
Erich Kästner: Das Eisenbahngleichnis, aus: ders.: Gesang zwischen den Stühlen, Zürich (Atrium Verlag) 1985, © Atrium Verlag, Zürich und Erich Kästner.
Bertolt Brecht: An die Nachgeborenen, Fahrend in einem bequemen Wagen, aus: ders.: Werke. Große kommentierte Berliner und Frankfurter Ausgabe, © Suhrkamp Verlag, Frankfurt am Main 1993.
Heinz Piontek: Die Verstreuten, © Bergstadtverlag, Wilhelm Gottlieb Korn GmbH, Würzburg.
Ernst Jandl: Tschtzngrmmm, Loch, aus: Klaus Siblewski (Hrsg.): ders.: Poetische Werke, © 1997 by Luchterhand Literaturverlag, München, einem Unternehmen der Verlagsgruppe Random House GmbH.
Jörg Zink: Die letzten sieben Tage der Erde, aus: ders.: Sieh nach den Sternen – gib acht auf die Gassen. Erinnerungen, © Kreuz Verlag; Stuttgart 1992, S. 335ff.
Hilde Domin: Abel, steh auf, aus: dies.: Gesammelte Gedichte, © S. Fischer Verlag GmbH, Frankfurt am Main 1987, S. 364.
Georg Heym: Der Gott der Stadt, aus: ders.: Dichtungen und Schriften, Gesamtausgabe in vier Bänden, hrsg. von Karl. L. Schneider, ©Verlag C. H. Beck, München.
Kurt Tucholsky: Augen in der Großstadt, aus: ders.: Gesammelte Werke, © Rowohlt Verlag GmbH, Reinbek bei Hamburg 1960.

Liednachweis

Franz Schubert: Erlkönig, Prometheus; mit freundlicher Genehmigung von C. F. Peters Musikverlag Frankfurt am Main, Leipzig, London, New York.
Robert Schumann: Der Handschuh, Belsazar; mit freundlicher Genehmigung von C. F. Peters Musikverlag Frankfurt am Main, Leipzig, London, New York.
Hugo Wolf: Der Feuerreiter; mit freundlicher Genehmigung von C. F. Peters Musikverlag Frankfurt am Main, Leipzig, London, New York.

Bildnachweis

Ernst Barlach: Erlkönig 1, Lithografie, © Ernst Barlach Lizenzverwaltung Ratzeburg.
A. Paul Weber: Die Angst regiert, Die große Lähmung, Der Großinquisitor, © VG Bild-Kunst, Bonn 2003.